现代班组长实用培训和学习丛书

班组
精益生产管理教程

张平亮◎著

BAN ZU JING YI SHENG CHAN
GUAN LI JIAO CHENG

中国工人出版社

图书在版编目（CIP）数据

班组精益生产管理教程 / 张平亮著. —北京：中国工人出版社，2024.3
ISBN 978-7-5008-8075-2

Ⅰ. ①班…　Ⅱ. ①张…　Ⅲ. ①班组管理－生产管理－教材　Ⅳ. ①F406.6

中国国家版本馆CIP数据核字（2024）第015075号

班组精益生产管理教程

出 版 人	董　宽
责任编辑	时秀晶　丁洋洋
责任校对	张　彦
责任印制	栾征宇
出版发行	中国工人出版社
地　　址	北京市东城区鼓楼外大街45号　邮编：100120
网　　址	http://www.wp-china.com
电　　话	（010）62005043（总编室）
	（010）62005039（印制管理中心）
	（010）62379038（社科文艺分社）
发行热线	（010）82029051　62383056
经　　销	各地书店
印　　刷	北京印刷集团有限责任公司
开　　本	710毫米×1000毫米　1/16
印　　张	17.5
字　　数	281千字
版　　次	2024年3月第1版　2024年3月第1次印刷
定　　价	58.00元

前言

目前，中国正在迅速成为世界重要的制造业中心之一。但是，世界经济陷入低迷期，经济全球化遭遇逆流，全球能源供需版图深刻变革，随之中国制造业在当今快速多变、竞争日趋激烈的市场环境中，还面临着比以往更多的来自低成本、短周期和高品质等方面的压力，严重制约着中国制造型企业的稳健发展。为了解决当前的困境，很多企业开始纷纷学习并导入精益生产。实施精益生产已经成为制造类企业提高核心竞争力的有效途径。

丰田汽车公司在国际市场竞争中成功的秘诀之一就是开创了一种全新的生产管理模式——精益生产。精益生产是以顾客需求为拉动，以消灭浪费、快速反应为核心，使企业以最少的投入获取最佳的运作效益和提高对市场的反应速度的一整套成功的管理模式。降低成本成为企业生存的第一法宝，目标是精益求精、自我超越、持续改善。

班组是企业生产经营活动的最基本执行单位，是活动结果的信息源头。班组的管理水平既是企业形象、管理水平和竞争力的综合反映，又是关系到企业各项生产指标胜利完成的重要标志。所以，在班组的管理建设过程中，应切实有效地推进精益生产，最大限度地发动班组员工的积极参与，掌握消除浪费的方法，不断改善企业中存在的各种问题，做到尽善尽美，实现高质量、低成本、持续满足顾客需求，促进班组建设更上一层台阶，从而实现企业的持续健康发展。

本书通过大量精益生产实践案例，使读者更快地了解和应用精益生产的先进管理方法，为企业应对复杂多变的国际化市场和生产环境，为班组提升精益生产管理水平提供一定的指导和参考。本书取材广泛，并由最新的班组管理资料以及实践应用的图表汇集而成，不仅可以作为班组长和其他各类精益生产管理培训的教材、班组长精益生产管理的工作指南和学习手册，还可供各单位管理人员参考阅读，同时对于高等院校管理类及其相关专业师生、工矿企业开展继续教育，也是一本颇有价值的参考培训教材。

本书在编写过程中，参考和引用了国内外专家的一些成果和文献资料，在此谨向有关作者致以深切的谢意。限于编者的水平和经验，书中欠妥和错误之处在所难免，恳请读者批评指正。

编 者

2024 年 1 月

目录

第一章

精益生产、精益思想和精益企业

第一节　精益生产的形成与发展

一、工业制造生产方式

工业制造生产方式的发展主要经历了三个阶段，它们是单件小批生产方式、大批量生产方式和精益生产方式。三者内容各不相同，单件小批生产方式向大批量生产方式转变被称为工业界的第一次革命，大批量生产方式向精益生产方式转变被称为工业界的第二次革命。

1. 单件小批（手工作业）生产方式

在 17 世纪初期开始出现手工生产，以手工单件生产为主，如英国议员伊夫·亨利·埃利斯在 1894 年委托法国巴黎庞阿尔一勒瓦瑟机床公司制造一辆汽车，现这辆车已被收藏在伦敦的科学博物馆。到了 18 世纪，蒸汽机的问世，手工业开始普及。但是手工作业规模很小，生产效率也非常低，通常只有几十个人。很多工人本身就是业主，没有明确的分工，组织结构极为分散，它采用非常简单的通用机床设备、工具对金属和木材进行加工，但员工凭借着自身的精湛技艺，生产出的产品更像一件艺术品，正好迎合客户进行专门设计和生产需求。但是，一个产品从开发到生产所用的时间过长，同时因手艺不同、标准不统一造成质量问题，次品率高，这导致成本高，所以价格也高。单件小批生产制造的产品大多为生产资料，如大型船舶、电站锅炉、化工炼油设备、汽车厂的流水线生产设备等，此时的工厂组织结构仍较分散，管理层次仍较简单，通常由业主或代办直接与顾客、雇员和协作商联系。

在工业化初期单件小批生产方式非常盛行，主要有以下特点：

（1）单件小批生产企业往往直接来自客户需求，对市场有着敏锐的洞察能力；

（2）充分尊重客户需求，具有灵活应变的能力，最大限度地满足客户对某些产品特定的要求；

（3）大部分企业是小作坊生产，所需的管理简单；

（4）产品制造周期长，订货期长，生产呈周期性重复；

（5）通用化设备，人工操作更多，生产效率低，产品质量不易保证；

（6）产量极低，劳动生产率低下，生产成本高，越来越不适应工业发展的要求。

2. 大批量生产方式

直至20世纪初期，制造业仍使用手工单件小批生产方式，由于生产率较低、生产周期较长和产品价格居高不下，且机器精度不高，产品质量主要靠从业人员的技艺来保证，导致人们无力购买需求的产品，最后致使许多作坊和工厂面临倒闭的危机。1908年，美国福特公司，设计了世界著名的“T”型汽车，这是生产方式的第一个里程碑。伴随着第二次工业革命的结束，人们开始使用机器生产替代人的双手进行生产，以提高劳动生产率，降低制造成本，这就是大批量生产方式的形成。大批量生产方式在美国创立，随后其他国家进行借鉴，到第二次世界大战之后开始盛行，被称为生产方式的第二个里程碑。

大批量生产又被称作重复生产，是生产大批量标准化产品的生产类型。大批量生产方式从形成到发展主要经历了萌芽期、形成与发展期和全盛期三个阶段。第一阶段，萌芽期。19世纪中叶，美国福特汽车公司亨利·福特规定每个零件都采用统一的计量标准，零件获得完全的互换性，使福特公司取得了巨大的生产效率，如福特公司一名装配工的平均工作周期由514min下降到2.8min是大批量生产方式的雏形。第二阶段，形成与发展期。1913年，福特汽车公司在底特律新厂房里建设了世界上的第一条流水线。采用流水作业法使工人的工作周期从2.8min缩短为1.9min。大批量生产流水线成为现代工业生产的主要特征，它以大批量生产、标准化作业来提高生产效率、降低生产成本，促使了大批量生产方式的发展。第三阶段，全盛期。第二次世界大战后，为了满足日益多样化的市场需求，斯隆总裁把通用汽车公司的产品按照售价，从低到高分为五个车型系列，并据此成立相对独立的产品市场、以利润为中心的事业部，斯隆的创造性思想将规模经济与范围经济很好地融合起来，解决了为降低制造成本要求产品标准化和用户要求车型多样化之间的矛盾。大批量生产已成为世界工业的主导生产模式。

从美国福特汽车公司创立第一条汽车生产流水线以来，大批量的生产流水线一直是现代工业生产的主要特征。这种大批量单一品种生产方式具有以下基本特征：

（1）生产的产品产量大而品种少，重复生产一种或少数几种产品，产量大，工艺过程和生产条件稳定。

（2）工作地长期固定要完成同种产品的一、二道工序，专业化程度较高。

（3）产品设计通用化、系列化、标准化程度高，零件互换性好，刚性生产线大大提高了生产效率，质量稳定易于保证，降低了生产成本，提高了生产效率。

（4）多采用专用、高效设备和工艺装备，生产过程机械化、自动化程度及设备利用率较高，生产效率高。

（5）多采用流水生产、自动生产线等生产组织形式，生产计划细致周密，生产过程易于控制，生产周期较短，成本低。

（6）毛坯制作广泛采用金属模机器造型、压铸、精铸、模锻、精锻等方法，毛坯精度高，加工余量小，材料利用率高。

（7）在劳动组织上最大限度地利用分工原则，工人作业分工细，用熟练的工人替代技艺高超的工匠，对工人的技术水平要求不高，主要从事简单和重复性的操作，并且不需要培训来实行岗位替换。

（8）在组织结构上，工厂成立了各职能部门，出现了专业的设计人员和专门的管理人员。

这种大批量生产方式除了具有从美国制造系统中继承的部件互换专用设备和工具、劳动分工等特性外，还有流水线生产、低成本和低价格规模经济、零件和产品标准化、专业化程度高、生产效率高等特性，适应了美国当时的国情，一举把汽车从少数富翁的奢侈品变成了大众化的交通工具，美国汽车业成为美国的一大支柱产业，也带动和促进钢铁、机电、橡胶、玻璃以至交通服务业等在内的一大批产业的发展。由于大批量生产，采用大量专用设备，分工过细，导致了大量功能障碍，如官僚的“大而全”体制等，一旦遇到市场的多样化、特殊化和不稳定需求，企业虽通过增加库存来解决缺料引起的停滞，还是难以通过快速调整来适应市场变化的需要，因此它只适用于单品种、稳定的市场需求，对于以后工业生产向多品种、小批量的方向发展，就很难发挥它的优势。

3. 丰田生产方式

到 20 世纪后半期，大批量生产方式依靠泰勒方式的基础，加上福特的制造创新、斯隆的营销与管理技术，几十年来取得了一次又一次的胜利，但也带来了很多麻烦，主要有以下两个方面：

（1）流水生产：单品种、大批量的流水生产方式的弱点日渐明显，对生产造成越来越多的障碍，如工人对传统的批量生产有不满情绪，没有人愿意在工厂上班，与公司根本不存在合作关系；生产中质量处于次要地位，缺陷率非常高；追求规模经济，机器变得越来越庞大，生产线经常停止运行，造成总体效率不高。

（2）多品种、小批量：在美国，不仅汽车工业，许多发达国家整体上进入了消费者追求个性、相应市场需求开始向多样化发展的新阶段，因此要求工业生产也向多品种、小批量的方向迈进。

【实例】丰田生产方式产生

20 世纪 50 年代，第二次世界大战刚刚结束，日本经济萧条，日本的工业倒退了几十年，工业基础薄弱，技术水平落后，产品质量非常差。缺少资金，生产效率低，日本制造业当时的生产效率只有美国制造业的 1/9 ~ 1/8。

当时日本的国情是国内市场狭小，但市场需求多样化、个性化，因此汽车生产需求是多品种、小批量。为了适应市场需求以及提升企业竞争力，1950 年，丰田公司年轻的工程师丰田英二到美国底特律对福特的鲁奇汽车制造厂进行了三个月考察。当时美国福特公司日产量就达 7000 辆，而日本丰田汽车公司从创立（1937 年）直至 1950 年的十几年间总产量为 2650 辆。二战后的日本缺乏购买美国的技术和成套设备的外汇来生产汽车。同时丰田英二发现福特公司用一组冲床来专门生产某一种特定的零件，忽视因检修或待料等造成的停工和由产品质量问题而出现大量半成品和成品库存等现象，致使产品转型缓慢。回到日本后，丰田英二和富有创意的大野耐一（后为丰田的总工艺师）很快得出结论：大批量生产方式不适合日本。原因是当时日本国内市场狭小，汽车需求是多品种、小批量，且日本的人力成本较高，不能单纯地仿效底特律厂大批量生产方式，这会导致库存积压，造成浪费，不适用于日本。但丰田英二也看到日本的社会文化背景与美国是大不相同的。日本的家族观念、服从纪律和团队精神是美国人所不具备的，日本没有美国那么多的外籍工人。从此丰田公司开始了适合日本需要的生产方式的革新。主要由丰田佐吉、丰田喜一郎和大野耐一、戴明在工厂实行一些现场管理方法，其贡献如下：

（1）丰田佐吉创立丰田生产方式自动化。1902 年，丰田公司的奠基者丰田佐吉发明了自动纺织机，实现使一名工人同时看管多台机器，并可使设备在发生故障时自动报警停机，这就是丰田生产方式自动化的前身。

（2）丰田喜一郎创建准时化生产的基础。20 世纪 30 年代，丰田佐吉的长子丰田喜一郎赴美学习亨利·福特的生产制造系统，他把福特的传送带技术在日本的小规模汽车生产中加以改造应用，提出了在生产线的各个工序中，只在下道工序需要时上道工序才进行生产，从而奠定了准时化生产的基础。

（3）大野耐一发明了著名的“适时生产”系统。当他参观美国超市时，超市的货品信息会通过看板及时补给系统给了他很大的启发；并由此发明了著名的“适时生产”系统——拉动式生产系统，即根据市场的预测，只生产市场需要的产品，及时提供适销对路的产品。同时开发了看板等一系列工具来实现他的生产模式。

（4）戴明对丰田公司的生产方式变革。丰田公司邀请戴明先生对丰田公司的生产方式变革进行指导，并积极实践戴明倡导的 PDCA 循环和统计质量管理思想。丰田公司充分发挥小组团队的作用，创造性地设计了安灯（ANDON）系统。这减少了大量的返修时间，使需要返修的半成品也能及时发现，从而产品质量得到提高；同时充分调动了全员的参与，锻炼了员工的技能，提高了小组的团队合作精神，使生产线的实际停线时间越来越少。

在 1962 年才被正式命名为丰田生产方式（Toyota Production System，TPS），1974 年丰田公司向外正式公布了丰田生产方式。自此，经过了几十年的努力，对生产方式系统一直进行持续改善，并且将改善体系跳出了工厂制造的狭义范畴，延伸到了供应商的培养和管理，提出了准时化生产（JIT，Just in time）的概念，并依据 JIT 为核心，打造了以低成本、零库存为目标的丰田生产方式，被人称为“改变世界的机器”，是继大批量生产方式之后人类现代生产方式的第三个里程碑。

二、"精益生产"的产生与发展

1. 精益生产的起源与发展

丰田英二和他的经理人大野耐一，在缺少充足资源、资金和劳动力的环境下，在众多优势竞争对手的夹缝中，在狭窄而多样化需求的市场条件下，为发展小批量、多品种生产的道路进行了一系列的探索和实验后，提出了适应当时日本国情的"丰田生产方式"，是继手工作坊式生产、劳动分工、大规模制造之后又一先进的生产模式，是精益生产方式的原型。精益生产起源及发展图如图 1-1 所示。

1973 年因石油危机，引发了世界经济大萧条，但是，日本经济在负增长的情况下，采用丰田生产方式的丰田汽车公司不仅获得高于其他公司的盈利，而且与年俱增，经营绩效与其他汽车制造企业的经营绩效拉开距离。在 1981 年丰田销售到美国的汽车达到 70 万辆，创造了一个新纪录。1999 年丰田汽车公司在世界跨国公司百强排名第 6 位，1999 年拥有员工 6.8 万人，1999 年生产汽车 470 万辆，实现利润 6256 亿日元（1998 年）。

1989 年，日本汽车以 1300 万辆的产量全面超过美国，成为世界汽车制造第一大国，并且占领了 30%的美国市场，直接威胁着美国国内三大汽车公司和欧洲进口商。同时，丰田生产方式也被应用到纺织、电子、钢铁、计算机以及飞机制造等工业中，体现了巨大的优越性，成为日本工业竞争战略的重要组成部分。此时，日本企业在国际市场上的成功，引起了西方企业界的注目和浓厚兴趣。他们认为，日本在生产中所采用的丰田生产方式是其能够在世界市场上竞争的基础。

在汽车行业、家用电器、数控机床等市场竞争中遭受了惨重失败的美国，为了搞清美国制造业的生产水平落后于日本的原因，进一步揭开日本汽车业成功之谜，为此，1985 年美国麻省理工学院筹资 500 万美元，发起成立由一个工业部门—政府—大学合作组织的"国际汽车计划"（IMVP）的研究项目，旨在全面研究丰田首创的生产方式。在丹尼尔·鲁斯教授的领导下，组织了 53 名专家、学者，从 1984 年到 1989 年，用了 5 年时间对 14 个国家的近 90 个汽车

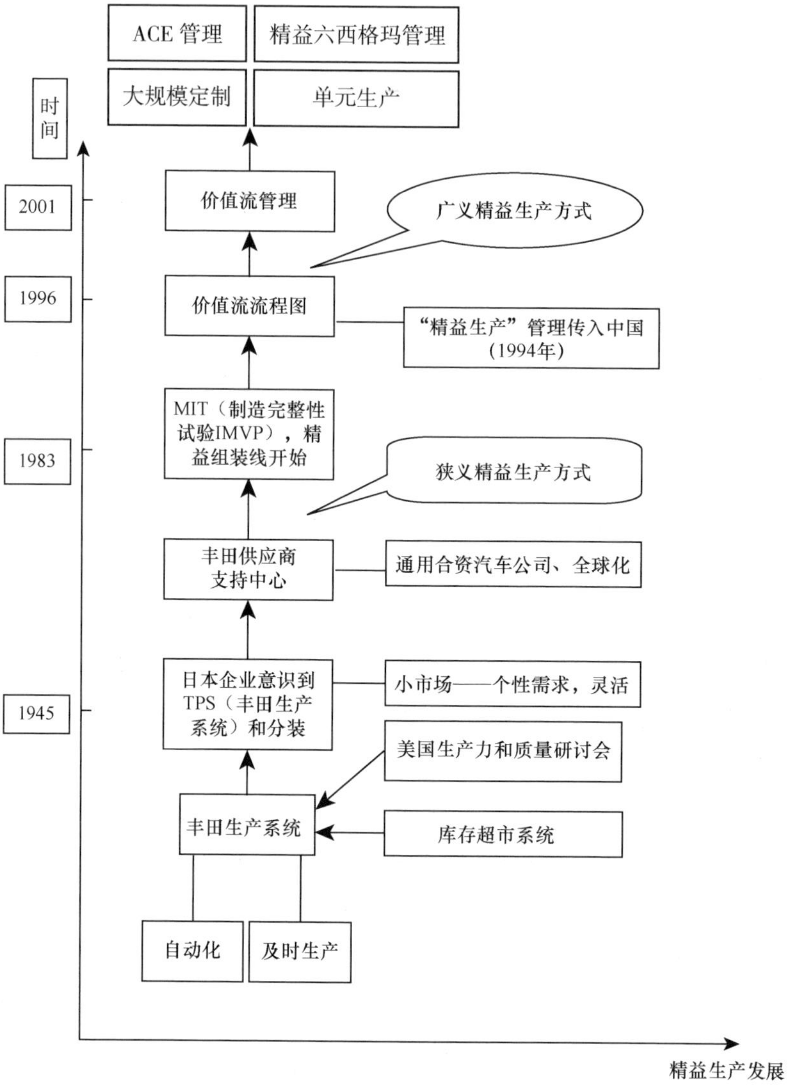

图 1–1　精益生产起源及发展图

装配厂进行实地考察，查阅了几百份公开的简报和资料，对西方的大批量生产方式与日本的丰田生产方式进行对比分析，汇总了 116 篇专题报告，最后于 1990 年形成了《改变世界的机器》一书，这部书的出现使丰田管理方式进一步发展，并第一次把丰田生产方式定为精益生产（Lean Production，LP）。精益生产方式基于丰田生产方式，并增加了 IE（工业工程）技术、信息技术的运用，使精益生产理论更完善，从生产制造领域扩展到产品开发、协作配套、销售服务、财务管理等各个领域，贯穿于企业生产经营活动的全过程，受到了全世界制造业的关注和推广。

20 世纪五六十年代，以大野耐一为代表的丰田汽车开发了准时生产制，被美国学者施恩伯称为狭义精益生产方式，而以戴尔和沃尔玛为代表的美国公司的精益生产被称为扩展的精益生产或称为广义精益生产方式。

进入 20 世纪 90 年代，精益生产演变成一种全新的管理理念，这就是精益思想（Lean Thinking）。精益思想在汽车制造企业被广泛应用并取得成功之后，迅速地渗透到电子产业、铁路车辆、船舶制造、飞机制造等各个行业，成为流水生产方式之后人类现代先进制造技术的又一个里程碑，到了 90 年代末，精益思想作为一种具有普遍性的管理思想在除制造业以外的其他行业传播和应用，成功地在医院、商场、酒店、物流、运输业、信息产业、计算机软件开发等领域应用。同时，随着研究的深入和理论的广泛传播，各种新理论的方法层出不穷，如大规模定制（mass customization）与精益生产的相结合、单元生产（cell production）、JIT2、5S 的新发展、TPM 的新发展等。很多美国大企业将精益生产方式与本公司实际相结合，创造出了适合本企业需要的管理体系，如：1999 年美国联合技术公司（UTC）的 ACE 管理（获取竞争性优势 Achieving Competitive Excellence），精益六西格玛管理，波音的群策群力，1998 年通用汽车的竞争制造系统（GM CompetitiveMFG System）等。通过这些方法具体化，即采用一系列的图表，以指导公司顺利地推行精益生产方式，目前已成功地应用在制造业、建筑设计和施工、服务行业、民航和运输业、医疗保健、通信和邮政管理以及软件开发和编程等领域。

到了 21 世纪，精益思想受到政府部门的广泛关注，“精益政府”的概念应运而生，在国防建设、政府职能、社保体系建设中发挥着越来越大的作用。

2. 精益生产特点

精益生产，又称精良生产，其中“精”表示精良、精确、精美，即少而精，更少的投入，只是在适当的时间生产必要数量的市场急需产品（或下道工序急需的产品）；“益”表示利益、效率，即所有经营活动都要有益、有效，并具有经济性。精益生产就是及时制造。消灭故障，消除一切浪费，向零缺陷、零库存进军。

与大批量生产方式相比，精益生产注重时间效率，其焦点是识别整个价值流，使价值增值流动并应用顾客拉动系统，使价值增值行为在最短的时间内流动，找出创造价值的源泉，彻底消除无效劳动和浪费，不断降低成本，提高劳动生产率，无止境地改善企业生产方式，寻求生产和经营服务的尽善尽美。精益生产方式主要有如下特点：

（1）一切为用户着想，产品直接面向用户。将用户纳入产品开发过程，产品更新换代步伐加快，把开发时间减至最小，尽早投放市场，克服了大量生产方式中由于分工过细所造成的信息传递慢，协调工作难，开发周期长等缺陷。适应产品小批量、多元化，生产经营方式更加适应市场的瞬息变化。

（2）生产柔性强。以客户需求拉动，接单式生产，这就要求从供应链到制造加工，再到仓储物流都得具备很强柔性，把小批次大批量轮番生产改变为多批次、小批量生产，最大限度地降低在制品储备，快速响应、迅速应对，提高适应市场能力。如它的看板管理、安灯系统、分时配送等都在体现其强大的柔性，尽可能短的交货期的生产，提高生产率，减少浪费。最大限度地满足用户的需求。

（3）采用准时生产方式。杜绝一切超前、超量制造，采用快换工装模具新技术，追求小型化、标准化、自动化技术，通过一系列标准化要求减少人工失误，大幅度减少闲置时间、作业切换时间，提高产品质量。

（4）强调团队工作组方式。集成各方面人才进行产品的并行设计，对产品的开发和生产具有很强的指导和集成能力。同时在劳动力使用上强调一专多能，配合人员技能成长、合理化建议制度等，充分发挥一线员工的积极性和创造性，重视员工之间的交流，通过员工的智慧持续改善，灵活地发挥出员工的最大劳动价值。

（5）劳资关系相对融洽，着重人机互动。强调人与机器融合，即机器能发现和反馈问题，人能及时调整和解决问题，以避免质量问题的发生。一旦出现质量问题就要停下来解决问题，避免生产出有问题的产品进入下一道工序，造成更多的浪费。

（6）实现准时供货方式。保证最小的库存和最少的在制品数，与供货商建立起良好的合作关系，一反大批量生产方式追求纵向一体化的做法，把 70% 左右的零件、部件的设计和制造委托给协作厂进行，达到相互支持和利益共享的目的。

（7）追求的目标是精益求精、尽善尽美。不断地降低成本，做到零废品、零库存和产品品种的多样化，缩短产品周期、减小规模效益影响。

单件小批、大批量、精益三种生产方式对比，如表 1–1 所示。

表 1–1　单件小批、大批量、精益三种生产方式对比

项目	单件小批生产方式	大批量生产方式	精益生产方式
时期	1950 年前	第一次革命	第二次革命
所适应的市场	极少量的单件需求	物资缺乏、供不应求	个性化的买方市场
产品特点	完全按顾客要求单件生产	标准化，少品种，小批量	个性化多品种、多样化、系列化
生产目标	完成交货	尽可能好	追求尽善尽美
工作方式	个人独立	分工，专门化	集成，多能，综合工作组
质量观	—	将一定量的次品看成生产中的必然结果系	认为让生产者自身保证产品质量的绝对可靠是可行的，且不牺牲生产的连续性
对待库存态度不同	—	适当的库存是用以缓冲各个生产环节之间的矛盾、避免风险和保证生产连续进行的必要条件	不断降低库存以消灭库存产生的“浪费”
生产计划控制	—	只下达，从前往后推进，半成品多，反应迟缓	结合客户需求，专业化的精确控制，需求拉动
设备和工装	通用、灵活、便宜	大量专用设备、移动率低、高效、昂贵	柔性制造中心，移动率高、柔性高、效率高
自动化	无	刚性自动化	柔性自动化
调整切换	—	调整时间长	零调整切换

续 表

项目	单件小批生产方式	大批量生产方式	精益生产方式
作业分工与作业内容	粗略、丰富	细致、简单、重复	较粗略、多技能、丰富
对操作工人的要求	懂设计制造，有较高的操作技能	不需要高深的专业，员工素质低	多技能，员工素质高
库存水平	高	大量库存积压	接近零库存
设备保障	—	故障率高，抓抢修	零故障，TPM 管理
制造成本	高	低	更低
产品质量	由工人的技艺来保证，质量低	检验部门事后把关，不良品多，2σ 标准	由工人保证，质量高，零缺陷，6σ 标准
现场管理	—	现场管理脏乱差、现场无序	6S 日常化，洁净美观
对人的态度	粗暴命令	强调管理中的严格层次关系	强调个人对生产过程的干预，尽力发挥人的能动性
用人制度	—	强调达到个人工作高效的分工原则并以严格的业务稽核来促进与保证	强调相互协作及业务流程的精简
供应商	无打算	竞争对手	合作伙伴
用户关系	单件单一	产品品种单一	产品面向用户
供货方式	—	大库存缓冲	JIT 方式，零库存

第二节　精益思想和精益管理理念

企业理念是所有其他原则的基石。管理决策应以长期理念为基础，使整个企业的运作与发展能配合着朝向这个比赚钱更重要的共同目的。这就需要企业一方面为顾客、社会、经济创造价值，另一方面为自己的行为、保持与提高创造价值的技能等负责。

广义精益生产方式在 20 世纪西方工业企业再造的奇迹，在汽车、航空、电子等高技术行业被作为新一代工业革命推广。精益思想也跨出了它的诞生地——制造业，其管理哲学在各个行业传播和应用。精益模式冲击和再造着近百年来人们习以为常的大规模成批处理和层级管理的观念，正在改变着人们的工作方式，节省了资源的消耗，改善了人们生产的效率和质量，已经成为新一轮企业管理革命的指导思想。

一、精益思想概述

精益思想是由丰田创造出来的。精益思想最初是体现在对产品质量的控制中，即指不追求产品的成本优势和技术领先，而是强调产品的成本与技术的合理匹配、协调。此后，企业界将精益思想逐步引申、延展到企业经营活动的全过程，重点强调提供客户真正需要的价值，以体现出在特定价格和特定时间内满足客户特定需求的特定产品和服务，以追求用户和企业都满意的质量、追求成本与质量的最佳配置、追求产品性能价格的最优比、追求企业经营投入和经济产出的最大化、价值最大化。

精益思想包括精益生产、精益管理、精益设计和精益供应等一系列思想，其核心是通过“及时适量”“零库存”“传票卡”等现场管理手段实现“订货生产”，即实现准时生产、小批量、高质量，低消耗的生产，从而确保产品质量、提高效率和降低成本。精益思想已广泛应用于企业的设计过程、接单过程、生产过程等。如在设计过程中，应用精益思想为制造着想，多考虑通用化零件，采用模块化设计，减少过度设计和加工的浪费。

二、精益思想的五大原则

詹姆斯 · P. 沃麦克和丹尼尔 · T. 琼斯在他们精辟的著作《精益思想》中提炼出精益思想的五大原则，顾客确定价值、识别价值流、价值流动、需求拉动、尽善尽美。如图 1–2 所示，精益思想的五大原则，即“站在客户的价值立场上；识别出产品的价值流；使价值不间断地流动；按顾客需求拉动生产；永远追求尽善尽美”。

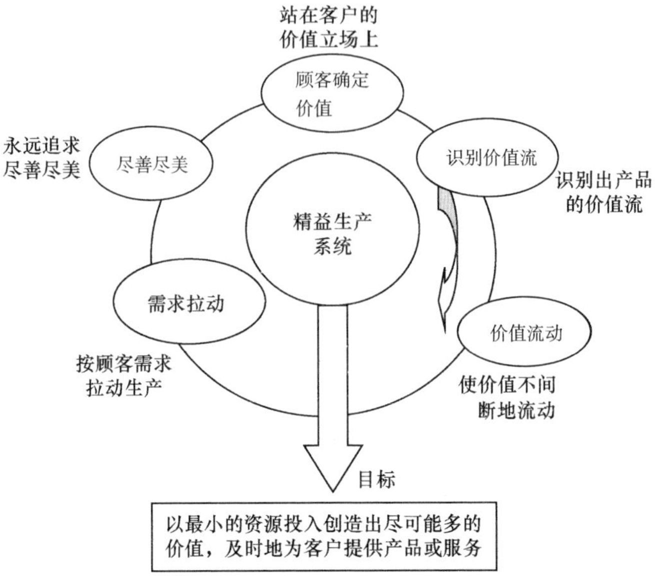

图 1-2　精益思想的五大原则

1. 精益思想第一大原则：顾客确定价值

精益思想中所使用的“价值”，就是从顾客的角度上来审视企业的产品设计、制造过程、服务项目，就会发现太多的浪费，过多功能和多余的非增值消耗，以实现为顾客增加效用，将生产全过程的多余消耗减至最少，实现增值活动，即实现增值动作和时间，如：改变形状、改变性能、组装、包装等，以达到产品增值的目的。因此，产品或服务的价值最终由客户决定，只有满足客户需求的产品或服务才是有价值的。

2. 精益思想第二大原则：识别价值流

识别价值流是指从原材料转变为成品，并赋予它价值的全部活动。这些活动包括：从概念设计到产品设计，工艺设计，订单处理、原材料到产品的物质转换过程和服务过程等。识别价值流就是发现浪费和消灭浪费，去除不能创造价值的步骤，真正为客户创造价值，识别价值流的方法是“价值流分析”，已经成为实施精益思想最重要的工具。

企业要真正做到“以价值流为中心”，必须树立以下管理理念：

（1）顾客至上是在竞争激烈的买方市场中必然的选择。企业不能主观地臆断顾客的需求，只能“从顾客的立场确定产品的价值”。

（2）不断改善、消除浪费企业的价值流存在着许许多多的浪费，提炼出高质量、高效率和低成本的精益的价值流，打败竞争对手，为顾客创造最大的价值，赢得顾客的青睐。

3. 精益思想第三大原则：价值流动

精益思想要求创造价值的全过程都要流动起来，即便过失、废品和返工都造成过程的中断、回流，环境、设备的完好，也要系统地进行流程设计、能力规划、5S、全面生产性维护（TPM）等，避免瓶颈造成的阻塞实现每个过程和每个产品连续的流动。强调的是不间断地“流动”，动员所有的人都必须和部门化的、批量生产的思想作斗争，采用持续改进、JIT、单件流等方法，消除所有步骤的停滞活动，尽可能压缩全过程不增值的无效时间，达到在任何批量生产条件下创造价值的连续流动。

4. 精益思想第四大原则：需求拉动

精益生产体现出“需求拉动”的思维方式，层层拉动，即形成了一整套环环相扣并完全围绕最终目标的系统解决方案。需求拉动就是按客户的需求投入和产出，使客户精确地在他们需要的期间内得到需要的东西。拉动的意义在于当用户一旦需要，就能立即进行设计、计划和制造出用户真正需要的产品的能力，减少了大量的库存和现场在制品，大量地压缩了提前期，以满足用户的实际需要。实现拉动的方法是采用单元布置，对原有的制造流程进行改造，以实行 JIT 生产和顺畅生产。

5. 精益思想第五大原则：尽善尽美

精益生产方式是通过人员组织、系统结构、运行方式和市场供求等方面的变革，采用价值流分析方法找出更隐藏的浪费，作进一步的改进，以加快价值流动速度，形成良性循环而趋于尽善尽美的过程。通过尽善尽美的价值创造过程（包括设计、制造和对产品或服务整个生命周期的支持），为客户提供尽善尽美的价值。“尽善尽美”是永远达不到的，但持续地对尽善尽美的追求，将造就一个永远充满活力、不断进步的企业。

【实例】丰田模式的管理理念——四大类 14 项管理原则

杰弗里·莱克认为：丰田汽车公司的贡献在于创造了一个货真价实的精益组织，是全世界学习型组织的最佳典范之一，他把丰田模式的管理理念总结为四大类共 14 项管理原则。

第一类：长期理念。原则 1：管理决策以长期为顾客、社会、经济创造价值的理念为基础，即使因此牺牲短期财务目标也在所不惜。

第二类：正确的流程方能产生正确成果。原则 2：建立连续的作业流程以使问题浮现。原则 3：实施拉动式生产方式以避免生产过剩。原则 4：使工作负荷水准稳定（生产均衡化），以取代大多数公司实行的批量生产方法中经常启动、停止，停止、启动的做法。原则 5：具有立即暂停以解决生产问题的能力、就地改进质量以提升长期生产力的理念融入企业文化中。原则 6：在工作场所中的任何地方都使用工作的标准化，以维持流程的可预测性、规律的动作时间，以及规律的产出。原则 7：运用视觉管理使问题无处隐藏，以支持“单件流”与拉动式生产方式。原则 8：使用可靠的、已经过充分测试的技术以协助员工及生产流程，并能改进流程，快速实施。

第三类：借助员工与合作伙伴的发展，为组织创造价值。原则 9：培养深谙公司理念的领袖，使他们成为公司理念与做事方法的模范，并能教导其他员工。原则 10：培养与发展信奉公司理念的杰出人才与团队，持续努力教导员工如何以团队合作方式实现共同目标。原则 11：重视合作伙伴与供货商网络，激励你的外部合作伙伴，要求它们成长与发展并助其改善。

第四类：持续解决根本问题是学习型组织的驱动力。原则 12：亲临现场查看，依据亲自证实的资料来思考与叙述，然后验证获得完全的数据。原则 13：制定决策时要稳健，周全考虑所有的选择，并征得一致意见；实施决策时要迅速。原则 14：通过不断反省与持续改善，要求员工改进流程、去除浪费，以变成学习型组织。

第三节　国外精益企业的优势及其成效

为了实现多品种、小批量、高质量、准交期的低成本生产，被称为工业界的第二次革命和21世纪的标准生产方式——精益生产，在21世纪成为企业普遍的管理方式。它既是一种以最大限度地减少企业生产所占用的资源和降低企业管理和运营成本为主要目标的生产方式和业绩改进策略，同时它又是一种改善的理念和文化。

一、国外精益企业的优势

精益生产采用灵活的生产组织形式，根据市场需求的变化，及时、快速地调整生产，依靠严密细致的管理，采用准时生产、全员积极参与改善的方法，实现零库存、高柔性、零缺陷的目标。精益管理是精益生产理论的扩展，是精益思想在企业各层面的深入应用，精益管理是以精益思想为指导、以实现消除浪费、创造价值为目标的管理模式；精益管理是在国际一流管理企业的成功实践，已经形成了一整套完整的思想体系和方法工具，它是管理走向卓越的成功之道。

精益企业是把精益管理应用于企业所有层面，即采用精益原则为所有的参与者（客户、员工、供应商等）有效地创造价值，从管理系统上能有效杜绝浪费，从文化上人人竭力追求持续改善，达到最小浪费和快速应变，并实现经营业绩卓越、持续竞争力强的企业。其特征是精益生产、高度柔性、精益供应链。

精益企业系统的应用精益思想，是以客户的需求为出发点的，更加迅速地响应市场变化，更好地根据客户的需求，为客户适时、适量、适地地提供所需的合格的产品和服务。精益企业可以为消费者正确地确定价值，并使产生价值的行为按消费者拉动的连续流动方式进行，适应环境的变化而持续不断进步，追求尽善尽美，以实现多个战术目标，满足多样化、多变化的需求，其以低成本、高质量、快速交货的特点，适应了国际市场发展的现实要求。

精益企业充分将精益思想贯穿企业的文化，促使企业所有的员工不断地提高自身的业务水平及生产流程。随着精益企业的增多，纯利用规模经济的企业很快会成为产业的边缘企业，精益企业将取代它们成为产业主力军，国际化一流企业。

国外精益企业的主要优势如下。

（1）精益企业能充分地体现其社会经济价值

精益企业能进行正确的定位和适宜地体现其社会经济价值，消除无法增加价值的一切事物；减少任何偏离标准的情形，如客户的服务和产品质量的减损，技能的变异导致生产力的损失。快速地响应客户变化的需求。消除浪费有助于减少成本，消除变异有助于改善质量、消除僵化，增强柔性有助于优化交付能力。

（2）精益企业是应对危机的法宝

精益生产是以客户需求为起点，消除一切不能为客户增值的程序，具有全新的组织以及人际关系，基于顾客需求的拉动式生产，以实现降低成本、提高产品质量和缩短交货期的目的。降低成本成为企业生存的第一法宝，它可以应对当今金融危机、生产力过剩和全球市场竞争的时代。精益生产方式也成为应对衰退及保持发展得好方式。因此，实施精益生产方式的企业就能抵抗危机。

（3）精益企业创造丰厚的利润

与过去的大批量生产方式相比，精益生产方式是通过6S、IE、TPM改善生产现场，利用准时化生产改善生产线，依靠“自働化”、TQM、精益六西格玛改善质量，实现较少的人力投入、最有效地利用土地和空间、较少的资金投入和较少的生产产品的时间，更精细、新颖产品开发设计以及全过程的高质量，一次合格，精确地满足客户需求，向零缺陷、零库存进军，用最少的投入实现最大的产出，实现利润最大化。

（4）精益企业能创立自己综合竞争能力

实施精益的生产方式的企业，追求精益求精和不断改善，尊重员工，培养人才，拥有一支精益人才团队，强壮体制，提高总体效益。进而增强企业的综合竞争能力，以更低的综合成本在国际化的市场中更具竞争力，使企业实现持续生存和发展。

二、精益企业的利益

精益生产方式能为企业创造丰厚的利润，在各项管理指标上，完全实施精益生产方式的企业所获取的利润要远远大于没有推行精益生产方式的企业。据量实证性研究报告，国内的制造型企业与国际精益企业相比较，得出如图 1-3 所示数据，从图可知，在提高生产效率、按时交货、一次合格率和仓库周转、

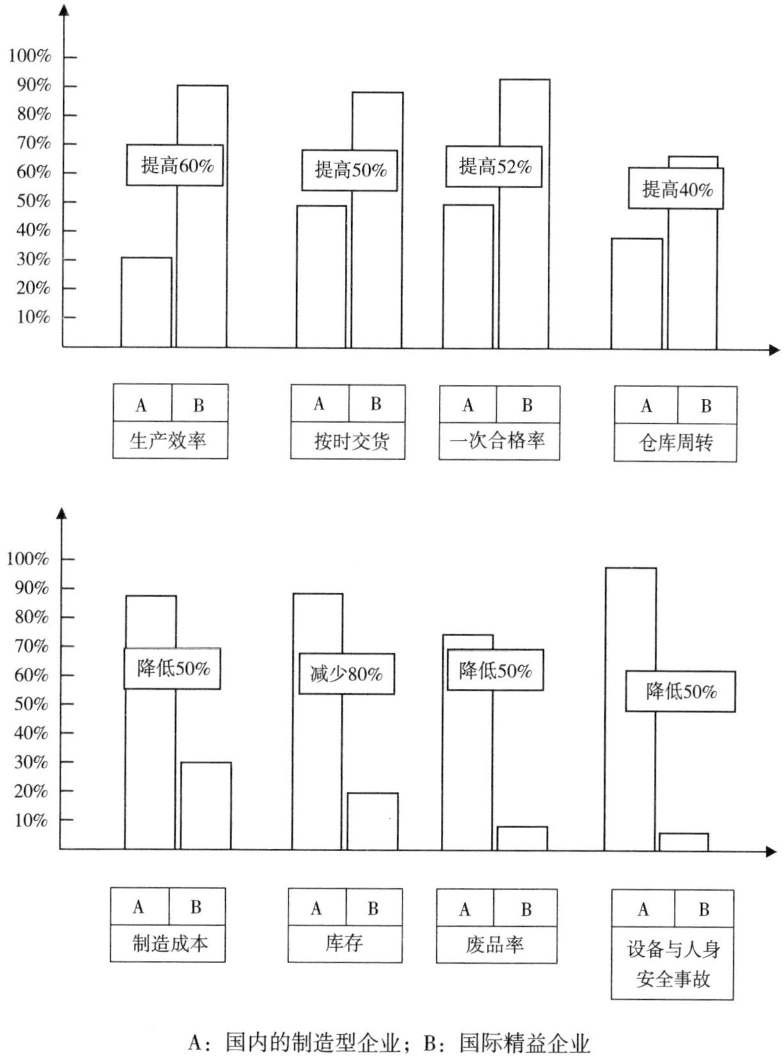

图 1-3　国内的制造型企业和国际精益企业进行比较

制造成本、库存、废品率、设备与人身安全事故方面，我国企业需要改善的空间更大。

【实例】不同程度实施精益生产方式的工厂业绩对比

如表 1–2 所示，不同程度实施精益生产方式的工厂业绩对比。表中日本工厂代表那些完全实施精益生产方式的企业，北美工厂代表那些部分实施精益生产方式的企业，而欧洲工厂则代表那些没有实施精益生产方式的企业，它们还在按照传统的大批量生产方式进行生产。

表 1–2 不同程度实施精益生产方式的工厂业绩对比

指 标	日本 完全精益	北美 部分精益	欧洲 没有精益
生产率（工时 / 车）	16.8	25.1	36.2
质量（缺陷，100 辆车）	60	82	97
场地（平方英尺，车 / 年）	5.7	7.8	7.8
库存（8 个样件，天）	0.2	2.9	2.0
团队（占劳动力 %）	69	17	0.6
工种轮换（0—无，4—高）	3.0	0.9	1.9
提案数 / 员工	61.6	0.4	0.4
缺勤率（%）	5.0	11.7	12.1
组装自动化占直接工序的百分比（%）	1.7	1.2	3.1

【实用工具与方法】精益思想理念、精益工具与方法和精益目标

如图 1–4 所示，精益思想理念、精益工具与方法和精益目标图。

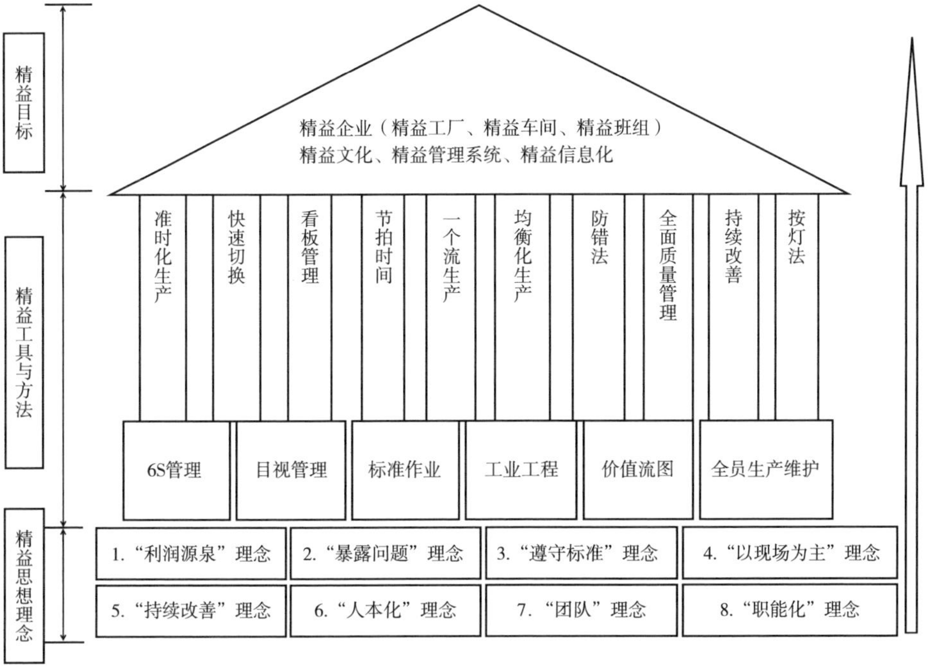

图 1–4　精益思想理念、精益工具与方法和精益目标图

第二章

班组精益生产管理概要

第一节　班组为何要开展精益生产管理

一、如何认识推行班组精益生产管理的意义和作用

精益生产管理是指以顾客需求为拉动，在企业的生产环节及其运营活动中以彻底地消灭浪费现象和快速反应为核心，通过持续不断地改进生产，消除废品，降低库存，提高质量，降低成本，使产品品种多样化，提高对市场的反应速度，使企业以最少的投入获取最佳的运作效益、达到企业利润最大化的一整套成功的管理模式。同时，它又是一种理念，一种文化，一种追求卓越的历程。精益生产管理要求投入的人、财、物要产生应有的效果，更加注重结果和成效，实现精益求精、自我超越、持续改善的目标，最终实现企业价值最大化的目的。

班组的管理水平既是企业形象、管理水平和竞争力的综合反映，又是衡量企业综合素质及管理水平高低的重要标志。企业管理的各项管理制度、生产、服务作业最终都需要班组来落实完成，大量的基础数据、原始资料也需要在班组内完成。因此，企业管理水平的高低也最易在班组中反映出来。企业最直接的浪费来源于生产现场，而生产现场最基层的组织就是班组。所以，推进精益生产的落脚点就是企业的班组。引入精益生产理念，在班组实施精益生产管理就能够最大限度地发动班组员工的积极参与，让最基层员工应用精益生产知识，掌握消除浪费的方法，改进现场工作环境，对班组现场中可能影响到生产过程的因素进行排查，减少不必要的工作程序，有效防止生产资源浪费，改善产品原本的生产路程，最大限度地提升设备的利用效率，避免生产过程中出现质量问题，降低生产成本，大大提升生产效率。通过班组精益生产管理，可以将管理责任具体化、明确化，竭力追求生产的合理性、高效性，能够灵活多样地运用适应各种需求的高品质产品的生产技术和管理技术，如开展成本改善活动，提高全员的节约意识和创新能力，促进工厂整体的成本改善经营；开

展TPM（全员生产维护）自主改善活动，促使团队实现最佳的优化整合，持续不断地改进生产，全面提升班组管理水平，这对于提高企业管理水平，实现公司、部门、班组各项目标指标，加快企业发展来说具有十分重要的意义。

企业生产现场是精神文明的窗口，班组员工的精神面貌、思想和作风都能在生产现场中反映出来。班组生产现场管理是企业内部管理的出发点和落脚点。班组长只有通过运用各种科学管理方法和手段，在生产现场管理中贯彻实施各项专业管理，才能发挥出效用。精益生产管理是企业综合管理、专业管理、基础管理的基础，无论是对生产的发展还是对企业管理水平的提高，都具有重大的作用。

1. 以“简化”为手段，消除无效劳动和八大浪费

简化一切不必要的工作内容。如简化企业的组织机构，简化产品的开发过程，简化零部件的制造过程，简化产品的结构等；消除现场的生产过程中各种不创造价值的无效劳动和八大浪费，如过量生产浪费、等待时间浪费、运输浪费、库存浪费、过程（工序）浪费、动作浪费、产品缺陷浪费以及忽视员工创造力的浪费，毫不留情地撤掉不直接为产品增值的环节和工作岗位。

2. 建立无间断高效的流程以快速应变，提高总体效率

建立无间断流程，将流程当中不增值的无效时间尽可能压缩，以缩短整个流程的时间，不断消除流程中的浪费和非增值的行为，使生产周期最短。当市场需求波动时，通过适当调整具有多种技能操作者，从而快速应对客户的需要，对于服务行业而言，提升企业内部流程效率，可以缩短从顾客需求产生到实现的过程时间，实现价值最大化和增强企业竞争力的过程。

3. 实施拉动式生产方式，提高生产系统的柔性，大大降低库存

拉动式生产的核心是“准时”，即以必要的劳动确保在必要的时间按必要的数量生产，实现生产过程中的人、机、料、法、现、测诸要素进行优化组合，同时实行多品种混流生产、劳动力柔性和设备柔性，达到适时适量生产，大大减少产品库存，降低成本，以满足市场不断变化的需求。

4. 全过程的高质量，一次做对

将保证产品品质贯穿于设计、流程和制造当中去，建立一个不会出错的品质保证系统，一次做对，低库存是需要高效的流程、稳定可靠的品质来保证的。

5. 按顾客需求生产，以满足顾客需要

按照销售的速度来进行生产，保持物流的平衡，任何过早或过晚的生产都会造成损失；同时，尽管产品供不应求，在一切准备工作就绪以前，决不盲目扩大规模，保持稳健务实的作风，以赢得顾客的尊敬，持续地提高顾客满意度，从而稳定和不断扩展市场占有率。

6. 精益供应链

从产品设计到顾客得到产品，整合整个过程所必需的步骤和合作伙伴，形成上下游共同努力消减整个流程的成本和浪费情况，快速响应顾客多变的需求，以减少浪费、降低成本、缩短操作周期、提供强化的客户价值，从而增强企业的竞争优势。

7. 标准化与工作创新

管理标准化是企业制造系统体质优良的基本要求。标准化并不是一种限制和束缚，而是将企业中最优秀的做法固定下来，使不同的人来做都可以做到最好；同时，不断地创新和改进现有标准，尽力发挥人的能动性；同时强调协调，对员工个人的评价也是基于其长期的表现，更多地将员工视为企业的成员，以激发员工对工作的兴趣和创新精神，发挥最大成效和提高效率。

8. 实施多劳多得，尊重员工，给员工授权

实行员工的经济利益与分配与人工作业率的多少直接挂钩；培养多种技能操作者，尊重员工的智慧和能力，给他们提供充分发挥聪明才智的舞台，为企业也为自己做到更好。员工实行自主管理，在组织的职责范围内各行其是，不必担心因工作上的失误而受到惩罚，出错一定有其内在的原因，只要施以对策，并防止下次再出现就行。

9. 以人为本，团队工作，尽善尽美

坚持以人为本，强调团队精神，采用团队工作法，对团队中的每个员工进行培养，从而使团队的工作能力和生产效能保持平衡，实现团队工作质量的整体提升。并通过对团队定期的考核来优化人员结构，突出团队人员的协作精神和一职多能，充分发挥团队人员的群体力量，不断改善、追求完善，从而提高团队的工作质量和效率，增强企业的凝聚力，形成企业良好的思想、作风和素养。

二、班组长实施班组精益生产管理的路径与方法

班组精益生产管理是一种在班组系统、科学、标准的前提下开展的班组管理模式。班组精益生产管理是以班组指标管理为核心，以夯实强化基础管理，显著提升生产核心指标，逐步形成精益化文化为目标，广泛推广使用班组精益化管理工具方法，转变班组管理思想，对标国际、国内一流企业的指标，建立年度达标目标值，按照班组“两长三员”的各自分工、任务，从 S（Safe-安全）、Q（Quality-质量 ）、D（Delivery-交付）、C（Cost-成本）、M（ Morale-士气）、E（Environment-环境）六个班组基本管理要素实施班组核心指标看板信息化转化模式、标杆班组建设管理模式、精益改善小组管理模式，将班组内部各项指标与同业标杆班组指标进行比较，对标所发现的短板和问题，细化落实到班组具体业务工作中去改善和优化。优化班组业务流程，建立固定标准化、规范管理作业、降低资源浪费、改善现场管理，切实提高整体班组工作效率，为生产核心业务的达成提供保障。

在实际精益化生产方式中班组管理要以人本、民主、创新理念为指导，将班组基础、基本功作为工作重点，以整体企业精益文化在班组中贯彻落实为载体，开展班组精益化、规范化建设，从管理效率、岗位工作职能、员工素质、企业核心价值观等方面，逐步完善班组管理框架，以培养综合素质优异的团队为抓手，实现班组精益化管理工作目标的动态可观、可测、可控，持续推广班组精益化管理 APP 等平台，做好班组精益化成果的推广应用，提升班组标准化管理水平，实现班组自主管理。实现班组精益化管理全面建成、综合标杆核心指标全面提升，最终将实现班组更加平稳、均衡、有序、安全和高效运行，从而有效改进并提升班组管理效率和效益。

班组长实施班组精益生产管理的路径与方法如下。

1. 转变班组管理思想

一是从传统管理意识向精益思想的转变，树立以最小的成本获得最大的收益为理念，发挥员工持续改善，不断适应客户需求的变化。二是引入精益生产管理方法，增强班组管理系统性解决问题的能力，既重视结果管理，又重视过程管理，增强班组管理的可控性、预见性和有效性，为班组顺利实现各项生产

经营任务提供有效保障。三是遵循“关注顾客，追求完美”的精益原则，从班组长自己做起，从工作中的每一个细节做起，在细节管理上狠下功夫。发挥班组员工的积极性，采用员工一个个小窍门、小发明、小方法，就能够成为班组加强管理的绝招。

2. 对照标杆，建立精益指标目标

对标国内一流标准，确定班组标杆精益目标，构建班组精益核心指标体系，进行定期精益核心指标分析管理，结合定期监督、考核，可促使班组管理指标发挥应有的效用。公开透明的班组管理指标运用、对整体班组内部岗位成员进行绩效考核，为 PDCA 闭环管理的顺利运行提供支撑。

3. 优化班组生产流程

一是用精益生产管理减少无价值活动，合并重组工艺流程，优化班组生产流程，通过工序能力分析，实现班组人、财、物资源合理配置，降低班组资源浪费。保持班组流程平稳有序运行，建立高效的班组业务流程，提升班组运转效率。二是实现拉动式生产，通过由后向前拉的看板生产管理方式，形成管理倒逼机制，增强班组员工责任心和紧迫感，促进上下工序班组之间沟通交流，实现资源高效协同，更好地适应企业多品种、少批量、高质量、快交货和敏捷制造的要求。

4. 推进全员自主改善项目实施

班组全员参与，真学真干，立足实际找问题，瞄准痛点做精益生产管理优化，鼓励班组员工通过开展合理化建议、“五小”等形式进行改善，实施班组精益化项目，在班组日常生产管理中坚持持续改进，实现班组管理和生产管理水平进一步提升。

5. 塑造精益人才，实施激励方法

充分利用 QC、职创、合理化建议、金点子等平台，引导广大班组员工当好精益化管理的“改善家”，形成浓厚的精益文化氛围，立足本职促改善，实施常态化激励机制，培养出班组精益生产管理骨干及班组技术技能工匠，争创标杆班组。

6. 全面提升班组管理水平

一是创建精益班组要与弘扬“敬业勤奋、团队协作、学习创新、争创一流”精神相结合。通过开展“弘扬企业精神、创建精益班组”主题实践活动，并进行班组大讨论等系列活动，让企业精神在班组落地生根，真正成为班组员工的工作动力，有助于员工形成良好素养和习惯，成为与企业共同发展的精神支柱。二是创立精益班组要与岗位训练竞赛相结合。找准切入点，针对企业生产、质量、交期等瓶颈项目，根据班组特点，推行竞赛进班组到生产线，开展班组专项攻关竞赛和班组改善训练营活动，有效提升班组员工立足岗位创新创效的能力与素质。三是创建精益班组要与民主管理相结合。注重“三公”氛围营造，通过班组公约、定期公示员工绩效考核和评先评优激励结果，通过“午餐时光”“生日 Party”班组微信群和电子杂志等活动载体，及时梳理、分析、解决班组管理过程中存在的问题，提升班组标准化管理水平，实现班组自主管理，有效提升班组工作效率和团队业绩。

【实用工具与方法】精益生产体系中日本企业与传统生产方式中企业的班组长管理比较

如表 2-1 所示的精益生产体系中日本企业与传统生产方式中企业的班组长管理比较表。

表 2-1 精益生产体系中日本企业与传统生产方式中企业的班组长管理比较表

班组长管理角色与职责	传统生产方式中企业班组长	精益生产体系中日本企业班组长
领导及辅助上级	厂长权力大，班组长权力小	班组长权力大，厂长权力小
	班组长听领导分配任务，遇到问题喜欢马上报告请示，同时等待上级来调查处理	班组长遇到问题习惯在现场找出对策并拿出方案，解决问题
	大部分班组长工资比科室人员低，权力小、责任大（执行力差的责任大部分都拿班组长当替罪羊）	班组长工资高（科长以上待遇），权力大，责任大
	大部分班组长不愿意替下属承担责任，有时甚至推卸责任给员工	班组长“护犊子”，下属犯了错主动自己“扛”

续 表

班组长管理角色与职责	传统生产方式中企业班组长	精益生产体系中日本企业班组长
生产管理	班组长接受上级领导安排的生产计划，是生产计划执行者	班组长既是生产计划命令下达者又是执行者
	技术部门做工程分析、工序分配、生产线布局	班组长自己做工程分析、工序分配、生产线布局、人员安排
	大部分班组长不知道节拍对生产效率的决定性意义，甚至没有听说过什么是“节拍”	班组长都会设计生产节拍和熟练平衡调整生产节拍
	一般班组设立专职检验员，一旦出了质量问题，班组长就指责检验员没有把关	班组长是产品质量的总负责人，班组不设检验员岗位
	大部分班组长很少会制作技术工艺书和编制设备工序排列图	班组长都会制作技术工艺书和编制设备工序排列图
	班组长极少做首件样品，也不会确认质量、工艺分析等	班组长都是自己做首件样品，边做样品、边确认质量、边写工艺分析、边做工序分配
	班组长都加班加点无私奉献	班组长反对加班，认为加班是班组长无能的表现，特殊情况加班必须支付双倍工资给员工，同时加班必须完成规定的工作指标
技能标杆	班组长没有能力保养本班设备，即使达到也不愿意去做	班组长都会保养本班设备和维修排除常见故障
	班组长通常只能操作少数设备和工序，全能工很少	班组长全部是全能工，本班组和本厂内的所有工序和设备都能熟练操作
	大部分班组长认为学习外语无用，从而很少有人学习外语，即便会简单外语的人见了外国客户也不会主动用外语问候客户	班组长都拼命利用业余时间学习外语，都会用外语和客户做简单的交流

续 表

班组长管理角色与职责	传统生产方式中企业班组长	精益生产体系中日本企业班组长
指导、培训、考核	班组长仅仅是班组计件工资的统计人	班组长是班组团体计件工资的分配人
	几乎没有班组长做讲课培训	班组长每天都要亲自给班员讲课做培训
	班组长不懂或不善于培养多能工	班组长都非常善于培养多能工
班组文化建设	班组长都认为员工的错都是他们自己的责任	班组长必须用父母的态度对待员工，员工的错都是班组长的责任
	班组长一般都是当众羞辱员工	班组长都是个别批评，耐心启发教育
	大部分班组长经常训斥员工或者用语言侮辱员工，甚至骂人（三分之一员工辞职是这个原因）	班组长从不骂人和说脏话，对员工分派任何事要说“请”和“谢谢”等用语

第二节　如何开展班组精益生产管理

一、建立班组精益生产管理体系

如图 2–1 所示的班组精益生产管理体系。

以推动班组“内涵式发展”为目标，依托“人本主义、消除浪费、永不满足”为核心的精益思想体系，运用 5S 现场管理、PDCA 循环管理、目标管理、IE（工业工程）等管理工具，通过研究国内外企业精益化管理典型经验，结合企业自身特点，推行工作管理项目制，建立班组管理“协同机制”，实现班组管理水平的显著提升。

以班组精益管理目标为源头，开展顶层设计，构建体系框架。根据企业的经营决策，公司总体目标，包括年季月度任务和各项经济指标，制定出班组目标，形成班组内部的指标管理体系，并分解到每位组员。制定管理流程，为项目的实施提供支撑、保障；为班组现场改善基点，采用自上而下和自下而上并行的项目开展路径，开展末端治理，培育理念，梳理流程，提高班组管理效率与效益。着力于对班组建设流程，即班组现场环境管理、安全管理、生产管理、设备管理、成本管理、质量管理、团队建设七个方面进行优化，通过持续改善达到降低成本和提高效益的目的。

班组实现精益化，首先要转变观念，运用精益理念、工具和方法，如流程图、5W2H 分析、头脑风暴法、检查表，转变传统的管理方式，通过 5S、标准化工作、同业对标等方式发现问题，用精益工具和方法分析和改善工作，实现班组管理工作的不断提升，实现班组愿景目标。

其次，标准化作业是现场管理和持续改善的基础，也是精益管理的必然要求。班组人员应遵守作业标准，按时、有序、可控完成生产工作，在最大限度内保证生产的安全性，减少工伤等意外的发生，以达到安全、准确、高效、省力的作业效果。

最后，全面提升班组精益管理水平，实现工作内容指标化、工作要求标准化、工作步骤程序化、工作考核数据化和工作管理系统化。把班组建设成为安

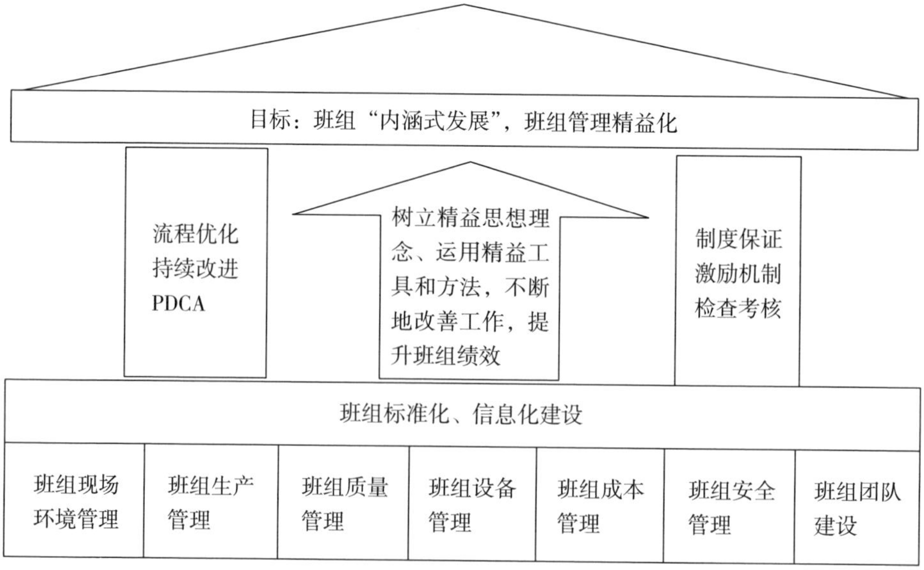

图 2-1　班组精益生产管理体系

全文明高效、培养聚集人才、开拓进取创新、团结学习和谐的优秀团队；把班组长培养成为政治强、业务精、懂技术、会管理和具有现代意识的基层管理者；把班组成员培育成为具有一流职业素养、一流业务技能、一流工作作风、一流岗位业绩的劳动者。建立班组建设长效机制，充分发挥班组建设在加强末端治理中的重要作用，为实现争创“两个一流”排头兵目标提供坚强保证。

二、班组精益生产管理的主要内容

1. 班组现场环境管理

班组精益化生产管理就是通过科学管理方法，使生产现场各生产要素处于良好的结合状态，这里主要使用的工具是 5S 管理。精益生产管理中，5S 管理是丰田生产方式中最先提出来的，后来在不断的发展完善过程中出现了 6S 管理、7S 管理，10S 管理。班组 5S 管理要求涵盖了现场的人、机、料、法、环、测六个要素，班组现场 5S 管理水平直接体现了企业的生产水平。一般认为，现场管理维度的 5S 管理具有五大优点。

一是改变以往工作环境的脏、乱、差，实现工作环境现场整洁、干净、明亮。二是舒适的工作环境使员工对公司的归属感更强，良好的工作状态使工作质量提升，工作效率也随之提升。三是各类工具整齐分类摆放可减少操作准备时间，降低企业维修成本，提高生产效率。四是规范化的现场作业，标准化的操作流程，有助于班组生产安全的落实和班组生产的正常开展。五是班组员工养成良好的工作习惯，高质量完成工作，从而提升员工素质，增强了凝聚力和荣誉感。

2. 班组质量管理

班组精益化生产管理在质量维度主要是运用 PDCA 循环控制方法。PDCA 循环又称戴明环，它是全面质量管理的理论基础，为我们质量管理提供了检验和提升的方法。PDCA 循环的四个字母分别代表了计划、执行、检查、处理的四个质量管理阶段。PDCA 循环理论是全面质量管理的重要工具，完成一轮循环后并不单是质量管理的结束，而是下一次质量管理的开始，持续完善，周而复始，不断提升质量管理水平。PDCA 循环主要有以下三个特点。

一是 PDCA 循环存在于从个人到班组、车间甚至到整个公司的循环系统。

PDCA 循环的整体与部分之间的关系，相互独立又不可分割，相互影响又不断推动向前提升质量管理水平。

二是 PDCA 循环是一个滚动向前、持续改善的过程，四个环节不断重复执行，每完成一次循环就证明质量管理水平向前迈入一步，标准和要求将进一步提高，形成不断向好的良性循环。

三是 A 阶段是 PDCA 循环中最为重要的环节，该阶段是处理问题、总结经验的过程。在 A 阶段将发现问题后对原有制度进行修订完善，避免下一次发生同样的问题。

3. 班组生产管理

坚持走精细化的生产计划管理之路，依靠精细、科学的管理不断推动班组生产能力的提升。为了使生产管理“精细化、准时化”，对每一个工位、工序进行反复测试，确定工位标准和标准工时生产周期。通过扎实细致的基础工作，使生产计划准确，也使生产考核更加合理、公正，再辅以有效的绩效薪酬管理手段，员工的生产积极性就被有效地调动起来，产能提升成为自然而然。

4. 班组安全管理

杜绝事故、防范风险、实现零故障，是班组实现精益化管理的重要目标。一是强化过程控制和人员行为管理，针对班组作业现场是安全管理工作的弱项，制订细致的危险点分析与预控，杜绝人身事故。二是加强技术学习，提高设备熟悉程度，不仅要定期进行安规和技能考试，还要建立“每日一题”“每周一考”“每月一评”的考核管理机制。逐步提升员工的安全意识、安全知识、安全技能、事故预测、防范能力。三是对突发事故后的个人行为进行分类规范，使大家都能熟练应用。充分做好事故预想和演习，不断提高突发事件处置能力。四是强化现场管理。围绕安全生产全过程开展精益化管理，规范现场管理过程，按标准做事。通过班组作业现场的自查自纠，全面提高人员安全素质和安全需求，自觉规范安全行为。

5. 班组设备管理

以标准化班组建设为载体，以全系统的预防维修为过程，充分调动了班组全员力量参与设备维护、保养、维修工作，从设备点检、设备润滑到设备保养、预修理，都安排相应人员执行，从设备操作工、设备修理工、设备管理员、班组长都在 TPM 工作中执行着不同的工作任务，确保了设备点检、巡检中的每一个问题都能被解决，直至闭环。设备管理部门每月与标准化班组建设小组人员一起对班组的 TPM 工作开展情况进行逐项检查、监督，评估班组开展效果，并指导班组改正执行中的不足和偏差。

6. 班组成本管理

精益生产的核心就是在企业的生产环节及其他运营活动中彻底地消灭浪费现象，减少浪费、节约成本，使企业价值实现最优化。实施班组精益化生产，重要的是班组成本管理，消除现场物料、人力、设备、时间等浪费，实现最小的投入，取得最大的产出效益。

班组成本管理是以班组为基本单元，对生产过程中的投入、产出、成本费用进行归集并加以核算，并将考核承担责任指标落实到班组和个人，形成全员成本管理良好局面，达到降本增效。班组成本管理是成本控制的基础和关键环节。通过全面开展班组成本管理工作，从最源头上节约费用支出，实施浪费控制和降本改善工作，消除“七大浪费”，降低人力资源成本，提高企业的经济效益。

7. 班组团队建设

精益化生产要求“全员参与”，这要求必须加强班组团队建设，有计划、有目的、有步骤地对班组全员进行训练、总结、提高的活动。班组团队必须建立明确的目标，作为团队“领头雁”的班组长，应对团队目标有强烈的意愿，班组成员工作和团队目标联系在一起，并围绕团队目标开展日常工作。班组长遇到困难不退缩，带领团队人员最大限度地实现团队目标，同时以团队工作方式，促进班组成员之间的合作，提高工作效率。

班组团队精神是班组的生命力所在，是班组建设的无尽动力，是大局意识、协作精神和服务精神的集中体现。它对于团队的成功具有至关重要的作用，产生“1+1>2”的效应。充分发挥团队协作的优势，运用集体的智慧，将每个人的力量融入集体中，就一定能完成各项工作任务。

【实例】班组信息化管理

为实现班组精益生产管理信息化，需搭建快捷的精益化管理平台。在运行中，班组长要充分发挥班委会工管员的作用，采取班组信息化管理责任分工制，以提升班组信息化管理水平。

如表 2–2 所示班组信息化管理分工表。

表 2–2　班组信息化管理分工表

项目	内容	录入 / 检查	录入人
首页维护	公告栏，荣誉栏，班组简介，班组园地	及时	信息管理员
	班组愿景 / 工作目标 / 管理制度 / 工作感悟	年初 / 月初	班组长
现场环境管理	5S 得分评价表	每天下班前	班组劳动考勤员
班组生产管理	班组生产进度表	每天下班前	班组长
	班组物料统计表	每天下班前	班组长
班组设备管理	设备运行与维护表	每天下班前	班组安全设备员
班组安全管理	安全活动记录表	每次活动后	班组安全设备员
	安全检查教育表	每次完成后	班组安全设备员
班组质量管理	一专多能表	每次完成后	班组质量技术员
	质量问题跟踪表	每次完成后	班组质量技术员
班组成本管理	成本核算表	每月底	班组长
	改善项目实施表	每次完成后	班组长
班组团队管理	培训计划实施表	每次培训后	班组劳动考勤员
	合理化建议实施表	每项完成后	班组劳动考勤员
	绩效考核表	每月考核后	班组长
	班组会议记录表	每天下班前	班组长

三、班组推行精益生产管理的方法

企业要从精益生产管理角度出发，可通过班组管理相关制度的建立，做到工作要求标准化，工作步骤程序化，工作管理系统化。通过全员培训，让最基层员工了解精益生产知识，掌握消除浪费方法，提升全员的精益制造能力，通过实行全面全员全过程的立体管理，促进班组建设更上一层台阶，实现公司精益生产的战略目标，增强企业的核心竞争力。

1. 培养精益创新理念，营造全员参与精益改善的氛围

借助内部媒体广泛宣传精益思想，培养精益生产管理理念；组织多批次、各层级的交流会、座谈会，统一认识，组织班组长到优秀企业学习，借鉴国内外的好经验，对标找差，实现班组长思想从“要我做”到“我要做”的转变。通过班组活动向员工诠释精益生产的理念和改善方法，介绍发生在他身边的改善案例和成功经验，让员工感觉到我们做的精益生产每件事真能给他在安全操作、品质保证、效率提升、能力向上等各方面带来收益，进而调动员工参与精益生产的积极性、自觉性、主动性和创造性，使精益生产管理成为班组长和广大员工的行为习惯，进一步推动班组由传统管理向现代化管理转变，增强对发展环境的快速应变能力。促进班组逐步向知识型、技能型、创新型班组转变，提高管理效率，提升经济效益。

2. 实施班组自主管理、民主管理，使班组工作标准化、规范化和制度化

首先，要构成班组自主管理的组织体系，实施班组建设自主管理的一套工作方法，实现班组自主管理和民主管理的融合。随着班组自主管理职能的提升，也实现班组长的思想境界、大局观念、表率作用、技术水平、管理能力、沟通能力、语言表达和文字表达能力相应提升。其次，在班组长的领导下，建立一套行之有效的、以岗位责任制为核心、班组全体员工广泛参与的班组精益生产管理制度和工作制度，如班委会各成员岗位责任制、班组综合管理量化考核标准、班组民主会议事制度、班务公开制度、班组各种会议制度等。最后，突出抓好班务公开和与员工的交流沟通工作，充分发挥班组民主会集体议事作用，通过不定期听取员工意见和建议、参与班组重大事项审议等，保证班组每位员工充分行使民主权利，并结合岗位管理的要求，把员工的正确想法融入班组制度中去，并上升到规范的高度，形成一套班组民主管理制度，从而使班组工作标准化、规范化和制度化。

3. 推进素质工程，提升岗位技能

推行班组精益生产管理，必须从提高班组员工综合素质入手。把导入精益生产管理理念与员工的成长发展紧密结合，构建班组员工成长平台。

在班组中设置班组管理园地，让员工及时了解自己的业务技能水平和各项技能竞赛的情况，从而激发每位员工自觉学习的积极性，营造班组员工学习管理新知识的良好氛围；要以培育敬业、勤奋、创新、踏实、爱岗的员工队伍为目标，完善班组员工的培养、评价、激励机制，建立完善班组自主职业培训体系，坚持不懈强化岗位职业道德、岗位安全教育、岗位作业技能等方面自主培训，不断提升全员的岗位综合素质素养；将各项目标任务细化并分解到各个岗位，对不同员工实行分阶段提高，采取“日学一题、周练一技、月精一招、年上一级”循序渐进的岗位培训和实操活动，使班组成员迅速成长为生产骨干；开展班组技能比武，鼓励并组织组员参加技能竞赛，在员工中营造浓厚的学技能、当能手的氛围，夯实班组成员技能水平。畅通班组员工职业上升通道，充分发挥员工的创造活力，搭建班组员工与企业共同发展的平台，为推行班组精益生产管理创造良好的人文环境。

4. 开展小集团式的精益改善团队活动

开展精益改善团队活动是班组创新精益化管理的重要基础，通过以班组为单位自动自发地进行改善组成的小组，所有的员工亲自参与，各抒己见甚至在活动中每个人充当讲师教官的角色，以全员参加的方式不断地进行维持及改善自己的工作。班组建立精益创新奖励制度，设立班组精益改善展示台，促使班组间形成良性竞争，激发组员参与精益改善创新，立足岗位，拓宽思维，创新改进操作方法、工作窍门、标准工作法，与大家共享，筛选优秀项目参与公司评选，并给予奖励。

5. 优化班组绩效评价机制，有效开展班组绩效管理

以人为本，建立一套精益班组准确的验收考核标准，并根据公司及员工管理实施细则，班组再细化并分解到各个岗位，建立健全“安全、生产任务、工作质量、5S 管理、‘反违章活动’、‘两票’管理、员工培训”等内容的考核奖励机制，通过强化班组精益集中管控，完善管控系统、创新精益积分累进机制，将关键指标分解到每一位员工，创新搭建班组员工双向行为积分评价体

系，组织员工签订年度和月度绩效合约，并应用于绩效考评与薪酬分配当中，进一步提升完善绩效考核与激励成效。同时，对于每月、每年认真执行考核细则的人员班组将进行表彰，给予适当的物质奖励，用典型（班组长或其他典型人物）的名字对班组进行命名，并优先推荐参加公司内外部的学习培训和参观交流活动，优先推荐参加劳模、技能名师的评比，优先推荐参加技师、高级技师的评聘等，大大调动全体员工工作的积极性、主动性和创造性。

6. 创建学习型班组，培育精益文化

运用先进的精益文化理念引领班组文化的建设，以培育具有鲜明特色的班组文化。

新入厂员工在进入班组前都要接受系统的学习型组织理论培训和拓展训练。班组每个月都要组织成员学习研读一本书，选择一个生产主题组织全员性的学习研讨，让员工在思想碰撞中得到启迪。并引导员工在工作中积极开展反思学习、案例学习。通过创建“学习型”班组，评选月度“文明”员工，年度“明星”员工；每年一届的班组管理优秀创新成果发布，班组合理化建议奖励等，创建并推行班组长劳模工作室，弘扬新时代的工匠精神，从而带动班组员工树立良好的作风形象，敬岗爱岗，团结协作，为企业管理水平提升，为企业经营绩效提升打下了坚实的基础。

【实例】数控制造有限公司生产班组精益指标管理

在原有的管理组织架构基础上将班组中副组长、兼职管理人员经过培训、训练转化为精益指标管理人员，如班组计划员负责生产指标管理、质量员负责质量指标管理、安全员负责安全指标管理等，班组内管理人员可以一人负责多个指标的管理。班组精益指标管理统计表见图 2–2。

为促进班组精益指标管理公开化、导向性，在生产班组现场设置了班组精益指标管理看板，看板内容分为整体趋势控制、指标具体情况和问题闭环展示 3 个部分。整体趋势控制部分包含生产、质量、安全、设备和成本类别指标年度动态信息；指标具体情况区域展示包含生产、质量、安全、设备和成本类别具体指标的短周期内（日、周、月）动态信息情况；问题闭环区域包括现场问题展示和问题改善展示表单，包含问题原因分析、改进措施和执行情况，形成工作闭环。

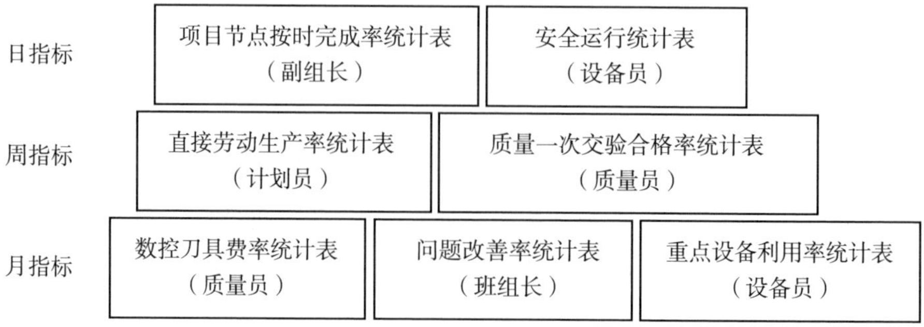

图 2-2　班组精益指标管理统计表

第三章

班组环境精益管理

第一节　生产现场目视管理

目视管理是利用形象直观、色彩适宜的各种视觉感知信息来组织现场生产活动，达到提高劳动生产率目的的一种现场管理的有效方法。目视管理是一种公开化和视觉显示为特征的管理方式，也可称为“看得见的管理”。目视管理最大的优点就是目视管理形象直观，有利于产生良好的生理和心理效应，有利于提高工作效率；提升全员遵章守纪自觉性与主动性，也便于现场人员互相监督，推进管理制度视觉化、直观化、简洁化 ，让生产现场不断进行改善，使企业全体人员减少差错、轻松地进行各种管理工作，从而推动看得见的管理、自主管理、自我控制。

一、目视管理的主要目标

目视管理是管理上最为简单而又非常有效的一种方法。目视管理的原理在生产的现场管理中得到应用后，往往达到事半功倍的效果，如通道线、部门标识牌、生产线看板等。现场管理中目视管理的主要目的：规章制度与工作标准公开化；生产任务与完成情况图表化；视觉显示信息标准化；生产作业控制直观化；物品码放和运送数量标准化；现场人员着装挂牌标准化；色彩的标准化管理；促使现场视觉化、公开化、普通化，达到看得见管理、自主管理和自我控制的目标。

二、目视化管理现场实施内容要求和方法

在现场目视化管理过程中，可以从人、机、料、法、环、测生产要素确立现场实施内容要求和方法，如表 3–1 所示。只有充分领会现场实施内容，才能跟踪改善过程，取得改进效果。

表 3-1 目视化管理现场实施内容要求和方法

"5M1E" 分析法	现场目视化实施内容	现场目视化实施的要求、方法与目的
人员（Man）	劳保穿戴要求目视化	统一劳保用品穿戴标准和穿戴规范，实施佩戴统一的胸卡，具有员工姓名、工种、血型、应急电话等，消除安全隐患
	人员培训合格标识	通过标识快速判断操作人员工作资质，避免未培训或培训不合格人员上岗
	员工能力目视化	培养多能工，应对人员请假等突发情况，达到"少人化"的目的
	光荣榜	通过目视方式，将员工自己的建议、成果、感想展示出来，方便相互交流，发挥员工的积极主动性
	班组人员管理和绩效分配目视化	班组人员管理和绩效分配细则目视展示，建立透明化的员工激励制度
机器（Machine）	设备安全警戒线和提醒标识	对于转动、升降的设备定置安全警戒线，用于界定和分割危险区域，传递警告和提醒信息，特别是设备周围标有相应设备安全操作规程，避免人身伤害
	设备信息牌	展示设备编号、名称、运行责任人等相关信息，同时还为设备制作备用、待修、在修、停用等使用状态副卡，还有使用的气瓶、配电箱、工具箱等，使操作者一眼就能看出设备的基本信息和状态
	设备润滑图表	图示展示设备润滑步骤、润滑位置，便于操作者对设备进行润滑保养
	设备 TPM 清扫基准书	记录设备清扫位置、周期、时间和标准，防止设备老化
材料（Material）	物料标识牌	明确物料名称、项目和编号，对物料信息进行简单明了的展示，便于操作者使用
	物料定置管理	现场流动存放加工的产品都有标志。规划放置区域，区分合格品、不合格品、待检、待加工、已加工等位置，标志清楚，指定位置分隔存放。设计储运一体化工装，实行定置、定容、定量管理

续 表

“5M1E”分析法	现场目视化实施内容	现场目视化实施的要求、方法与目的
方法（Method）	标准作业目视化	确定目标加工时间、加工顺序、标准在库数量，编制标准作业组合票、作业要领书等，提高作业效率
	质量风险点提醒	结合工位的质量案例，对于容易发生质量问题的风险点进行目视化提醒，消除质量安全隐患
	样件展示	对于不便于量化的标准，制作实物质量样件，便于现场操作人员理解和操作
	防呆管理	通过信息化防错管控、标准对比、工装防错等方式杜绝人员因疏忽造成的不必要损失
	颜色管理	包括地面、墙壁、管线、设备、工位器具的颜色管理，特别是安全通道以明显的警示颜色和安全禁止标志，让有关人员能透过颜色易于辨别
	看板管理	通过应用搬运指示看板、生产指示看板、临时指示看板、质量管理看板等，达到防止产生过多制造的浪费
	信息自动显示	设置生产线自动显示装置，工序控制信息显示等
测量（Measurement）	计量器界限标识	对压力表、温度计、油量表等进行界限标识，可用上红绿黄色荧光纸粘贴表示，任何人看计量器指针都能判断设备状态，及时发现异常
	工具形迹化管理	将常用易形迹化管理的工具在工具小车台面进行形迹化管理；对不易形迹化管理的工具在工具小车内进行管理或制定非标工装，降低操作者取放工具的难度
环境（Environment）	环境温湿度记录	5S 管理表、对影响厂房生产的温湿度、降尘量等因素进行展示和记录，保证物料的存储和生产环境符合要求
	危险源识别清单	对厂房水电、摔伤、火灾等潜在危险源进行识别，划分风险等级，明确具体应对措施，并对现场人员进行宣传教育和培训

【实用工具与方法】目视管理的常用工具与方法

生产现场目视管理工具有红牌、看板、信号灯、错误防止板、操作流程图、警示线、生产管理板、区域线等。具体作用及图例如表 3–2 所示 。

表 3–2　目视管理常用工具一览表

序号	工具		图示	作用
1	红牌		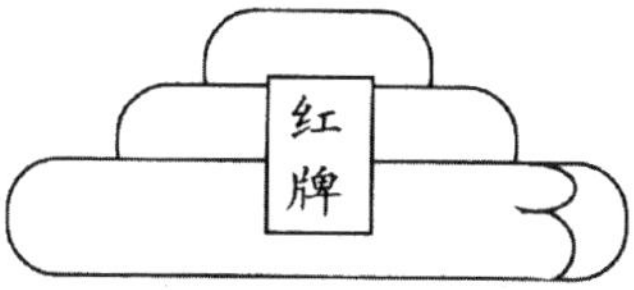	红牌，适宜于 5S 中的整理，用来区分日常生产活动中非必需品，又称为红牌作战
2	看板		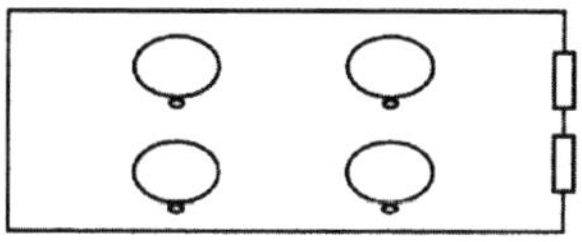	用在 5S 的看板作战中，让人知道什么物品，做什么，数量多少，谁负责等
3	信号灯	异常信号灯	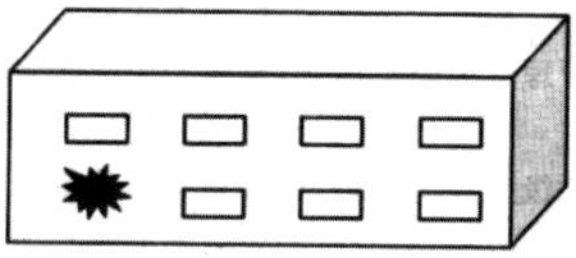	用于产品质量不良及作业异常等异常发生场合，通常安装在大型工厂的较长的生产、装配流水线。一般设置红或黄这两种信号灯，由员工来控制，当发生零部件用完，出现不良产品及机器的故障等异常时，往往影响到生产指标的完成，这时由员工马上按下红灯（或黄灯）的按钮，等红灯（或黄灯）一亮，厂长（或生产管理人员）都要停下手中的工作，马上前往现场，予以调查处理
		运转指示灯	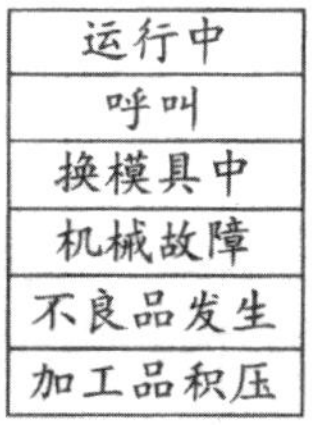	检查显示设备状态的运转、机器开动、转换或停止的状况。停止时还显示它的停止原因

序号	工具		图示	作用
3	信号灯	运转指示灯	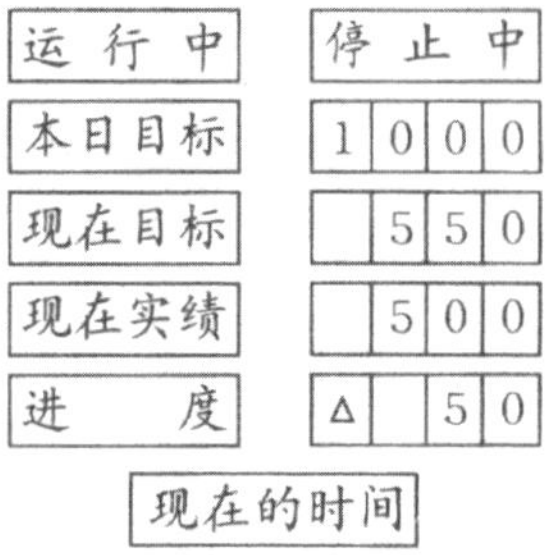	数字的尺寸约为：纵 50 毫米、横 3 毫米。按左面图样设置。管理者在座位上就能看到生产数量的变化。这种表示盘要在现场安装传感器来得知通过的物品并将其以数值的形式呈现
4	操作流程图			操作流程图是指描述工序重点和作业顺序的简要作业指导书，有时也称为“步骤图”，用于指导生产作业。一般在现场是将人、机器、工作组合起来的操作流程图
5	错误防止板		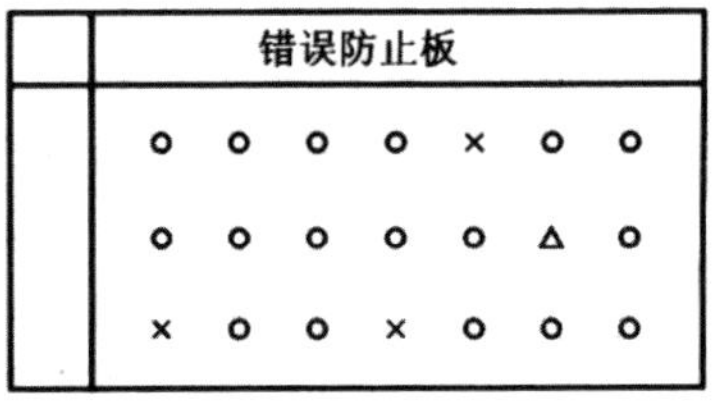 o 表示正常，× 表示异常，△表示注意	为了减少错误而做的自我管理的防止板，一般以纵轴表示时间，横轴表示作业单位。以一个小时为单位，从后段工程接受不良品及错误的消息，在作业本身加上“o”“×”“△”等符号。持续进行一个月，将本月的情况和上个月作比较，以设立下个月的目标
6	错误示范板		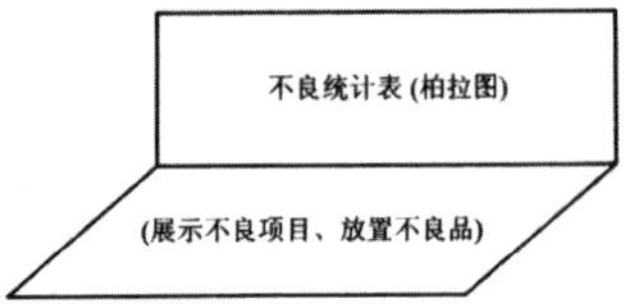	把不良品直接展现出来。具体表现形式有： （1）不良现象及其结果揭示表 （2）不良品的重点事项在改正前后的对照相片 （3）被示范的错误动作以及与正确动作相比较的照片

续 表

序号	工具	图示	作用
7	生产管理板	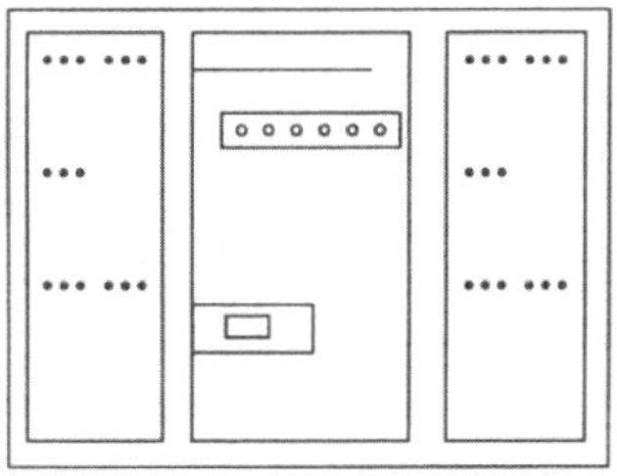	生产管理板是用来揭示生产线的生产状况、进度的表示板，记入生产实绩、设备开动率、异常原因（停线、故障）等，用于看板管理
8	警示线	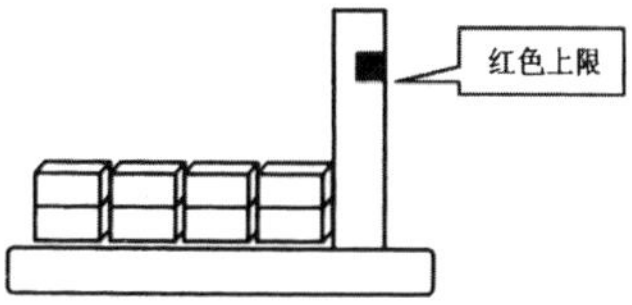	在仓库或其他物品放置场所标示警示线，以表示最大或最小的限量。主要用于看板管理中
9	区域线	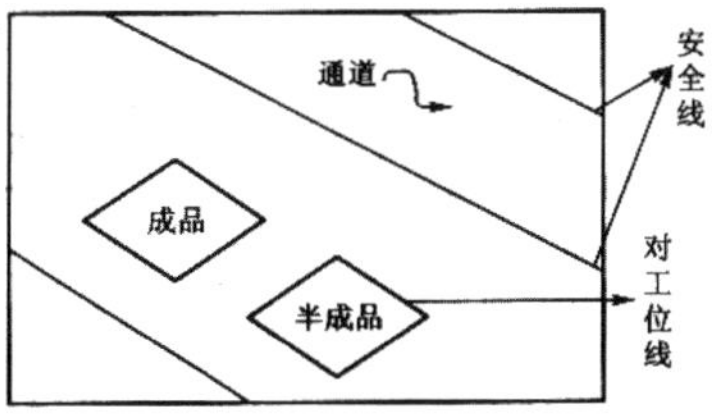	区域线就是对半成品放置的场所或通道等区域，用线条把它画出，主要用来整理与整顿，异常原因，停线故障等，也用于看板管理

【实例】目视管理用于设备管理

员工借助各种显示或视板等目视工具可以明白设备操作、维护、检修的程序及安全事项等。如图 3-1 所示仪表揭示出应有周期、速度，说明设备按要求的性能、速度正在正常运转。如发现不正常，运行工可以根据指针所在区域，及时进行调整，使之符合工艺要求。

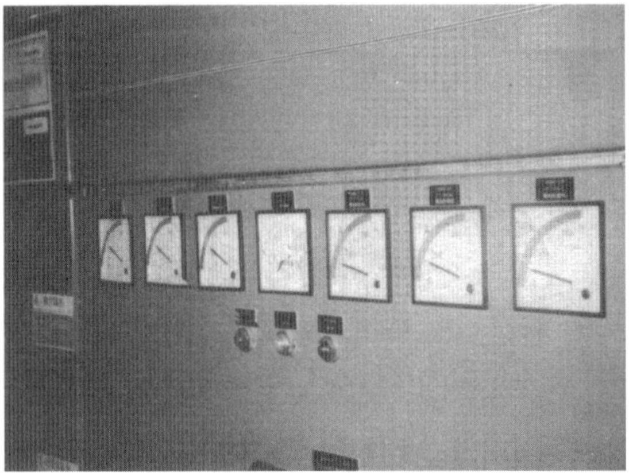

图 3-1　仪表控制管理（正常）

第二节　班组现场定置管理

定置管理是研究企业生产活动中人、物、场地三者关系，谋求系统改善的一种常见、有效的现场管理方法。所谓定置就是对生产和工作现场的各类物品，根据需要科学地确定其位置，对生产与工作现场物品定置进行设计、组织、实施和控制，使物流系统处于受控状态，实现人、物、场所等在时间和空间上的优化组合，从而达到消除人的无效劳动，防止和避免生产中的不安全因素，为生产者以最少的时间、最低的成本生产出合格的产品。定置管理有利于建立数据指标，实现有效考核，使现场管理实现经常化、规范化与制度化，从而推进企业现场综合治理工作。

一、定置管理的内容

定置管理内容较为复杂，在工厂中可粗略地分为工厂区域定置、生产现场区域定置和可移动物定置等。

（1）工厂区域定置包括生产区和生活区定置。生产区定置包括总厂、车间、库房定置。总厂定置包括分厂、车间界线划分、大件报废物摆放、改造厂房拆除物临时存放、垃圾区、车辆存停等；车间定置包括工段、工位、机器设备、工作台、工具箱、更衣箱等；库房定置包括货架、箱柜、贮存容器等。生活区定置包括道路建设、福利设施、环境美化等。

（2）生产现场区域定置包括毛坯区、半成品区、成品区、返修区、废品区、易燃易爆污染物停放区等。

（3）可移动物定置包括：劳动对象物定置（如原材料、半成品、在制品等）；工卡、量具的定置（如工具、量具、胎具、容器、工艺文件、图纸等）；废弃物的定置（如废品、杂物等）。

二、开展定置管理的步骤

步骤1　进行现场“诊断”

现场“诊断”是定置管理的起点。先要做好现场调查，调查的内容包括设备和各工序的情况，工人操作情况，原材料和制品管理情况，半成品的管理情况，加工对象的流动停放和搬运情况，物流过程中的质量保证手段和安全措施等；其次，通过查阅资料对现行方法进行详细记录，是为工艺研究提供基础资料，所以，要求记录详尽准确。

步骤2　现场工艺、人、物的研究与分析

（1）进行工艺研究

对生产现场现有的加工方法、机器设备、工艺流程进行详细研究，确定工艺在技术水平上的先进性和经济上的合理性，分析是否需要和可能用更先进的工艺手段及加工方法；再运用工业工程中的方法研究和时间研究的方法，对现有的工艺流程及搬运路线等进行分析，找出存在的问题及其影响因素，提出改进方向。

（2）对人、物结合的状态分析

人、物结合状态分析，是开展定置管理中最关键的一个环节。在生产过程中必不可少的是人与物，只有人与物的结合才能进行工作。而工作效果如何，则需要根据人与物的结合状态来定。人与物的结合是定置管理的本质和主体。定置管理要在生产现场实现人、物、场所三者最佳结合，人与物的结合可归纳为四种基本状态，A状态、B状态、C状态、D状态，如表3–3所示。

表 3–3　人与物的结合四种基本状态

人与物的结合四种基本状态	定义	举例	标志和颜色（尺寸 d 由各单位自定）
A 状态 （紧密结合状态）	表现为人与物处于能够立即结合并发挥效能的状态	操作者使用的各种工具，由于摆放地点合理而且固定，当操作者需要时能立即拿到或做到得心应手	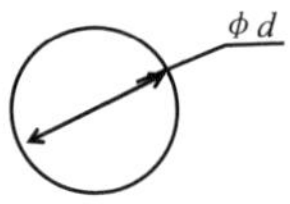 果绿色
B 状态 （松弛结合状态）	表现为人与物处于寻找状态或尚不能很好发挥效能的状态	一个操作者想加工一个零件，需要使用某种工具，但由于现场杂乱或忘记了这一工具放在何处，结果因寻找而浪费了时间	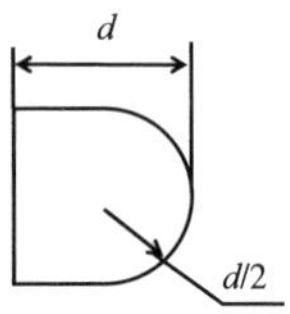 浅红色
C 状态 （相对固定状态）	指人与物没有联系的状态。这种物品与生产无关，不需要人去同该物结合	生产现场中存在的已报废的设备、工具、模具，生产中产生的垃圾、废品、切屑等。这些物品放在现场，必将占用作业面积，而且影响操作者的工作效率和安全	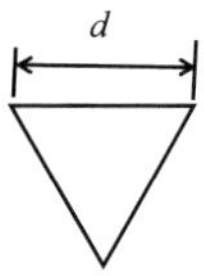 橘黄色
D 状态 （废弃状态）	人与物失去联系的状态。这种物品与生产无关系，不需要人去同该物结合	各种废弃物品如废料、废品、铁屑、垃圾，呆制品及与生产无关的物品	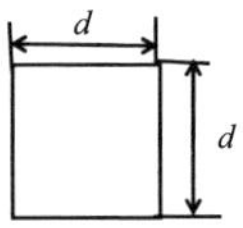 乳白色

定置管理就是要根据生产活动的目的要求，通过相应的设计、改进和控制，整理、整顿 B 状态，使之达到 A 状态，减少 C 状态，消除 D 状态，把有价值的物品移到需要的地方，把不需要的、无价值的物品从现场清除掉。

（3）开展对信息流的分析

信息媒介就是人与物、物与场所合理结合过程中起指导、控制和确认等作用的信息载体。为了便于寻找和避免混放物品，也需要有信息来确认，因此，在定置管理中，完善而准确的信息媒介是很重要的，它影响到人、物、场所的有效结合程度。良好的定置管理，要求信息媒介达到五个方面的要求，即位置台账齐全、信息标准化数量摆放标准、生产现场标志清楚、存放物的序号和编号齐备、生产现场设有定置图 。

步骤 3　定置管理设计

定置管理设计，就是对各种场地（厂区、车间、仓库）及物品（机台、货架、箱柜、工位器具等）如何科学、合理定置的统筹安排。定置管理设计主要是定置图设计。定置图是对生产现场所在物进行定置，并通过调整物品来改善场所中人与物、人与场所、物与场所相互关系的综合反映图。如各作业区定置图，工作台面、工具箱内，以及对安全、质量有特殊要求的物品定置图等。

（1）设计定置管理图的要点

① 对场所、工序、工位、机台等进行定置诊断，根据人机工程学确定是否符合人的心理、生理需要与满足产品质量的需要，做到最大的灵活性和协调性，最大的操作方便和最少的多余动作，以及切实的安全和防护保障，充分利用空间与时间。

② 定置图的设计应按统一标准。如全厂范围内的定置图用 A0 纸幅；各车间、各仓库必须绘制定置管理图，图纸用 A2 纸幅，可镶在镜框内悬置明显处。

③ 设计定置图时应尽量按生产组织划分定置区域。如一个分厂有 4 个较大的生产工段，即可在定置图上标出 4 个相应的定置区域。

④ 设计定置图先以设备作为整个定置图的参照物依次划出加工件定置图、半成品待检区、半成品合格区、成品待检区、成品合格区、废品区、返修品区、待处理区等。

（2）定置管理的图形符号

根据图形标准规定一般确定若干有关信息符号如图 3–2 所示。

（3）定置管理图标注内容

车间定置管理图与工具箱内的定置管理图应标注的内容如下：

① 按工艺流程设计的工段（班组）工作地（机床、工位）的平面布置区域；

② 有适应物流过程需要的原材料、半成品、在制品、工位器具、运输机械

及检验场所等产品停放区域；

③ 生产作业场地、区域、机台（工位）之间的明显运输通道；

④ 消防、安全保护设施定置状态；

⑤ 各类残料、垃圾回收箱定点布置场地；

⑥ 必须定置物品的大致数、生产区域和作业场所职工生活必需用品等，定置的物品规定；

⑦ 移动物品，如手推车、衡器、可移动容器的静止停放位置。

符号	符号名称	符号	符号名称
G	工具箱	D	凳
LJ	垃圾箱	J	检验台
B	办公桌	LJQ	器具存放器
GW	工位器具	SC	水池
C	铲车	K	空调
Q	钳工台	STC	手推车
F	废物桶	Z	蒸馏水桶
DX	电箱	RH	润滑槽
Y	油桶	A类	物紧密联系（红色）
XC	吸尘器	B类	物周期联系（黄色）
GLD	管理点	C类	物待联系（蓝色）
DS	电扇	D类	物失去联系（黑色）
TJ	踏脚板		

图 3–2　符号与符号名称对照图

步骤 4　设计信息媒介物，进行分标识管理

信息媒介物设计包括信息符号设计和标牌设计。如各种区域、通道的位置信息符号的设计，各类物资停放布置、场所区域划分，各种物品确认卡片的标准设计、物品收发、进出的定置管理办法的设计等都需要运用各种信息符号表示，以便形象地、直观地分析问题和实现目视管理。

步骤 5　定置实施

定置实施是理论付诸实践的阶段，也是定置管理工作的重点。定置实施三个步骤。

（1）清除与生产无关之物。生产现场中凡与生产无关的物，都要清除干净。清除与生产无关的物品应本着“双增双节”精神，能转变利用便转变利用，不能转变利用时，可以变卖，化为资金。

（2）按定置图实施定置。各车间、部门都应按照定置图的要求，将生产现场、器具等物品进行分类、搬、转、调整并予以定位。定置的物要与图相符，位置要正确，摆放要整齐，贮存要有器具可移动物，如推车、电动车等也要定置到适当位置。

（3）放置标准信息名牌。放置标准信息名牌要做到牌、物、图相符，做到有图必有物，有物必有区，有区必挂牌，有牌必分类，设专人管理，不得随意挪动，按类存放，账（图）物一致。

步骤 6　定置检查与考核

为巩固定置管理成果和不断深入推行，必须建立定置管理的检查、考核制度、制订检查与考核办法，并按标准进行奖罚，以实现定置制度化、长期化和标准化。

定置管理的检查与考核一般分为两种情况：（1）定置后的验收检查，检查不合格的不予通过，必须重新定置，直到合格为止。（2）定期对定置管理进行检查与考核。这是要长期进行的工作，它比定置后的验收检查工作更为复杂、更为重要。

定置考核的基本指标是定置率，定置率 = 实际定置的物品个数（种数）/ 定置图规定的定置物品个数（种数）× 100%。

【实例】某公司定置管理标示牌

为规范现场物资管理，某公司设备部按要求统一设置定置管理标示，现将标示牌的使用说明如下：

公司所有物资，按要求实行定置管理。定置区域自行选择，标示牌有物品定置牌（图 3-3），地面放置，高度：800~1000mm；悬挂上墙，高度：1700~2000mm。

物品定置	定置区名称__________	① __________
	物 品 分 类__________	② __________
	定置区编号__________	③ __________
	保养管理人__________	④ __________
	卫生管理人__________	⑤ __________
	管 理 单 位__________	⑥ __________

图 3-3　物品定置牌

图中标注：

①定置区名称：可按作业区命名，如：×× 作业区。也可按物品状态划分，如：废旧物品区，待修物品区等。

②物品分类：可按设备名称划分，也可按所属工艺划分，如：皮带输送机备件，连铸备件等。

③编号：所有定置牌统一编号，编号方法：按该生产厂大写拼音字母开头，如：（炼钢）LG-001、（电厂）DC-001 等。

④保养管理人：该物品的维护、检修专业人员。

⑤卫生管理人：原则上是该物品存放地卫生负责人员，可根据情况自行确定。

⑥管理单位：该定置区所属作业区或物品台账管理单位。

第三节　班组现场 5S 管理

一、5S 管理概述

所谓 5S 就是整理（Seiri）、整顿（Seiton）、清扫（Seiso）、清洁（Seiketsu）、素养（Shitsuke）。以上五项内容在日语的发音中，都以“S”开头，故称为 5S 法。5S 起源于日本，是指在生产现场中，对材料、机器、人员、方法等生产要素进行有效的管理，这是日本企业一种独特的管理办法。它针对企业中每位员工的日常行为方面提出要求，倡导从小事做起，力求使每位员工都养成事事“讲究”的习惯，从而达到提高整体工作质量，最终达到提升人的品质的目的。

1955 年，日本 5S 的宣传口号为“安全始于整理整顿，终于整理整顿”，当时只推行了前 2S，其目的仅是确保作业空间的充足和安全，后因生产控制和品质控制的需要，而逐步提出后续 3S，即“清扫、清洁、素养”，从而使其应用空间及适用范围得到进一步拓展。到了 1986 年，首本 5S 专著问世，对整个日本现场管理模式起到了冲击的作用，并由此掀起 5S 热潮。日式企业将 5S 运动作为工厂管理的基础中的基础，作为推行各种质量管理方法的基础平台，在第二次世界大战后，产品质量得以迅速提升，从而一举奠定了经济强国的地位。尤其在丰田公司的倡导并推行下，5S 对于塑造企业形象、安全生产、保障品质、准时交货、提升效率、减少浪费、降低成本、增加利润、高度标准化、创造令人心怡的工作场所、提升职工归属感等现场改善方面的巨大作用，逐渐被各国管理界所肯定。随着世界经济的发展，5S 现已成为工厂管理的一股新潮流，成为管理过程中不可或缺的一个基本环节。5S 广泛应用于制造业、服务业等改善现场环境的质量和员工的思维方法，使企业能有效地迈向全面质量管理。

根据企业的进一步发展需要，我国的企业在 5S 现场管理的基础上，结合安全生产活动，在原来 5S 基础上增加了安全（Safety）要素，发展形成“6S”。有的企业又增加上节约（Save）形成“7S”活动，也有的企业加上习惯化（Shiukanka）、服务（Service）及坚持（Shikoku）形成“10S”，有的企业甚至推行“12S”。但是万变不离其宗，所谓“6S”“7S”“10S”“12S”都是从“5S”里衍生出来的。

二、5S 的效果与作用

作为企业，实行优质管理，创造最大的利润和社会效益是一个永恒的目标。而优质管理具体说来，就是在 Q（Quality，质量）、C（Cost，成本）、D（Delivery，交货期）、S（Service，服务）、T（Technology，技术）、M

（Management，管理）方面有独到之处。通过推进 5S 运动，可以有效达成 Q、C、D、S、T、M 六大要素的最佳状态，实现企业的经营方针和目标。所以说，5S 是现代企业管理的基础，是全员生产维护 TPM 的前提，是全面品质管理 TQC 的第一步，也是 ISO 9000、ISO 14000 有效推行的保证。

5S 在现场管理的功能。具体表现如下：

Q：指产品的性能价格比的高低，是产品固有的特性。好的质量是顾客信赖的基础，5S 所要求的生产过程的秩序化、规范化，其目的就是维持高品质的生产，杜绝不良产品的产生。

C：在相同的产品质量下，产品的成本越低，产品竞争力就越强，企业就能继续生存和发展。5S 管理活动可以减少各种“浪费、勉强、不均衡”，提高效率，从而达到成本最优化。

D：为适应社会个性化的需要，只有弹性、机动灵活的多品种少批量的生产方式才能适应交货期需要。交货期体现企业的适应能力高低。5S 是一种行之有效的预防方法，能够及时发现异常，减少问题的发生，保证按照顾客的需求满足顾客的交货期。

S：服务是培养客户忠诚度的重要手段。5S 可以提高员工的敬业精神和工作乐趣，使他们更乐意为客人提供优质服务。另外，通过 5S 可以提高行政效率，减少无谓的确认业务过程，可以让客人感到快捷和方便，有效提高客户满意度。

T：未来的竞争是科技的竞争。5S 通过标准化来优化技术，积累技术经验，减少开发成本，降低开发风险，加快开发速度。

M：改变企业原有的体制，营造企业良好氛围，实施对人员的管理、对设备的管理、对材料的管理、对方法的管理。只有通过科学化、效能化管理，才能达到人员、设备、材料、方法的最优化，取得综合利润最大化。5S 是科学管理最基本的要求。

5S 有八大作用，即亏损为零、不良为零、浪费为零、故障为零、切换产品时间为零、事故为零、投诉为零、缺勤为零。因此这样的工厂我们也称为“八零工厂”。通过 5S 运动，提高生产效率、提高库存周转率、减少故障、保障品质、减少安全隐患、降低生产成本、准时交货、塑造企业的形象，以促使企业能够健康、稳定、快速地成长，逐渐发展成对地区有贡献和影响力的世界级企业，并且达到投资者满意（IS：Investor Satisfaction）、客户满意（CS：Customer Satisfaction）、雇员满意（ES：Employee Satisfaction）和社会满意（SS：Society Satisfaction）的目的。

三、整理的推进重点

整理，就是把工作环境中必要和非必要的物品区分开来，并且必要品只保存合适的数量，节约有效空间的技术。

1. 整理的意义和目的

整理不仅要求把东西整理好，更重要的是将不要的东西处理掉。通过整理，可以对物品进行区分和归类，区分要与不要的物品等。整理的目的在于对参与到生产现场之中的人、事、物进行归类，改善和增加作业空间，以利于充分利用空间；清理无用物品，消除混放、混料等差错；减少作业现场磕碰事件，减少物料库存以及呆废料的浪费，消除物料混放带来的管理误差，提高员工的工作情绪等。

2. 推进整理的步骤

整理的推进步骤。（1）做好教育工作。对员工也应施以教育，让员工明白他们潜在的利用价值，必须把看得到和看不到的物品进行彻底整理。（2）进行定点摄影。采用定点摄影方法了解现状，将整理前的照片和整理后的照片放在一起进行对比，以显现出实施整理的效果。（3）区分必需品和非必需品。要将所有的物品逐一判别“要”与“不要”物品的判定标准就是明确什么是“必需品”与“非必需品”，必需的物品调查使用频率，决定日常用量及放置位置，用恰当的方法保管必需品，见“必需”与“非必需”物品的区分和处理方法。（4）处理非必需品。对贴了非必需品红牌的物品，必须一件一件地核实现品实物和票据，确认其使用价值。对非必需品采用改用、修理、修复、作价卖掉、废弃处理的处理方法。（5）对整理进行检查。明确责任区域，每日坚持自查；同时，还要对整理进行检查，发现有问题的话，要及时发出整改通知，督促改变。（6）每天循环整理。整理是一个循环的工作，应根据需要而随时进行，需要的物品留下，不需要的随时处理。

如表 3–4 所示每天进行循环整理活动的具体检查内容。

表 3–4 “整理”活动的具体检查内容

检查内容	不良现象	推行注意事项
作业台、椅子	① 不用的作业台、椅子也放在现场 ② 杂物、私人物品藏在抽屉里或台垫下面 ③ 当天不用的材料、设备、夹具堆放在台面上 ④ 材料的包装袋、盒用完后仍放在台面上	多注意被锁住的柜子内、桌底、桌顶一些平常不注意，容易隐藏的地方
货架	① 现场到处都有货架，几乎变成临时仓库 ② 货架大小与摆放场所的大小不相适应，或与所摆放之物不相适应 ③ 不用的货物、设备、材料都堆放在上面	让该区域进行三次整理工作后分类
通道	① 弯道过多，机械搬运车辆通行不便 ② 行人通道和货物通道并混而用 ③ 作业区与通道混在一块	确认区域规划的合理性
设备	① 现场有不使用的设备 ② 残旧、破损的设备有人使用没人维护 ③ 过时老化的设备仍在点点停停，勉强运作	确认设备是否需要专业部门鉴定，防止万一要使用的设备被丢弃
办公台	① 办公台多过作业台，几乎所有管理人员都配有独立办公台 ② 每张台都有一套相同的办公文具，未能共用 ③ 办公台面干净，抽屉里杂乱无章 ④ 不能用的文具也在台上 ⑤ 私人物品随意放置 ⑥ 茶杯、烟灰盅放在上面 ⑦ 堆放了许多文件、报表	能少不用多

续表

检查内容	不良现象	推行注意事项
文件资料	① 各种新旧版本并存，分不清孰是孰非 ② 过期的仍在使用 ③ 需要的人员没有，无关人员反倒持有 ④ 保密文件未被有效管理，任人阅读 ⑤ 个人随意复印留底	注意文件夹内的文件整理 注意电子文档类文件的管理
公共场所	① 空间用来堆放杂物 ② 洗涤物品与食品混放 ③ 消防通道堵塞 ④ 排水、换气、调温、照明设施存在问题	注意垃圾场 注意公共场所各个角落 空箱、来货区的区域规划

【实用工具与方法】“必需”与“非必需”物品的区分和处理方法

先区分必需品和非必需品，然后将非必需品清理出现场，对“不要”物品给予清除。如表 3-5 所示为必需品和非必需品的区分和处理方法。

表 3-5 必需品和非必需品的区分和处理方法

类别	使用频度		处理方法	备注
必需品	每小时		放工作台上或随身携带	
	每天		现场存放（工作台附近）	
	每周		现场存放	
非必需品	有使用价值	每月	分类后出售	普通废弃物
		一年以上	仓库封存	特别处理：涉及机密、专利
		随时	特别处理	影响人身安全、污染环境物
	无使用价值	随时	废弃 / 变卖	
		一年以上	另作他用、作为训练工具、展示教育	

【实例】红牌事例

如图 3-4 所示，在现场寻找问题点并在对象物上挂上红牌，让大家明白问题所在并积极去改善，从而达到整理整顿的目的。

<table>
<tr><th colspan="4">5S 红牌</th></tr>
<tr><td>区分</td><td colspan="3">1. 原材料　5. 机械设备、电器装置
2. 在制品　6. 模具、夹具、工具
3. 半成品　7. 清扫工具、垃圾
4. 成品　8. 其他</td></tr>
<tr><td>名称</td><td colspan="3"></td></tr>
<tr><td>编号</td><td></td><td>数量</td><td></td></tr>
<tr><td>理由</td><td colspan="3">1. 不必要　4. 停产、换线
2. 不急用　5. 未及时处理
3. 不良　6. 其他</td></tr>
<tr><td>责任车间（部门）</td><td colspan="3">车间（部门）　班组（科室）　生产线</td></tr>
<tr><td>张贴日</td><td>日期　年　月　日</td><td>改善期限</td><td>日期　年　月　日前</td></tr>
<tr><td>处理方法</td><td colspan="3">1. 丢弃　4. 移到红色保管区域
2. 返还　5. 整理
3. 清扫　6. 其他</td></tr>
<tr><td>效果确认</td><td colspan="3">□可（关闭）
□不可（重对策）</td></tr>
<tr><td>主管领导签字</td><td></td><td>5S 管理办公室签字</td><td></td></tr>
<tr><td>效果确认</td><td colspan="3">□可（关闭）
□不可（重对策）</td></tr>
<tr><td>备注</td><td colspan="3"></td></tr>
</table>

图 3-4　红牌事例

四、整顿的推进重点

整顿就是对整理之后留在现场的必要的物品分门别类放置，排列整齐。明确数量，并进行有效的标识，是节约时间的技术。

1. 整顿的意义和目的

整顿是一个标准化过程，也就是按照一定的方法将现场的物料、设备进行标准化的布置和摆放，做到对人、事、物的定位、定量、定品，促进现场管理的制度化，达到工作场所一目了然，能在 30 秒内找到需要的物品，消除过多的积压物品，提高工作效率，降低安全隐患。

2. 整顿的若干规定

整顿的若干规定如下：

（1）地面通道宽度

①主通道，120cm 以上，其中通道最低宽度为：人行道，1.0m 以上。

②区域通道，80cm 以上，其中单向车道，最大车宽 +0.8m；双向车道，最大车宽 ×2+1.0m。

③辅助通道，50cm 以上。

（2）定位线

①定位线用于地面物品的定位，视实际情况可以采用实线、虚线或四角定位线等形式，线宽 3~6cm。

②定位线通常采用黄色或白色线条。

③对消防器材、危险物品以及配电设施的定位，为达到警示效果，其前方禁止摆放的区域（如消防栓前、配电柜前）使用红白相间的胶带警示。

④位置变动类物品定位时，常采用虚线定位法。

⑤形状规则的小物品定位时，可采用四角定位法，其中物品角和定位角线间距应为 2~4cm。

⑥位置已经固定的办公桌及相应设施设备，不使用专门的定位线。

⑦货架常用四角定位，有时演化为从通道线或区划线上延伸的定位形式。

（3）标识

①生产场地标识，采用不同色的油漆、胶带、地板砖或栅栏划分区域。

绿色，通行道 / 合格品；绿线，固定永久设置；黄线，临时 / 移动设置；白线，作业区；红线，不合格区 / 不合格品。

在摆置场所标明摆放的物品；在摆放物体上进行标识；某些产品要注明储存 / 搬运注意事项和保养时间 / 方法；暂放产品应挂暂放牌，指明管理员、时间跨度。

②文件柜内整理标识，用分隔胶条和标贴；文件柜门左上角贴柜门标签（标签大小尺寸根据文件柜具体设定）。

（4）设备设施

如配电箱、办公设备、工具架、公共设施等的标签粘贴要求其高度与使用者视线基本相平，在同一平面上各标签高度、间距尽量相等，如图 3-5 所示工具架物品放置标签。如线束无裸压或者绊人；不拖地，方便清扫卫生；插头（开关）标识控制对象，防止误动误用。

（5）办公桌

①桌面允许放置的物品（较长时间离开时）：文件夹（盒）、电话机（传真机）、文具盒（笔筒）、电脑、水杯、台历。

②明确文件放置盒状态（待处理、处理中、已处理）或者所放置物品的具体名称。

③抽屉的整理、整顿：清除不要的或不应该放在抽屉内的物品；抽屉内物品要分类，做分类标识；个人用品放置在底层；有措施防止物品来回乱动。

（6）文件

①文件夹应统一标识（标识应位于文件夹侧面）；统一规格，用电脑打印。

②文件夹所在的文件盒也应有对应标识。

③文件管理部门或责任者应明确并标识。

④有多个文件夹（5 个以上）者，设置形迹管理线，以方便归位。

（7）其他

①姓名牌、茶具、水杯的定点放置，可采用杯垫、图标等方式定位，放置位置部门内统一。

②公用的垃圾桶、清洁用具需要定位，个人办公桌下的垃圾桶可以不定

位，放置位置部门内统一。

③宣传板、公告栏及人员去向管理板的定位管理。

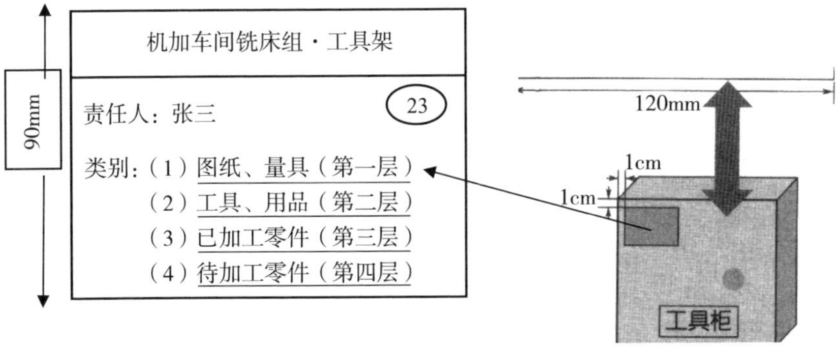

图 3–5　工具架物品放置标签

3. 推行整顿的步骤

整顿的推进步骤：（1）分析现状。对于现状进行分析，即对必需物品的名称、物品的分类、物品的放置等情况进行规范化的调查分析，找出问题所在，对症下药。（2）物品分类。根据物品各自的特征进行分类，把具有相同特点或具有相同性质的物品划分到同一个类别，并制定标准和规范，确定物品的名称并做好物品名称的标示。（3）决定放置场所。应对物品放置的场所进行事先确定，将整理后所腾出的棚架、橱柜、场所等空间进行重新规划使用，将最常用的东西放在离身边最近的地方，不常用的东西可另换位置存放。物品放置场所使用不同颜色的油漆和胶带加以明确。（4）确定放置方法。三定方法：①定点。确定摆放方法，如架式、箱内、工具柜、悬吊式，在规定区域放置；尽量立体放置，充分利用空间。②定类。产品按机能或按种类区分放置，以便于拿取和先进先出。③定量。确定使用数量；确定所用容器的颜色和识别方法；做好防潮、防尘、防锈、防撞等保护措施。（5）做好标示。物品名称和存放场所一定要标示清楚，这样才能让每个人随时都知道物品在哪里，也应该清楚标明使用者及使用场所，以便紧急使用时能快速找到。（6）整顿的检查。“整顿”活动的具体检查内容如表 3–6 所示。

表 3-6 “整顿”活动的具体检查内容

检查内容	不良现象	推行注意事项
作业台、椅子	① 物料凌乱搁置在台面上 ② 台面上下的各种电源线、信号线、压缩空气管道乱拉乱接，盘根错节 ③ 作业台、椅子尺寸形状大小不一、高低不平、五颜六色，有碍观瞻 ④ 作业台、椅子无标识，不知道属于哪个部门，由谁管理	在确定物品定量方法时是否已做好了防呆措施
货架	① 摆放的物品没有识别管理，除了当事人之外，其他人一时难以找到 ② 货架太高，或物品堆积太高，不易拿取 ③ 不同的物品层层叠放，难于取放 ④ 没有按“重低轻高”的原则摆放	针对布局是否合理，提出改善提案 强调分类的重要性 注意重要物品和易损件的放置容器
通道	① 未将通道位置画出 ② 被占为他用，如作为材料摆放区 ③ 部分物品摆放超出通道 ④ 坑坑洼洼，凹凸不平，人员、车辆不易通行	确认区域规划，结合空间利用，设计合理的布局；人车分流，预留设备通道
设备	① 使用暴力，野蛮操作设备 ② 设备放置不合理，使用不便 ③ 运作能力不能满足生产要求 ④ 没有定期保养和校正，精度有偏差 ⑤ 缺乏必要的人身安全保护装置	确认操作标准有无 确认操作人员是否受过正确的培训 设备的管理责任是否明确并细化
办公台	① 现场办公台设置位置主次不分 ② 办公台用作其他用途 ③ 台面办公文具、通信文具没有定位 ④ 公共物品放在个人抽屉 ⑤ 抽屉上锁，其他人拿不到物品	除人员办公用的办公桌，其他的一律按物品性质定做书架、文件篮等
文件资料	① 未能分门别类，也没有用文件柜、文件夹存放 ② 没有定点摆放，四处都有，真正要用的又不能及时找出 ③ 文件种类繁多，难于管理 ④ 接收、发送未记录或留底稿 ⑤ 即使遗失不见了，也没有人知道	注意文件框内的分类是否一目了然 注意文件平时是否都有人保管 电子文档的整理是否及时、合理

续 表

检查内容	不良现象	推行注意事项
公共场所	① 区域、场所无标识 ② 无整体规划图 ③ 物品无定位、定置 ④ 逃生路线不明确 ⑤ 布局不合理，工作效率低	各车间使用路牌标识 各公共用品上设有爱护提示牌 区域标识及门牌标识要统一，能有效宣传公司形象

【实用工具与方法】常见引线的标识方法及使用范围

常见引线的标识方法及使用范围如表 3–7 所示。

表 3–7 常见引线的标识方法及使用范围

类别	颜色	线形	线宽	使用范围	图示
网状线	黄 / 红	实线	10cm	厂区门口、货柜台前（红色用于消防栓、灭火器处）	
出入口线、门开闭线	黄	虚线	10cm	工作区出入口位置的标识、门开闭位置的标识	
通行线	黄	箭头	—	通道、楼梯的转弯处和起点处的标识	
区域线	黄	实线	10cm	通道、生产作业区的标识	
虎纹线	黄、黑	黄黑相间	10cm	防撞部位，如墙角、低空防撞等	
斑马线	红	实线	5cm	配电箱等的区域标识	
定置线	黄、白	实线	5cm	在制品等的区域标识	
	黄、白	虚线	5cm	垃圾桶等的区域标识	

续表

类别	颜色	线形	线宽	使用范围	图示
定置线	黄、白	四角定位线、虚线	5cm	工作台、机械设备等的区域标识	
红白线	红、白	实线	5cm	危险区域，如防护栏杆、立柱等	

【实例】物料架三定标示（无定容物品）

物料架三定标示（无定容物品）如图 3-6 所示。

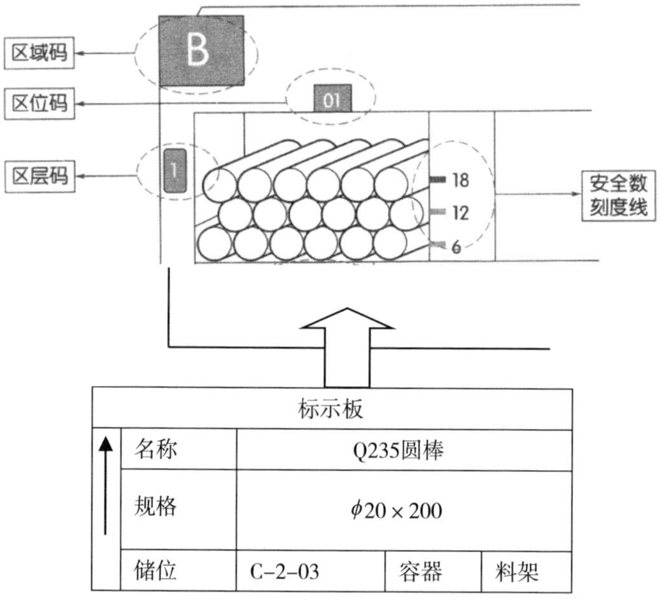

图 3-6　物料架三定标示（无定容物品）

五、清扫的推进重点

清扫就是通过对环境、设备、工具、设施的维护、点检和保养，使之保持良好的状态。清扫是保证品质和效率的一种技术。

1. 清扫的意义和目的

通过“清扫”可以使生产现场处于无垃圾、灰尘的整洁状态，有利于消除不利于产品质量、环境的因素；有利于减少对工人健康的伤害；有利于有异常马上发现，减少故障，创造整洁舒适的作业环境。

2. 清扫基准和制度（见表 3–8）

表 3–8 清扫基准和制度

对象	清扫要点、方法	工具	清扫基准要求	周期	清扫时间	责任人
职场	1. 通道、地面扫擦 2. 工作台、椅自行抹擦 3. 通风器铲垢 4. 配管配线抹擦 5. 开关在关电后抹擦 6. 抹扫覆盖、护盖 7. 天花板抹扫	拖把 抹布 毛巾 干纱布 纱布 刮刀 钢刷 扫把	① 平整、无尘、无杂物遗落 ② 洁净、无残缺、无画迹 ③ 无贴附较厚油渍、污垢，不堵塞管口 ④ 干净、无尘埃、无污垢，颜色鲜明 ⑤ 开关洁净，拨动灵活，标示清晰 ⑥ 灯管、灯盆明亮洁净无污垢、虫网	除了每天用 5 分钟清扫 1、2 点外，其他只需每周一次	每周五下午 4:30~5:00	各责任区所属单位的全体员工
办公设备	先用纱布沾洗涤剂轻轻抹擦，再用干纱布擦净设备重点部位的表面和容易积尘的地方，如电脑、传真机、复印机、空调器等	湿纱布 干纱布	主机和重点部位的正面、背面、颈部、送风口等易积尘地方无污垢	每周一次	月初周末下午 4:30~5:00	各使用人

续 表

对象	清扫要点、方法	工具	清扫基准要求	周期	清扫时间	责任人
文档	1. 机密文件失效后一律碎掉 2. 非机密文件失效后清出资料夹 3. 无法回收利用的过期文档集中废弃或变卖	目测	① 各现行文档内不能存失效文件，机密文档不可被轻易看到 ② 超过保管年限的表单及时集中销毁，保管年限内的表单定期装订 ③ 没有无用的卡片、册子、档案、报刊等 ④ 没有无用的手稿、与工作无关的文件	每月一次	月底	各文件代管人
机械设备	1. 空压系统——抹布拭擦 2. 油压润滑系统——抹布拭擦，不能用风筒吹 3. 机械传动、滑动部位——切削去垢，抹布拭擦 4. 电气系统——抹拭附属灰尘，关电后轻拭开关等 5. 工具、模具、量具——柔软纱布擦拭	抹布纱布	① 各系统设备不可厚积尘埃、污垢 ② 机械传动、润滑部位无阻塞污垢杂物 ③ 电气系统洁净、干燥、无锈蚀 ④ 工模量具精确锃亮	每月一次	月底或月中生产空闲停顿的时候	工程人员

3. 清扫推进步骤

清扫推进步骤：（1）明确清扫。明确需要清扫的地方和物品。（2）安排清扫人员。划分区域，责任到人（见图 3–7）。（3）确定清扫方法。不同对象采取不同的清扫方法。（4）准备清扫工具。根据清扫方法准备清扫工具。（5）扫除一切垃圾灰尘。作业人员要自己动手清扫，清除常年堆积的灰尘污垢，不留死角，将地板、墙壁、天花板甚至灯罩的里面都要打扫得干干净净。（6）清扫、检查机器设备。设备应是每天都要保持原来的状态。（7）整修。对清扫中发现的问题，要及时进行整修。如：对于松动的螺栓要马上紧固，补上丢失的螺丝螺帽等配件，对于那些需要防锈保护、润滑的部位要按照规定及时地加油或保养。（8）查明污染的发生源。通过对污染源的调查，将具体的发生部位挂上标志牌，再决定污染最严重的重点部位，如护盖移位或松动等可以立即实施对策。（9）清扫效果确认。对清扫进行检查，其检查内容如表 3–9 所示。在检查和执行清扫时，对发现的问题要提出改善措施，并进行落实，直到问题解决为止。

表 3–9 “清扫”活动的具体检查内容

检查内容	不良现象	推行注意事项
作业台、椅子	① 设备和工具破损、掉漆，甚至残缺 ② 到处布满灰尘、脏污 ③ 材料余渣、碎屑残留 ④ 垫布发黑，许久未清洗 ⑤ 表面干净，里面和后面脏污不堪	这一阶段多注意设备的完好状态和点检实施的真实性、有效性
货架	① 物品连外包装在内，一起放在货架上，清扫困难 ② 只清扫货物不清扫货架 ③ 布满灰尘、脏污 ④ 物品放了很久也没有再确认，有可能变质	对包装箱内物品应标识有效期 清扫货架等物，保证干净、整洁 对容易失效的物品用明显的标识进行标注（目视管理）
通道	① 灰尘多，行走过后有鞋印 ② 有积水、油污、纸屑、铁屑等 ③ 很久未打蜡或刷油漆，表面斑斑驳驳，非常难看	确认清扫责任表，找出不能执行、维持的背后原因

续表

检查内容	不良现象	推行注意事项
设备	① 有灰尘、脏污之处 ② 有生锈、褪色之处 ③ 渗油、滴水、漏气 ④ 导线、导管破损、老化 ⑤ 滤脏、滤气、滤水装置未及时更换 ⑥ 标识掉落，无法清晰分辨	有无点检标准 有无点检记录 记录是否有效
办公台	① 台面脏污，物品摆放杂乱无章，并且有积尘 ② 办公文具、通信文具污迹明显 ③ 台下办公垃圾多日未倾倒	确认是否有办公设施责任人、区域负责人，以及值日要求、周期
文件资料	① 复印不清晰，难于辨认 ② 随意涂改，没有理由和负责人 ③ 文件破损、脏污 ④ 文件柜、文件夹污迹明显 ⑤ 未有防潮、防虫、防火措施	文件的清晰度 文件的完整性 文件的保存状态
公共场所	① 玻璃破烂，不能挡风遮雨 ② 门、窗、墙被乱涂乱画 ③ 墙壁发黑，地面污水横流 ④ 采光不好，视线不佳 ⑤ 到处都污迹明显，无人擦洗 ⑥ 无人定期进行必要的清洁、消毒	基础设施管理责任化 管理维护日常化 专业维护定期化

【实用工具与方法】某机电公司清扫区域与责任人事例

某机电公司清扫区域与责任人如图 3–7 所示。

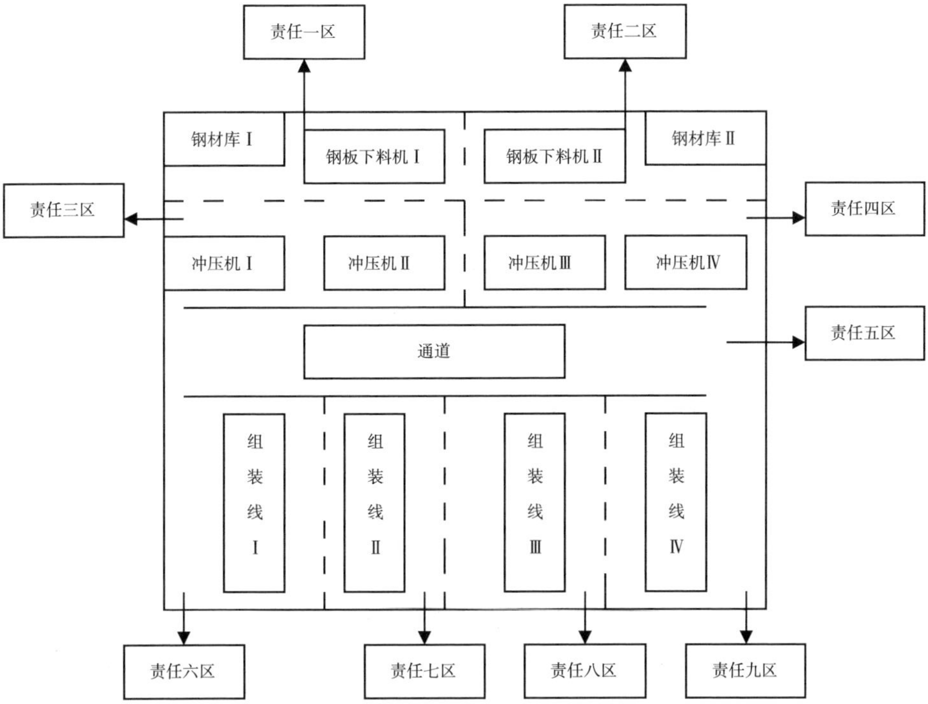

NO	责任人	责任区域	色别
1	谈锡明、沈金英	一区	红色
2	徐卫林、梁小妹	二区	黄色
3	章仲良	三区	蓝色
4	葛志豪	四区	青色
5	陈东梅	五区	棕色
6	李东升、乔红样	六区	黑色
7	张运、吴可行	七区	白色
8	龚利君、潘维东	八区	绿色
9	严伟民、杨阳	九区	紫色

图 3–7　某机电公司清扫区域与责任人

六、清洁的推进重点

清洁是指维护整理、整顿和清扫的工作成果，是习惯化、标准化、持久化和制度化的一种技术。

1. 清洁的意义和目的

通过清洁，对 3S 执行的效果进行检查，形成标准要求，将清洁制度化，如整理的不产生非必需品的机制、整顿的取放方便的机制和清扫的不会脏污的机制，实现标准可循、有制度可依，为标准化打下良好的基础。规范员工工作习惯，使员工养成清洁习惯，并融于日常工作中，如整理的清除非必需品、整顿的用完的物品放回原处和清扫脏污、灰垢，最终提升员工的素养，形成良好企业文化。

2. 推进清洁的步骤

清洁的推进步骤：（1）对推进组织进行教育。必须用 5S 的基本思想向组员和全体员工进行必要的教育和宣传。（2）制定清洁手册。制定专门的清洁手册包括工作现场的清洁程序、方法和清洁状态；确定区域和界线，规定完成后的状态；设备的清扫、检查的进程和完成后的状态；公司的清扫计划和责任者、规定清扫实施后及日常的检查方法；然后制成看板标识在现场。（3）明确清洁的状态，执行 5S 制度。清洁的状态，就是干净、高效、安全；严格执行已制订检查、考评和奖惩制度。（4）定期检查。高层领导经常带头进行定期或不定期的巡查。通过检查 3S 实施的彻底程度来判断其水平和程度的；定期检查不但要检查清洁度，而且重点要检查高效的程度，并进行巡查评比。（5）环境色彩化。厂房、车间、设备、工作服都采用明亮的色彩，一旦有污渍，就很明显，容易被发现。（6）推进透明管理。展开清洁活动还必须推进透明管理。坚持实施 10 分钟 3S 活动、5S 目视化、5S 标准化，保护生产环境、减少噪声，减少职业病。

【实用工具与方法】4S 活动的现场检查表

4S 活动的现场检查表如表 3–10 所示。

表 3-10　4S 活动的现场检查表

部门：　　　　检查者：　　　　日期：

项目	检查内容	现场现象	检查结果 是：√ 否：×	对策、改善案 （完成时间）
清洁 4S	维护前 3S	① 前 3S 是否规范化、标准化 ② 是否制定清洁手册 ③ 是否定期检查 ④ 是否坚持 10 分钟 3S 活动		
	作业现场	① 作业现场是否保持整齐、洁净 ② 作业现场有无放置私人物品 ③ 作业现场有无卫生死角		
	地面通道	① 地面应定时清洗，保持干净，环境良好 ② 冶具、柜架、货架等应保持无灰尘、无油污 ③ 通道或地板是否清洁亮丽		
	设备	① 设备、配电箱是否无灰尘、无油污 ② 装配机械本体是否有锈和油漆的剥落，盖子应无脱落 ③ 机器设备是否定期点检		
	3S 目视化、标准化	① 是否现场物品透明化 ② 是否做到管理状态的定量化 ③ 是否做到管理状态的视觉化 ④ 是否做好 3S 的标准化		

【实例】现场 5S 改善实例

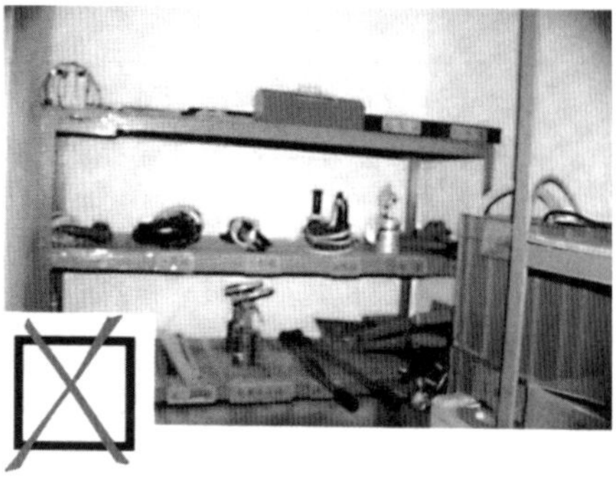

工具放置地（实施 5S 前）

问题点

※ 工具虽有定位标示，但不便归位。

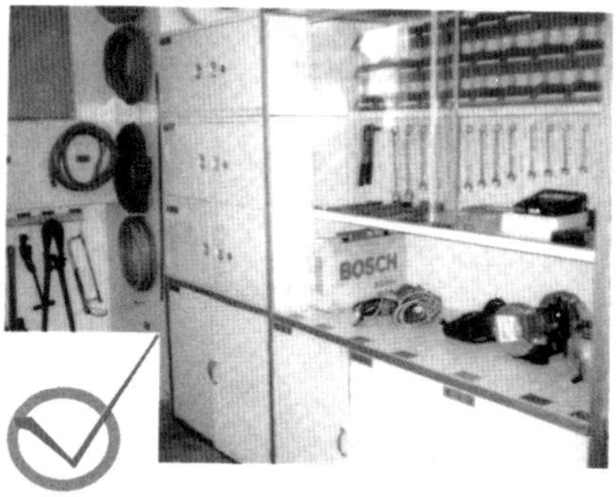

工具放置地（实施 5S 后）

改善措施

※ 运用形迹管理（即将物品的投影形状在保管的板或墙上描画出来）。

※ 分类清晰准确。

※ 巧用吊挂式。

七、素养的推进重点

素养就是全面提高员工的品质，彻底改变每个工作人员的精神面貌，这是 5S 追求的最高境界。

1. 素养的意义和目的

素养在于培养员工建立自律精神，人人养成整洁有序、自觉执行工厂的生产工作习惯，纪律氛围，形成一种自觉、持续、有序地从事 5S 的良好习惯和作风，促使全体员工高标准、严要求维护现场的环境整洁和美观，提升“人的品质”，培养对任何工作都讲究认真的人，营造出高效率的积极进取和团结协作精神。使员工的素质在潜移默化中提高。

2. 推进素养的步骤

素养的推进步骤。（1）继续推动 4S 活动。通过 4S 活动的持续实践，可以使员工实际体验“整洁”的作业场所，从而养成爱整洁的习惯。（2）制定相关的规章制度并严格执行。制定相应的“礼仪守则”及“员工守则”等，保证员工达到修养的最低限度，并力求提高。（3）实施教育训练。新进人员强化 5S 教育、实践；通过岗前培训和在岗培训，使员工养成制定和遵守规章制度的习惯，培养对公司、部门及同事的热情和责任感。（4）推动各种精神提升的活动。参加晨会、礼貌运动等，开展 5S 活动征文比赛、5S 活动知识竞赛，实施各种激励措施，可进一步强化员工对 5S 管理的认识，营造氛围，增强部门间的团队合作精神。

【实用工具与方法】素养活动培训的内容

素养活动培训的内容如表 3-11 所示。

表 3-11　素养活动培训的内容

培训的内容	培训效果
仪容仪表	（1）佩戴厂牌、工作证等 （2）穿着整洁得体，仪容适宜 （3）感觉精神有活力 （4）注意良好的个人卫生
作业素养	（1）提前到达工作场所，并做好开始工作的准备 （2）上班后应严格遵守规章制度，不允许吃零食、打瞌睡 （3）工作中应严格按照相关操作规范进行操作 （4）积极参与提高改善活动 （5）积极维护整理、整顿和清扫成果待人接物
待人接物	（1）早上上班见面时应相互问："早上好、早安" （2）下午和晚上进厂，要相互说："您好""你好" （3）下班回家应互道："再见！" （4）进入其他部门办公室应先敲门，得到允许后才能进入 （5）称呼上级时应加职称，如"吴经理""赵主管"，称呼他人姓名时应加"先生／小姐" （6）不得随意翻阅他人的公文、资料，不得翻动他人的私物，得到他人的帮助时应道谢 （7）借用公物，应及时归还 （8）离开他人办公室时，应主动把门关上 （9）遵守公共场所相关规定，维护各种设施和清洁

【实例】"每天 10 分钟 5S"管理

"每天 10 分钟 5S "是极有效、极简便的工具。可以充分利用自己的日记或工作日志。也可以专门为此打印一张简单的表格，每天提醒，每天检查，让5S的推行形成计划。如表3–12所示十分钟5S活动检查表。

表3–12　十分钟5S活动检查表

序号	活动内容	完成结果 是：√　否：×	改善意见及对策
1	检查自己的着装状况和清洁度		
2	检查是否有零件、产品、废料等物品掉在地上，并都捡起来		
3	重新放置那些放错位置的物品		
4	固定可能脱落的标签		
5	擦干净溅落或渗漏的水、油和其他脏污		
6	将标示牌、标签等擦干净，保持字迹清晰		
7	用抹布擦干净关键仪表、设备及机器上的所有位置		
8	处理所有非必需品		
9	扔掉废料箱内的废料		
10	清洁地面		
11	对个人工具柜或对文件资料、记录进行整理		

八、班组5S标准化管理的实施方法

班组5S标准化管理推进步骤如下：

1. 编制班组5S推行计划

5S推进组织成立以后，需制定5S活动实施办法和工作推行手册，然后着手编制班组5S推行计划，以明确推行5S改善活动的目的、推行时间、工具、步骤、进度和预算。

2. 宣传教育培训

通过文宣、誓词及活动的建立，规模化的宣传起势，班组长同时向员工宣传实施 5S 的必要性和重要性。制定标语，使员工更好地了解 5S 管理，创造良好的活动氛围。

（1）5S 活动的宣传方式及作用

5S 活动的宣传方式有：① 5S 宣传板报；② 5S 标语牌；③有奖竞赛、有奖征文。通过这些方式将企业，包括班组推行 5S 的活动理念、目标及方针等展示给员工，营造良好的推行氛围，还能鼓舞士气，增加员工的信心，也能使员工及时了解 5S 活动的相关知识，使其献计献策。

（2）培训对象及内容

为了使员工广泛参与 5S 活动，并能彻底地进行，持续地开展，需要组织进行指导，制订活动方案，制定各种标准和规定，并通过一些评比、竞赛来为活动制造高潮，以激发员工的参与热情，这就需要有意识地培养一批骨干人员，通过他们对 5S 的基本知识和推行要领有较好的认识，来推进 5S 各项活动。对一般员工也要实施必要的 5S 培训，其主要目的就是让员工正确认识 5S。

（3）培训方式方法

通常是与活动实施同步进行的 5S 教育培训。培训方法按授课形式可分为课堂培训和现场培训；按师资来源可分为自行培训和外送培训两种。通过对 5S 一些理论知识的讲解和案例分析，使员工有一个基本的理性认识。同时在教师的指导下，对自己的工作环境进行一些改善，加深对 5S 理论知识的了解和运用，掌握 5S 的应用方法和技巧。

培训时，要对培训效果进行评价，评价方式有笔试、模拟演练、实操等。

3. 制定评鉴方法和落实责任人

制定 5S 活动评鉴方法和 5S 活动奖惩方法，公布正式导入的日期。召开 5S 小组会议，说明活动办法，包括方法说明会和道具准备。小组成员负责召开班组说明会，实行责任区制，具体落实到班组个人。

4. 班组 5S 实施

（1）全体上下彻底大扫除

动员全体员工扫除工作岗位中的一切垃圾、灰尘。

（2）区域规划

①制作班组工作场所的平面图，标示班组位置，并标出具体面积，公布于

各区域明显的地方。

②标示盘点后的物料，设置看板，配合颜色管理达到目视管理的目标。

③进行地面标线作业，依区域图进行定点、定容、定量标识。

（3）开展“三定”“三要素”

实施“三定”“三要素”后，采用红牌作战方法，即用红色标牌将企业内急需整理的地方或尚需改善的问题标贴显示出来，加以改善，这是做好整理最有效的工具。

（4）定点摄影法

利用照相机把改善前和改善后的情况拍下来，并公开展示，让执行者和大家一起评价，这是一个非常实用的做法。

（5）制作“5S 管理确认表”并实施

班组根据自己的情况制作 5S 管理确认表，每天一项一项地实施。

5. 现场检查、评价与自我查核

通过由委员会成员和班组长以上人员共同参与的现场固定检查考核和不定期检查，经常记录问题，发出整改报告，跟进整改的结果，并在 5S 报告会上确认。也可以进行班组自我查核和记录评鉴。

6. 活动评比办法的确定

（1）加权系数

加权系数包括困难系数、人数系数、面积系数、教养系数。

（2）考核评分法

①采用见缺点先记录描述，然后再查缺项目、代号及应扣分数的方法，这样评审人员就不必再查核和寻找项目，节约了时间。

②采取三级检查与考核办法：第一级为班组 5S 审核，每班结束后由班组长对本班员工 5S 执行情况进行检查，以促进员工养成良好的工作习惯；第二级为部门 5S 审核，每周由部门 5S 督促员对部门的 5S 执行情况进行检查，不断寻找改善点；第三级为公司级 5S 审核，每月由公司 5S 专管员，每月对公司的 5S 执行情况进行交叉检查，并作一次汇总，并以此为依据对相关人员或部门进行表扬或纠正。

7. 活动总结与奖惩

依照 5S 管理实施办法进行评比与考核结果总结，指出 5S 活动所取得的成绩和存在的不足，并用看板公布成绩，每周评出一个 5S 最佳和最差单位给予公布，每周评出一个 5S 先进个人进行表彰，每月实施奖惩。

8. 检讨与修正并持续改进

班组针对缺点进行改善，不断提高。在 5S 管理活动中，适当导入 QC（质量控制）和 IE（工业工程）的方法，开展改善提案活动，实行提出提案和有效改善的激励机制，是很有必要的，能使 5S 管理活动推行得更加顺利、更有成效。

9. 制度化、标准化、常态化

全体员工按照 5S 规章制度自觉自愿地加强自我约束，同时，实施 5S PDCA 循环标准化管理，由形式变为行事、行事变为自觉、自觉变为习惯、习惯形成文化。

【实例】某班组 5S 推行计划表

如表 3–13 所示的某班组 5S 推行计划表。

表 3–13　某班组 5S 推行计划表

项目	5S 现场布局			责任人			班组长、班组成员			
序号	内容	工期	完成日期	进度安排					责任人	备注
				6 月 15 日	6 月 16 日	6 月 17 日	6 月 18 日	6 月 19 日		
周一：材料准备及现场测量工作										
1	贴地胶带、油漆及工具，刀、纸、油画笔、铅笔、尺子、台牌、磁粘、磁条的购买	1 天	6 月 15 日	⇨						
2	测量班组各区域尺寸	1 天	6 月 15 日	⇨						

续 表

项目	5S 现场布局			责任人			班组长、班组成员			
序号	内容	工期	完成日期	进度安排					责任人	备注
				6 月 15 日	6 月 16 日	6 月 17 日	6 月 18 日	6 月 19 日		
3	工具架、茶杯架的制作	5 天	6 月 19 日		→	→	→	→		
4	不锈钢区域牌的订购	2 天	6 月 16 日		→	→				
周二：现场的分区与定位										
5	不良品箱、合格品区、检验区、原辅料区的定位	1 天	6 月 16 日		→					
6	检验台的定位	2 天	6 月 17 日		→	→				
7	垃圾桶、地秤、小车、工具箱的定位	2 天	6 月 17 日		→	→				
8	各工作台及检验台台面的定位	2 天	6 月 17 日		→	→				
9	工具房内各工具架的定位	2 天	6 月 17 日		→	→				
周三：现场的标志										
10	相关照片的准备	1 天	6 月 17 日			→				
11	原材料、辅料、成品的标志	1 天	6 月 17 日			→				
12	垃圾桶、地秤、小车、工具箱的定位	1 天	6 月 17 日			→				
13	计量器具的标志	1 天	6 月 17 日			→				

续 表

项目	5S 现场布局			责任人			班组长、班组成员			
序号	内容	工期	完成日期	进度安排					责任人	备注
				6 月 15 日	6 月 16 日	6 月 17 日	6 月 18 日	6 月 19 日		
14	各种警告、消防、设备运行状态的标志	1 天	6 月 18 日				⇨			
周四：现场看板、平面图、检验台及标语										
15	班组平面图的制作	1 天	6 月 18 日				⇨			
16	看板内容的准备	1 天	6 月 18 日				⇨			
17	检验台及工作台上的作业指导书	1 天	6 月 18 日				⇨			
18	班组员工照片及标牌、责任书	1 天	6 月 18 日				⇨			
19	墙壁标语的制作与悬挂	1 天	6 月 19 日					⇨		
周五：检查总结										
20	5S 区域分工及检查	1 天	6 月 19 日					⇨		
21	5S 现场布局	1 天	6 月 19 日					⇨		

第四章

班组生产精益管理

第一节　班组现场作业标准化

一、现场作业标准化管理

现场作业标准化管理是班组长的重要工作，与设备管理、工艺改进、人员管理更是密不可分，涉及产品技术、工艺技术、管理技术等，因此，完善作业标准化管理体系，彻底落实现场作业流程标准化，以提升班组长的作业标准化管理能力，实现班组现场工作有据可依、有章可循，最终提升企业的基础竞争力。

1. 作业标准化的内涵

所谓作业标准化，就是把相关的技术、经验进行整理、分类，然后科学归纳，并通过文件的方式——《操作标准手册》或《生产作业指导书》来加以保存，成为生产中所有人必须统一使用的操作依据。作业标准化主要是作业方法的标准化。但作业方法的改进，必将涉及设备和环境等许多方面。因此，其实质是人机匹配问题。由此可见，广义的作业标准化除了作业方法的标准化外，还包括作业活动程序、作业准备、作业环境整洁、设备检查维修、工器具放置使用、劳保用品穿戴、个体防护设施准备以及共同作业的指挥联络等方面的标准化。

班组现场有关作业标准见表 4–1。

表 4–1　班组现场有关的作业标准一览表

序号	作业标准项目	作业标准内容
1	机台操作规范	（1）各部名称及结构 （2）开机前准备、开机、关机顺序 （3）机台保养维修要点 （4）机台故障排除要领

续 表

序号	作业标准项目	作业标准内容
2	检验作业规范	（1）使用场合、使用机器 （2）样品抽取方法 （3）检验进行步骤和处理方法 （4）判定合格基准
3	加工工序作业指导书	（1）所需材料、设备、工夹具 （2）适用机种 （3）加工条件（加工方法） （4）作业程序 （5）安全注意事项
4	加工工序检验标准	（1）检验方法 （2）所用检验仪器 （3）允许偏差或允许值等

表 4–1 中的四种作业标准，一般都由企业的标准化委员会或者技术部、质量管理部等颁布，班组长只需领一份复印本以供现场使用。

2. 作业标准化的目的和作用

作业标准化主要有技术储备、提高效率、防止再发、教育训练四大目的。作业标准化的作用主要是把企业内的成员所积累的技术、经验，通过文件的方式来加以保存，而不会因为人员的流动，整个技术、经验跟着流失。作业标准化对生产现场起到一定的作用，具体体现在以下几个方面：

（1）保证产品质量稳定。由于操作工人的经验水平各不相同，操作方法、使用的工具等都会有差异，导致产品质量参差不齐。执行作业标准化，可以有效避免以上问题，从而确保产品质量。

（2）作业稳定，提高生产效率。通过建立作业标准化，能够使员工按操作规范工作，并且实现生产的稳定，培养发现现场问题和解决问题的能力，从而提高生产效率、提高效益。

（3）降低成本，降低安全风险。作业标准化后，有效地减少变动所造成的浪费，降低成本；在作业指导书中明确标示操作安全项，即可避免安全风险。

（4）便利、兼容性。正确设定标准时间，改善所用工具或进行自动化，使之成为人人都能遵守的标准。

（5）积累和延续知识和经验。如果推行标准化就可以把长时间工作积累的好的经验留在工厂里，与同事分享，形成良好的学习氛围。

（6）现场管理和改善的基础。员工作业完了，班组长就能将已完成工作与作业标准对照，以便从中发现问题并得以尽快地解决；标准化是改善的第一步，推行标准化能让员工更简单地确定问题责任，并对今后的工作作出改进。

二、班组长作业标准化的职责和改善

班组长作业标准化的职责就是先调查班组作业标准情况，包括加工程序是否标准化、加工条件是否标准化、生产场地是否标准化、操作方法是否标准化等，然后要设法使用文章、图表、照片、调查表作出所有作业标准化书，使整个班组作业标准化。

作业人员、班组长与作业标准化如图 4–1 所示。作业人员必须遵守作业标准，并具有改善意识。作为班组长除督促员工自觉遵守作业标准外，还要经常观察现场，如发现人员、机器、材料、方法等问题，需定期检讨修正，一旦质量、标准、外部环境因素要求改变时，班组长要寻找更好的方法改善，特别是

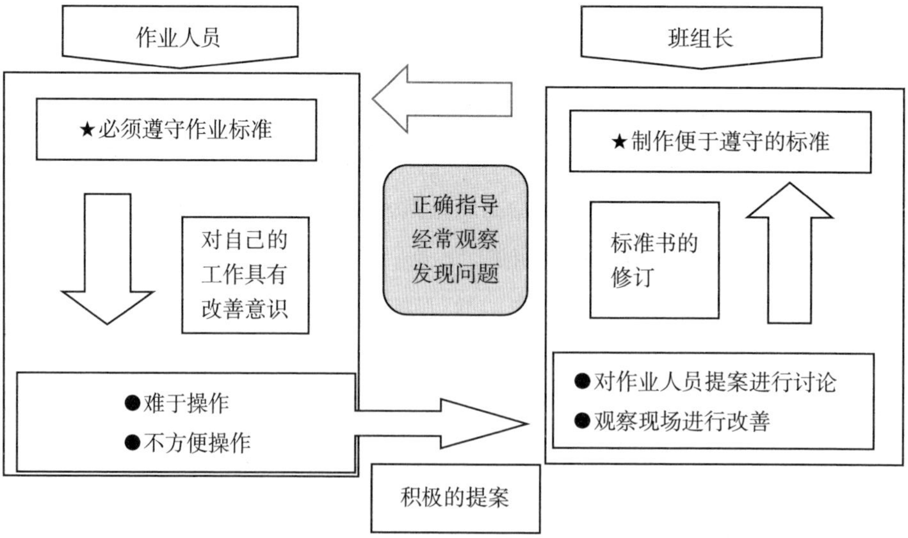

图 4–1　作业人员、班组长与作业标准化

对作业人员的提案进行讨论，并制定新的作业标准，同时班组长在日常生产中还需对班组现场现状的作业情况进行检查，找出问题点，实施改善并制订出员工便于遵守和良好效果的标准。

三、标准化作业推进流程

标准化作业推进流程如图 4–2 所示。

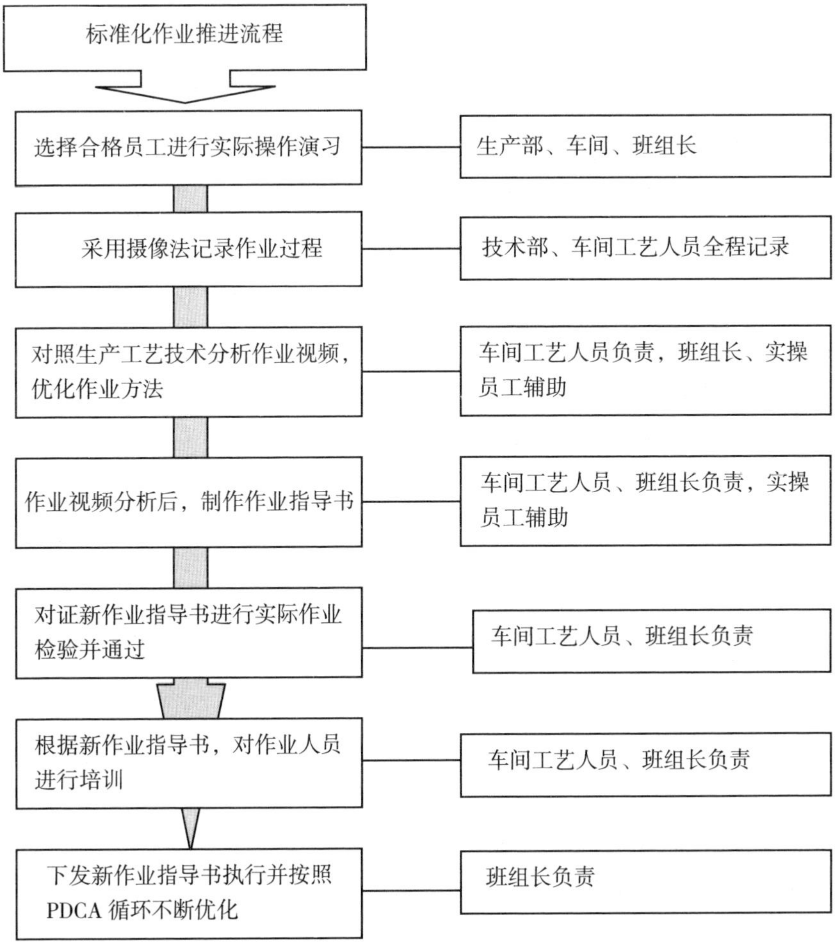

图 4–2　标准化作业推进流程

【实用工具与方法】工作要素表

工作要素表是记录作业时“特别注意事项”的表格，包括作业内容、作业要领、作业要点等，是对新员工进行培训的最好的工具：工作要素表（装配）（如表 4–2 所示）。

四、班组现场作业标准的执行

作业标准制订出来了，每一个现场班组长就需要让员工自觉执行并形成习惯。班组现场作业标准的执行方法和步骤如下：

1. 标准是最高的作业指示。作业指导书是员工进行操作的最高指示，它高于任何人（包括总经理）的口头指示。

2. 班组长现场指导，跟踪确认。班组长应手把手传授到位，并跟进一段时间，确认其领会；一旦发现不执行情况，就要及时纠正其行为。

3. 宣传张贴。标准的作业方法，要在显著耀眼的位置揭示出来；作业指导书，要放在作业者随手可以拿到的地方。

4. 发现标准有问题时的做法。如果员工发现标准存在问题或者找到更好的操作方法，不要自作主张地改变现有的做法，应报告上级，并确定提议后，改订标准。

5. 不断完善。虽然标准暂时代表着最好的作业方法，但科学技术在不断进步，现在的作业方法还是在一个较低的水平，是改善和进步的一个起点。

6. 定期检讨修正。当发现问题及步骤已改变时（人员、机器、材料、方法）、产品的品质水平已经改变、当外部因素要求改变时（如环境问题）、当产品赔偿责任法律和规章已经改变时、上层标准（ISO、GB 等）已经改变，要检讨修正。

7. 向新的作业标准挑战。通过班组现场作业情况，找出问题点，实施改善，修订为新的作业标准。学习其他改善事例，受到启迪后再现场实践，寻找改善重点，从实际出发不断进行改善。

在执行标准化作业之前，需要组织员工进行标准化作业的专题培训，让员工熟练掌握工作程序和要求。在执行过程中，班组长要严格监督一线员工按照指导书进行操作，降低员工流动率和人工成本，提高生产效率。

表 4-2　工作要素表（装配）

<table>
<tr><td colspan="2">工序名称</td><td colspan="5">特性类别</td><td>工位号</td><td></td><td colspan="3">工程图编号</td><td></td><td>要素表编号</td><td colspan="2"></td><td>版本日期</td><td></td></tr>
<tr><td colspan="2"></td><td colspan="2">关键特性</td><td>特殊特性</td><td colspan="2">其他特性要求</td><td>类型</td><td></td><td colspan="3">其他</td><td></td><td>作业员</td><td colspan="2"></td><td>技术员</td><td></td></tr>
<tr><td colspan="2"></td><td colspan="2"></td><td></td><td colspan="2"></td><td>作业时间</td><td></td><td colspan="3"></td><td></td><td>班组长</td><td colspan="2"></td><td>工段长</td><td></td></tr>
<tr><td colspan="2"></td><td colspan="2"></td><td></td><td colspan="2"></td><td></td><td></td><td colspan="3"></td><td></td><td>安全卫生</td><td colspan="2"></td><td>主任</td><td></td></tr>
<tr><td>序号</td><td colspan="4">作业内容</td><td colspan="4">作业要领</td><td colspan="4">作业要求</td><td>特性符号</td><td colspan="2">使用工具</td><td>规程型号</td><td>个检</td></tr>
<tr><td>1</td><td colspan="4"></td><td colspan="4"></td><td colspan="4"></td><td></td><td colspan="2"></td><td></td><td></td></tr>
<tr><td>2</td><td colspan="4"></td><td colspan="4"></td><td colspan="4"></td><td></td><td colspan="2"></td><td></td><td></td></tr>
<tr><td>3</td><td colspan="4"></td><td colspan="4"></td><td colspan="4"></td><td></td><td colspan="2"></td><td></td><td></td></tr>
<tr><td>4</td><td colspan="4"></td><td colspan="4"></td><td colspan="4"></td><td></td><td colspan="2"></td><td></td><td></td></tr>
<tr><td>5</td><td colspan="4"></td><td colspan="4"></td><td colspan="4"></td><td></td><td colspan="2"></td><td></td><td></td></tr>
<tr><td rowspan="3">修订日期</td><td colspan="2">1</td><td colspan="3"></td><td colspan="2">年 月 日</td><td>修订者</td><td rowspan="3">问题记录</td><td>1</td><td colspan="2"></td><td>记录员</td><td>4</td><td colspan="2"></td><td>记录员</td></tr>
<tr><td colspan="2">2</td><td colspan="3"></td><td colspan="2">年 月 日</td><td></td><td>2</td><td colspan="2"></td><td></td><td>5</td><td colspan="2"></td><td></td></tr>
<tr><td colspan="2">3</td><td colspan="3"></td><td colspan="2">年 月 日</td><td></td><td>3</td><td colspan="2"></td><td></td><td>6</td><td colspan="2"></td><td></td></tr>
</table>

【实例】标准作业指导书的范例

标准作业指导书是决定标准作业顺序的书面表格，包括流程图、作业步骤及所需时间、工艺要求、安全质量要求、工装等内容。编写作业指导书应当明确何地、何人、何时、如何使用。值得注意的是，作业指导书应置于作业员随时可见的地方。标准作业指导书的范例如表 4–3 所示。

表 4–3　标准作业指导书的范例

零件编号	GP 87—115	编制日期	17. 05. 25	产量	420PCS	手工
工序名称	门框加工	部门	装配一线	TT/CT	60′/60′	

NO	作业名称	时间	作业时间
			5　10　15　20　25　30　35　40　45　50　55　60
1	中框检查	6	
2	组装上杆至中框并铆接	5	
3	中框铆后合框	10	
4	装锁销到中框	7	
5	装复位弹片到中框	6	
6	热熔	9	
7	检验和收料	7	
合计		50	

标准作业单	品质	检查	安全注意点	标准在制品	TT/CT	正常作业时间
	◇	+	●	3	60′	60′

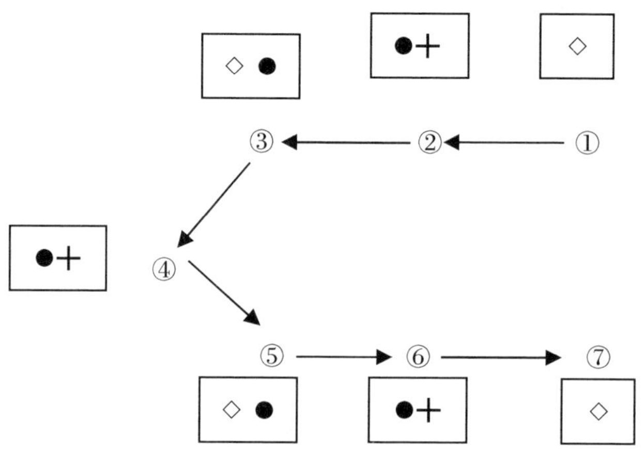

第二节　工业工程（IE）方法

一、工业工程的概述

工业工程（Industrial Engineering，简称 IE）是一门能够最有效地运用人力资源和其他各种生产资源的管理技术。工业工程（IE）区别于其他工程学科的特点之一就是注重人的因素，以建立适合人的生理和心理特点的机器和环境系统，使人能够发挥能动作用，寻求最佳的设计和改善方案，发挥各生产要素的作用，最终追求的是系统整体效益最佳（少投入、多产出）。

IE 把技术（制造技术、工具和程序）与管理（人和其他要素的改善管理与控制）有机地结合起来，从而达到降低生产成本、提高产品质量和生产效益。

常用现场 IE 的方法主要包括方法研究、作业测定、生产匹配等。

（1）方法研究是对一个整体的研究，是对现有的或拟议的工作方法（加工、制造、装配、操作等）进行系统的记录和严格的考查，从而使原有的工作方法得到改善，制订一个更好的方案使生产效率更高、成本更低的一种方法。方法研究的内容包括程序分析、动作分析、经济性分析。

（2）作业测定是对实际完成的工作所需时间的测量，是工作研究的一项主要内容。其包括时间分析、标准时间等。

（3）生产匹配就是生产系统的生产能力和潜在生产能力的匹配性。精益生产中要求能够最大限度地发挥生产设备的生产能力。这里生产匹配包括生产线平衡、快速换模换线等。

二、程序分析

程序分析是工作研究的起步。程序分析是对产品生产过程的工序状态进行记录、分析和改善的必要有效的 IE 手法，程序分析的目的在于明确工艺流程的顺序，确认各工序的作业时间，准确掌握工艺过程的整体状态，消除产品生产过程中的全部浪费与不合理，从而以最低的消耗（劳动力、成本、物质等）获得最佳的效益（效率：质量、利润、生产周期等）。

程序分析的工作流程一般由五种基本活动构成，即操作、检验、搬运、等待和存储。为了能清楚地表示任何工作的程序，制定出如表 4–4 所示的六种符号以分别表示操作、检验、搬运、等待和存储这五种基本活动。

表 4–4　程序分析的基本记录符号

工序名称	符号名称	符号	符号表示的内容	示例说明
加工	加工	○	表示原料、零件或产品，依其作业目的而发生物理或化学变化的状态，增加其价值的活动	机加工、冲压、焊接、装配搅拌、炼钢等都属于操作
搬运	搬运	⇨	表示原料、零件或产品从一处向另一处移动的活动	物料的运输、操作工人的移动
检查	数量检查	□	表示将目的物与标准物进行对比并判断是否合格的过程	对照图样检验产品的加工尺寸、检查设备的正常运转情况等
	质量检查	◇		
停滞	储存	▽	表示原料、零件或产品，不在加工或检查状态而是处于贮存或停留状态（预定的下一工序未能立即发生而产生的暂时的、不必要的停留）	物料在某种授权下存入仓库
	停滞	D		前后两道工序间处于等待的工作、零件等；等待开箱的货箱

根据程序分析种类不同，可分为以下四种分析方法，即以产品工艺为中心的产品工艺分析；以人为中心的作业流程分析；以操作者与机械之间或多名操作者之间的作业程序为对象的联合作业分析，还可以继续细分为人机作业分析

和共同作业分析等；以办公流程、手续流程和账本流程研究为中心的业务流程分析。为了更好地理解和区分这四种分析方法，了解各分析方法的目的、工序特征和优缺点，现将各种分析方法进行了归纳总结，如表 4–5 所示。

表 4–5　程序分析方法对比表

方法	目的	作用	工序特征	优缺点
产品工艺分析	产品的生产工艺流程合理化	·调查原材料、零件、在制造等的加工、搬运、检查、停滞情况 ·分析加工、搬运、检查、停滞等动作有没有浪费 ·针对以上四个方面制订合理可行的改善方案	多人通过多台机器制造同一产品的工艺过程	·可适用于任何产品加工工序的分析，与工序管理图对照时更易于分析 ·作业者的动作不明确
作业流程分析	·优化作业者的作业流程 ·作为流程改善的基础数据使用	·明确各工序的作业内容、作业顺序、作业目的 ·根据收集的资料进行设备的合理配置	一人通过不同的机械和工具，在几个作业区之间加工、制造多个产品	·易发现作业者的多余动作，作业者对作业方法的改善更有效 ·因作业者不同而结果有所差异，必须紧随作业者方可观察其行动
联合作业分析	·理顺人与机械、人与人之间的关系 ·消除作业人员在生产中的浪费，从而使生产效率得到根本性提升	·消除设备在生产过程中空转的浪费，提高设备利用率 ·使人和机器的作业负荷均衡 ·在生产初期，可作为合理分配工作任务的依据 ·为现有设备的改造提供依据	一人操作多台设备的情形，几人共同完成一项工作的情况 在联合作业分析中，一人一机与一人多机、多人一机、多人共同作业的分析方法	·明确彼此之间的时间关系及空闲时间清楚明了，明确人与机械的运转状态 ·如彼此之间没有时间关系的情况，因时间精度分析问题，难以使用

续 表

方法	目的	作用	工序特征	优缺点
业务流程分析	· 加快信息传递速度，提高业务效率 · 为企业获取最大的经济效益 · 最大限度地提升顾客满意度	· 使业务工作标准化 · 使信息传递快速化、准确化 · 去除多余的表单文件，减少无效的事务工作	跨部门多人连续业务，部门本位主义普遍出现	· 业务流程与相互关系明了，责任清晰体现，管理标准化 · 时间关系不够明了，标准化较困难，受特权文化影响严重

【实例】联合作业分析的应用具体事例

在某机械公司的机械加工车间，某机械设备在新产品导入初期预测其能力是充足的，但是在转入大批量生产后，经常因其设备能力不足而导致交期延迟。

（1）现状调查

在开始工序分析之前，企业应该对作业内容进行认真仔细的调查，包括生产状况、生产规模、设备状况、生产布局、生产流程、人员配备等的实际状况，它们对了解各工序之间的现状很有帮助。

（2）绘制现状流程表

在改善初期可以采用绘制现状流程图表的方式，从中发现工作中存在的人机配合问题。表 4–6 为该设备加工的流程现状。从表中发现该工序的稼动率非常低，每一个生产周期都有 62.9%的时间在发生空转，作业人员在生产过程中等待的时间过长，同样占总时间的 62.9%，存在着严重的浪费现象。因此，必须进行改善。

表 4–6　联合作业分析表（改善前）

工序	作业人员		机器	
	作业内容	时间（分）	作业内容	时间（分）

续 表

工序	作业人员		机器	
	准备零件	2.5	等待	2.5
	安装零件	1.5	被装上零件	1.5
	等待	5	加工	5
	卸下零件	1.5	被卸下零件	1.5
	检查、修整、放零件	3	等待	3
稼动率	62.9%		62.9%	

（3）制订改善方案

仍以表 4-6 为例，从既发现的问题中，可进行人员、机器、物料、方法、环境等方面对该问题分析后发现：在整个 13.5 分钟的作业过程中，人和机器都有近 5 分钟的等待时间。也就是说，原计划日产 80 台，现在却只能生产 48 台。这就是稼动率低下的原因，也是我们改善的关键点。

由此，制订的改善方案是：作业人员在等待机器加工（5 分钟）时，可以对上一个零件进行整修、检查、放置（3 分钟）和做下一个零件的准备工作（2.5 分钟），然后进行下一个零件的安装加工。这样便可以消除工作中的不合理等待时间。

（4）绘制理想的作业流程表

为了能够更直观反映改善后的变化，制作改善方案的图表，如表 4-7 所示。从表中可以看到，加工零件的周期时间已经由原来 13.5 分钟缩短至现在的 8.5 分钟，设备的利用率达到了 100%，作业人员的效率也提高到了 96.5%。

表 4-7 联合作业分析表（改善后）

工序	作业人员		机器	
	作业内容	时间（分钟）	作业内容	时间（分钟）
	安装零件	1.5	被装上零件	1.5
	检查、修整、放零件	3	加工	5.2
	准备零件	2.5		

续 表

工序	作业人员		机器	
	卸下零件	1.5	被卸下零件	1.5
利用率	96.5%		100%	

（5）改善方案标准化

实施作业改善方案后，应该即时进行整理、完善，并将方案标准化，以防止因作业人员的流动而导致好的作业方法流失。

三、动作分析

工序作业是由多个动作复合而成的，通过动作分析进行动作改善是工序作业改善的重要方法。动作的三个要素是：动作方法、作业场所和机器（夹具）。动作分析是在作业流程决定后，对人的各种动作进行细微的分析，通过简化或消除工作中不必要的动作，设定较好的动作顺序或组合方法，以寻求省力、省时、安全和经济有效的动作。

1. 动作分析方法分类

按精确程度不同，分为下列几种类型：（1）目视动作分析。分析者直接观测操作者实际的作业过程，并将观察到的情况用一定的符号按动作顺序如实地记录到专用表格上，然后进行分析，提出改进意见的一种分析方法。由于每项动作的时间都很短，目视动作分析一般只适用于比较简单的操作活动。（2）影像动作分析。通过录像和摄影，用胶卷和录音带记录作业的实施过程，再通过放映、放像的方法观察和分析作业动作的方法。它不仅可以记录人的全部操作活动，而且事后可以根据分析的需要反复再现。因此，影像分析是一种常见、有效的研究方法。（3）动作要素分析。将人在作业中的动作分解为最基本的动作单位（动作要素），然后加以逐项分析，以获得较高效率的工作方法。

2. 动作分析的四个步骤

动作分析的四个步骤：（1）观察和记录。观察和记录作业动作，将作业动作分解成若干个动作要素。（2）动作价值分析。根据动作要素对工序作业的贡献进行分类，根据价值判断发现动作浪费。(3) 消除动作浪费，优化动作。对于无价值的动作要素，应尽量消除；对于有价值的动作要素，应尽量使之做得更轻松、更快、更好。(4) 重新编排岗位。根据改善的动作设定优化后的标准动作，使岗位作业更顺畅、有效。

3. 动作要素及其分类

研究发现，工业生产中员工作业常用的动作要素（简称动素）有 18 种（见表 4-8），根据其对岗位作业的贡献可分为 A、B、C 三类，即有效动素、辅助动素和消耗性动素三类。

表 4-8　工序作业中常用的 18 种动作要素

分类	序号	动素名称	缩写	形象符号	说明
有效动素	1	伸手（Transport Empty）	TE	⌣	空手移动接近或离开目标
	2	握取（Grasp）	G	∩	用手指握住目的物
	3	移物（Transport Loaded）	TL		手持物从一处移至另一处
	4	放手（Release Load）	RL		从手中放下目的物
	5	装配（Assemble）	A	#	将两个以上目的物组合起来
	6	使用（Use）	U	∪	使用工具或手进行操作
	7	拆卸（Disassemble）	DA		分解两个以上的目的物
辅助动素	8	寻找（Search）	SH		用视觉等感官确定目的物的位置
	9	选择（Select）	ST	→	从许多目的物中选取一件
	10	定位（Position）	P	9	将物体放置于所需的正确位置
	11	预定位（Pre-Position）	PP	8	定位前先将物体安置到预定位置

续 表

分类	序号	动素名称	缩写	形象符号	说明
辅助动素	12	检验（Inspect）	I		将目的物与规定标准进行比较
	13	持住（Hold）	H		手握物并保持静止状态
	14	发现（Find）	F		发现东西时的眼睛的形状
消耗性动素	15	计划（Plan）	PN		决定下一操作步骤所作的思考
	16	迟延（Unavoidable Delay）	UD		不可避免的停顿
	17	故延（Avoidable Delay）	AD		可以避免的停顿
	18	休息（Rest）	R		因为疲劳而停止工作，以便再恢复

4. 动作改善的三大方法及其操作要点

动作优化、减少（去除）和工装化是动作要素改善的三大方法，其具体操作要点见表 4–9。

表 4–9　动作要素改善的三大方法及其操作要点

改善重点	基本原则	操作要点
动作优化	1. 使肢体更加协调 2. 前后动作连接 3. 减少注意力	1. 使动作方向与作业进行方向一致 2. 合并、组合两个以上的动作要素 3. 用身体的不同部位代替手的动作 4. 尽可能多利用左手 5. 减少眼球的多余动作及不必要的判断 6. 提高自动化程度 7. 整理、整顿、定置、定位
减少（去除）	1. 减少每次的运动量 2. 减少动作次数 3. 去除不必要的动作	1. 利用重力及动力进行作业 2. 消除反重力方向的作业 3. 缩小作业范围 4. 多个工件同时作业 5. 合并动作要素 6. 适当利用工具消除某些动作要素

续 表

改善重点	基本原则	操作要点
工装化	利用简单工具进行作业	1. 设计适当的工具用于作业 2. 改善工具形状、性能、精度使之更便于作业

【实用工具与方法】动作分析表

在动作分析表绘制的过程中，首先，要准备好动作分析表，如表 4–10 所示。

表 4–10　动作分析表

调查日期　年　月　日

工序（工厂）名		
产品名称		
作业名称		
分析者姓名		
所属部门		
部门		

序号	要素作业	左手动作	基本动作记号			右手动作	备注（辅助说明改善目标）
			左手	眼	右手		

总括表	动作属性	第 1 类										第 2 类						第 3 类					合计
	基本动作记号	◡	∩	◡	9	#	‡‡	∪	⌒	0	小计	⊘	◎	→	ᑭ	8	小计	⊓	ᓄ	⌴	ᓚ	小计	
	左手																						
	右手																						
	眼																						

【实例】基本动作分析表的绘制

在动作分析记录表的基础上，运用动作经济原则与 ECRS 原则，对动作过程进行分析，得到改善办法和效果。表 4–11 与表 4–12 为改善组装螺栓螺母作业的动作分析前后对照表，从中可见动作分析改善的基本路径与效果。

表 4–11 组装螺栓螺母作业的动作分析（改善前）

序号	要素作业	左手动作	基本动作记号			右手动作
			左手	眼	右手	
1	取螺栓	向螺栓伸手	◡	◐ ◎ →	└o	待工
2		抓住螺栓	∩		└o	待工
3		调整角度向前面移动	◡o + 9		└o	待工
4	取螺母	一直拿着螺栓	⊓	◐ ◎ →	∩	向螺母伸手
5		一直拿着螺栓	⊓		◡o + 9	抓住螺母
6		一直拿着螺栓				调整螺母角度并移到前面
7	组装螺栓和螺母	把螺栓合上螺母	#		#	把螺母合上螺栓

表 4–12 组装螺栓螺母作业的动作分析（改善后）

序号	要素作业	左手动作	基本动作记号			右手动作
			左手	眼	右手	
1	取螺栓和螺母	向螺栓伸手	◡	◐ ◎ →	◡	向螺母伸手

续 表

序号	要素作业	左手动作	基本动作记号			右手动作
			左手	眼	右手	
2		抓住螺栓	∩		∩	抓住螺母
3		调整螺栓角度移动到前面	◡ + 9		◡ + 9	调整螺母角度并移到前面
4	组装螺栓和螺母	组装螺栓和螺母	#		#	把螺栓合上螺母

5. ECRS 原则

ECRS 原则是对工序进行分析，将非必需的工序取消，不能取消的考虑合并、重排、简化，是效率改善的重要方法，在作业改善和流程改善中被广泛运用。

ECRS 原则的使用方法如表 4–13 所示。

表 4–13　ECRS 原则的使用方法

ECRS 原则	原理	主要方法
Eliminate（取消）	是 ECRS 原则第一个步骤，也是 ECRS 原则中最重要的一步	取消所有可能取消的作业、步骤和动作 取消不规律性，使动作成为自发性，并使各种物品固定放置在操作者前面的近处 取消以手作为持物工具的动作 取消必须使用肌力才能维持的姿势 取消必须使用肌力的工作，而以工具取代之 取消危险的工作 取消所有不必要的闲置时间
Combine（合并）	此时就要考虑能否将不能取消的两个或者多个步骤进行合并	把方向突变的各种小动作，组合成一个连续的曲线动作 合并各种工具，使其成为多用途的工具 合并可能的作业 合并可能同时进行的动作
Rearrange（重排）	经过取消、合并后，可再根据“何人、何处、何时”三项提问原则进行重排	使用最低级次的工作 使用最简单的动素组合来完成动作 缩短动作距离 使手柄、操作杆、脚踏板、按钮都在手足可及之处

续 表

ECRS 原则	原理	主要方法
Simplify（简化）	经过取消、合并、重排后保留的必要工作，就可以考虑能否采用最简单的方法及设备，以节省人力、时间及费用	用简单方法动作 作业组作业时，应把工作平均分配给各成员 将取消、合并之后的工序，重新排成清晰的直线顺序

【实例】运用 ECRS 原则对加工中心作业进行改善

【现状】加工中心设备动作耗时长，作业循环时间长达 92 秒，成为生产瓶颈，制约生产线整体的生产能力。

【改善方法】

（1）对加工中心设备加工的动作单元进行分析，发现刀塔转动和阀片槽加工是两个耗时最长的动作单元，分别为 14 秒和 46 秒（见图 4–3）。

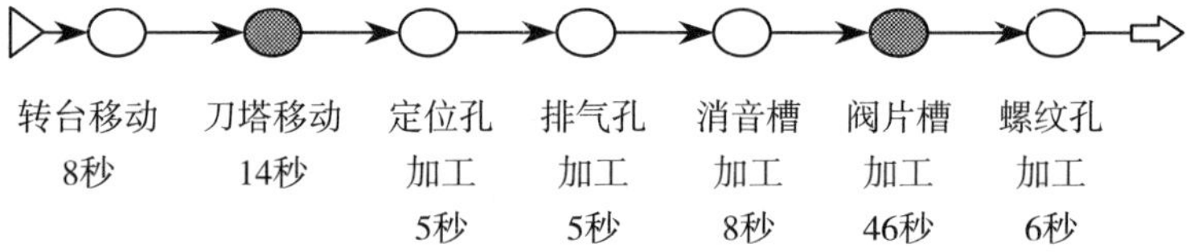

图 4–3　加工中心动作单元分析

（2）对上述两个动作单元的加工程序和加工方式进行分析，发现：

1）刀塔转动动作单元：现有刀塔走刀顺序为 T1 → T2 → T3 → T4 → T5（见表 4–14），造成重复走刀，动作时间长。

2）阀片槽加工动作单元：使用 ϕ10 铣刀经过 3 个动作，加工出宽度为 11 毫米的阀片槽（见表 4–14），动作时间长。

（3）根据上述分析，经过程序分析及试验，对上述两个动作单元进行改善：

1）刀塔移动动作单元：将刀塔走刀顺序调整为 T1 → T3 → T2 → T4 → T5（见表 4–15），消除重复走刀。

表 4-14　改变刀塔走刀顺序消除重复走刀

项目	改善前	改善后
走刀顺序	T1：倒角 → T2：消音槽 → T3：排气孔 → T4：引孔 → T5：阀片槽	T1：倒角 → T3：排气孔 → T2：引孔 → T4：消音槽 → T5：阀片槽
动作时间	14 秒	8 秒

2）阀片槽加工动作单元：使用 ϕ11 铣刀加工，动作数量由 3 个减少为 1 个（见表 4-15）。

表 4-15　改变铣刀型号进行阀片槽加工

项目	改善前	改善后
刀具型号	ϕ10 铣刀	ϕ11 铣刀
加工路径	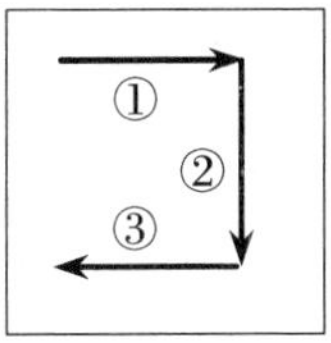 3 个动作	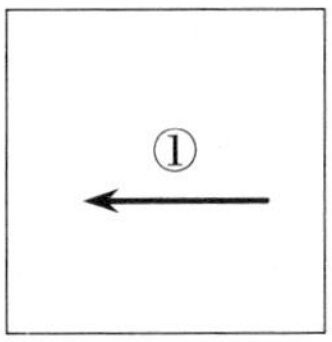 1 个动作
动作时间	46 秒	32 秒

【改善效果】刀塔移动动作时间由 14 秒缩短到 8 秒，阀片槽加工时间由 46 秒缩短为 32 秒；整体作业循环时间由 92 秒缩短到 72 秒，提高了作业速度，生产能力提高 21.7%，大幅减小了本工序对生产线整体能力的制约。

四、作业测定

作业测定（工作衡量）是运用各种技术来确定合格工人按照规定的作业标准，完成某项工作所需时间的过程。作业测定在于制定最佳的作业系统，测定工人的空闲时间、等待物料时间等非创造附加价值的时间占整个工作时间的百分比，将实际工作时间与标准作业时间进行对比，正确核算企业生产工作量，编制计划、合理安排生产进程，为计算产品成本和计件工资的重要依据。

1. 标准时间

标准时间就是在适宜的操作条件下用最合适的操作方法，以普通熟练工人的正常速度完成标准作业所需要的劳动时间。标准时间是由正常时间加宽放时间而得到的。

（1）正常时间，是操作者以其速度稳定工作且无停顿或休息所需的时间。正常时间是由最初用秒表测得的时间，即观测时间，经对观测时间评比（就是时间研究人员将所观测到的操作者的操作时间，与自己理想的正常时间作一想象的比较）、修正（评比因数）而得到的。

（2）宽放时间，是指在生产过程中进行非纯作业所消耗的附加时间，以及补偿某些影响作业的时间，如用于补偿个人需要、不可避免地延迟以及由于疲劳而引起的效能下降。它是标准时间的组成部分之一，而非指所消耗的时间。宽放时间一般分为以下五种：私事宽放、疲劳宽放、程序宽放、特别宽放及政策宽放。日本学者山内功著的《管理手册》中规定的宽放率：私事宽放，一般情形时，宽放率多为 5%；疲劳宽放，轻作业的宽放率为 5%~10%，重作业的宽放率为 20%~30%，特重作业的宽放率为 30%~60%，等等。

标准时间的构成如图 4–4 所示。

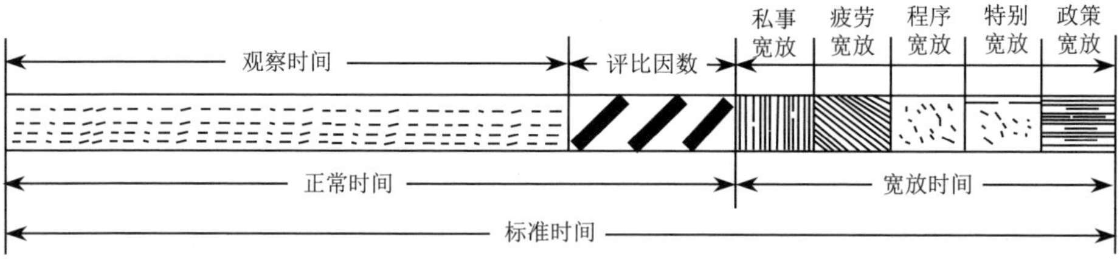

图 4–4　标准时间的构成

标准时间需要通过方法研究和作业测定求得某一标准作业所需时间的一个唯一量值。测定标准时间的主要方法有：时间分析法、连续观测法、瞬时观测法、预定时间标准法、标准资料法等。标准时间主要用于确定作业或产品制造的工作量，编制生产、成本计划，制订工作标准，以便改进工作。

标准时间常用的计算公式见式（4–1）。

$$T_S = T_N\,(1 + A) \qquad (4\text{–}1)$$

式中 T_S—— 标准时间；

T_N—— 正常时间；

A—— 宽放率。

2. 工时定额

工时定额是劳动定额标准中的一种。一般来讲“现行定额”往往就是标准时间，当上级下达规定的工时定额时，有了标准时间，就可以知道自己单位的标准时间与上级下达定额的差异，做到心中有数。

【实例】工时定额计算实例

车轴套外圆共有 9 个操作单元：①取零件并安装在心轴上；②取垫圈螺母装在心轴上拧紧；③开动主轴；④移动刀架并对刀；⑤车削；⑥退刀；⑦停车退刀架；⑧拧下螺母，拿下垫圈；⑨拿下零件并放入零件箱。进行秒表测时，结果为：$T_{定}$=480 分钟，$T_{作}$=420 分钟，$T_{布}$=30 分钟，$T_{休}$=30 分钟；测时正常时间为：T_N=1.406 7 分钟 / 件；计算工时定额和班产量定额。

解析：根据式（4–1）计算工时定额为

$$T_S = T_N\,(1+A_1+A_2) = \left[1.406\,7 \times (1+\frac{30}{420}+\frac{30}{420})\right]$$

$$=(1.406\,7 \times 1.142\,9)$$

$$=1.607\,7\ (分钟/件)$$

$$班产量定额 = \frac{T_{定}}{T_S} = \frac{480}{1.607\,7} = 298.6\ (件)$$

或

$$班产量定额 = \frac{T_{作}}{T_N} = \frac{420}{1.406\,7} = 298.6\ (件)$$

第三节　看板管理

看板是传递信号控制生产的工具，它可以是某种“板”，如卡片、揭示牌、电子显示屏等。看板管理是协调管理全公司的一个生产信息系统，就是利用看板在各工序、各车间、各工厂以及与协作厂之间传送作业命令，使各工序都按照看板所传递的信息执行，以此保证在必需时间制造必需数量的必需产品，最终达到准时化生产的目的。看板管理是精益生产中的重要子系统。

一、看板类型和功能

表 4–16 为看板的分类表。看板按用途可以划分为生产指示看板、领取看板、特殊用途看板，其中，生产指示看板可分为工序内看板和信号看板（三角看板），领取看板可分为工序间领取看板、材料领取看板和外协领取看板，特殊用途看板可分为特快、紧急看板、共用看板、台车作为看板、供应商看板；按形式可以划分为一般形式看板和特殊形式看板。一般形式看板为卡片，特殊形式看板为彩色乒乓球、容器、方格标识、信号灯等只要能表示生产和搬运信息的任何形式。特殊用途看板和特殊形式看板统称为特殊看板。

表 4–16　看板类型

分类方法	大类	子类	方法说明
按用途	生产指示看板	工序内看板	显示着前工序必须生产或订购的零部件种类和数量等信息
		信号看板（三角看板）	信号看板（三角看板）是在批量生产工序内（如冲压工序和锻造工序）使用的看板。一批量的零件往往要分装在几个箱内，信号看板摊在该批零件的某一箱上，当后道工序领取物料进行到信号看板（三角看板）所在的位置前工序，必须开始必要的作业

续 表

分类方法	大类	子类	方法说明
按用途	领取看板	工序间领取看板	标示着后工序应该向前工序领取的零部件种类和数量等信息
		外协看板	公司向其零部件协作工厂发出生产或供货指令信息
	特殊用途看板	特快看板	在零部件不足时发出的。虽然它的作用与生产看板的作用相同，但特快看板仅限于在异常情况出现时才发出，而且使用之后一定要立刻收回
		紧急看板	应付不合格品、设备故障、额外增产、周末增产等而需要一些库存时，暂时发出看板。此种看板可以取料看板或生产看板的形式使用，但使用后一定要立即收回
		共用看板	如果两个工序乃至两个以上的工序紧密联结着，以至于可视为一个工序，则这些相联结的工序之间就使用一个共用看板
		台车作为看板	为了作业的方便，像发动机或变速箱等体积较大的零部件都用装载数量一定的台车装运。在这种情况下，台车本身就扮演着看板的角色
		供应商看板	公司与零部件协作工厂之间用的一种看板，其作用是及时向其零部件协作工厂发出生产或供货指令信息
按形式	一般形式看板	卡片	纸卡片装入一个透明的塑料袋中，一般都标有工厂名称、零部件名称、零部件编码代号、零部件数量、容器种类、工序名称、存放处等信息
	特殊形式看板	容器	使用空容器作为周转箱，每个周转箱中放置一定数量的产品或中间品。使用时将装有中间品的箱子拿走，并补放相应的空箱
		方格标识	格子中间。一旦格子中的产品被取走，则进行生产补足空格
		信号灯	当信号灯发亮后，前工序迅速将产品送到后工序，并重新生产新的产品
		乒乓球	彩色的乒乓球上标明提供生产的品种数量，使用时只需要将彩色乒乓球放到前一道工序，前一道工序就可以知道所需的产品

看板可以根据顾客订购的信息，承担自动调节生产计划、订购零配件、调节零配件到达时间等复杂工作。看板从生产并开始推广到供应商处，在现场发挥着重要的作用，对整个增值工序实现了很好的控制，而且作业员通过拉动看板获得了充足的授权来控制生产线。其主要的功能如表 4–17 所示。

表 4–17　看板的功能

看板的功能	具体内容
1. 生产及运送工作指令	看板记载着生产和运送的数量、时间、目的地、放置场所、搬运工具等信息，从装配工序逐次向前工序追溯。在装配线将所使用的零部件上所带的看板取下，以此再去前一道工序领取。前工序只生产被这些看板所领走的量，从而由看板实现“后工序领取”及“适时且生产”
2. 防止过量生产和过量运送	各工序如果没有看板，就既不能生产，也不进行运送；因此运用看板能够做到自动防止过量生产、过量运送
3. 目视管理的工具	零件或产品的货架上若附有看板，则可以知道后工序的作业进展情况、本工序的生产能力利用情况；明确地判断库存量、产品编号、产品名称，也易于搬运
4. 现场改善的工具	在拉式生产方式中，通过不断减少数量来减少在制品库存，不断通过改善活动解决了生产线生产、质量和设备等问题，从而提高了整个生产线效能

二、生产看板的使用方法

1. 工序内看板的使用方法

工序内看板为单一工序进行加工时所用的看板，其使用时最重要的一点是看板必须跟随实物，即与产品一起移动。后工序来领取中间品时摘下挂在产品上的工序内看板，然后挂上领取用的工序间看板。该工序然后按照看板被摘下的顺序以及这些看板所表示的数量进行生产，如果摘下的看板数量变为零，则停止生产，这样既不会延误也不会产生过量的存储。

如果两个工序乃至两个以上的工序紧密连接着，以至于可视为一个工序，则这些相连接的工序之间就没有必要使用工序间看板。在这种情况下，这些工序间可以使用一张共同的看板。这张看板就被称为“工序内看板”。图 4–5 为工序内看板的范例。

工序内看板			
工程名	SB–8		
产品名称	曲轴	产品代号	731113
收容数	10	看板发行张数	3
看板编号	A5–2	安全库存	50
车型	SX50BC–150	放置处号码	F18–8

图 4–5 工序内看板示意图

2. 信号看板的使用方法

信号看板挂在成批制作出的产品上面。如果该批产品的数量减少到基准数时就摘下看板，送回到生产工序，然后生产工序按照该看板的指示开始生产。没有摘牌则说明数量足够，不需要再生产。信号看板有两种类型：三角看板和材料领取看板，如图 4–6 所示。

三角看板一般挂在一个批量（若干箱）的某个物料箱子上，如图 4–6（c）所示。如果领取到挂着这张看板的物料箱时，生产指示就必须下达，其功能相当于工序内看板。图 4–6（b）为冲压工序的三角看板，如果零部件箱领取到下数第 2 箱时，就指示生产 300 个门条。

材料领取看板也叫材料准备看板、材料看板［见图 4–6（a）］，如果领取到挂着这张看板的地方时，搬运指示就必须下达，其功能相当于工序间领取看板。图 4–6（c）为看板使用方法，如果领取到第三箱的时候，即材料领取看板所挂位置，则冲压工序就必须到物料存放处去领取一个批量（8 箱即 300 张）钢板。

3. 工序间看板的使用方法

工序间看板其格式如图 4–7 所示。工序间看板挂在从前工序领来的零部件的箱子上，当该零部件被使用后，取下看板，放到设置在作业场地的看板回收箱内。看板回收箱中的工序间看板所表示的意思是“该零件已被使用，请补

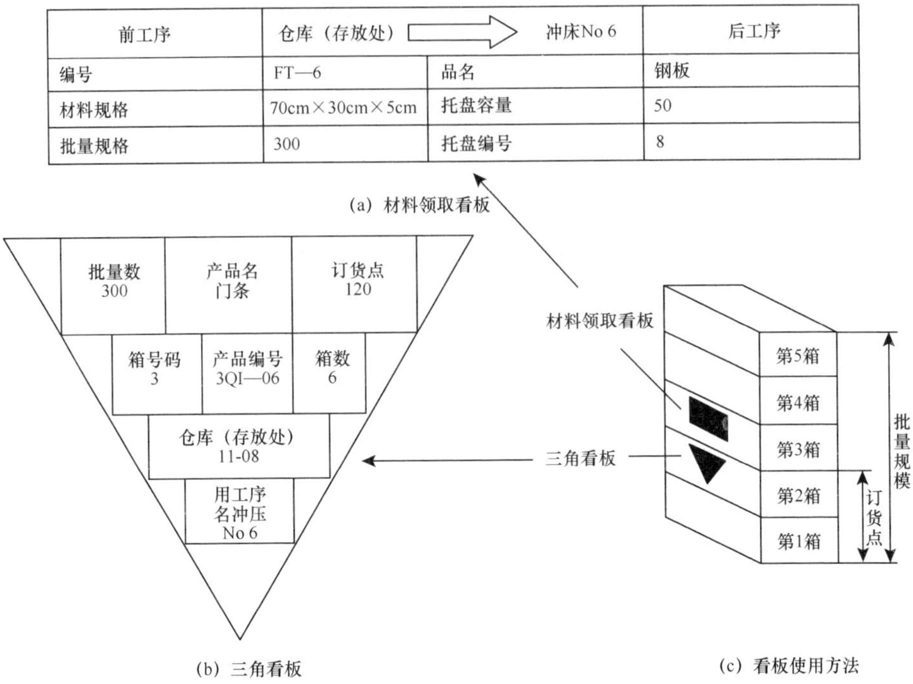

图 4-6　信号看板示意图

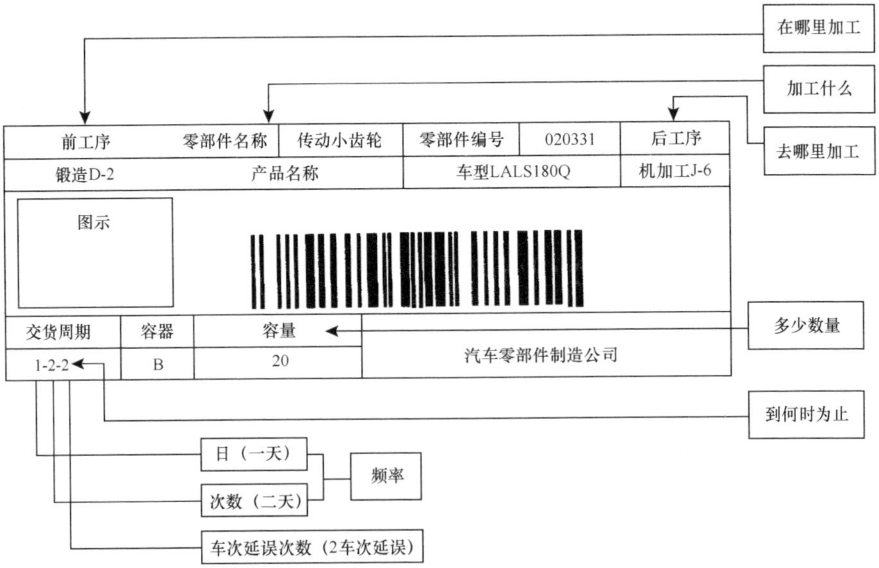

图 4-7　工序间看板示意图

充”。现场管理人员定时来回收看板，集中起来后再分送到各个相应的前工序，以便领取需要补充的零部件。

4. 外协看板的使用方法

外协看板的摘下和回收与工序间看板基本相同。在固定的时间由专人将总装配线旁零件空箱子及供货商看板回收，并按各协作厂家分开，等各协作厂家来送货时由它们带回去，成为该厂下次生产的生产指示。在这种情况下，该批产品的进货至少将会延迟一回以上。因此，需要按照延迟的回数发行相应的看板数量，这样就能够做到按照 JIT 进行周转。对外订货看板上必须记载进货单位的名称和进货时间、每次进货的数量等信息。外协看板示意图如图 4–8 所示。

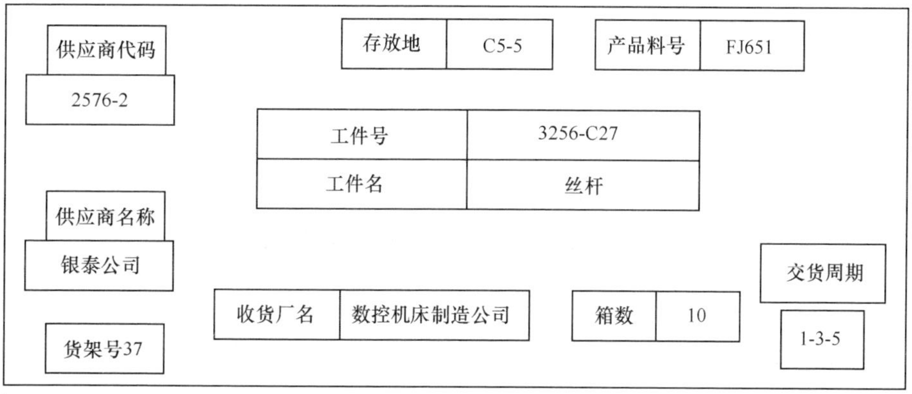

图 4–8　外协看板示意图

【实例】冲压工序信号看板的运行方法

在冲压工厂，有卷材剪切和冲压两条生产线，如图 4–9 所示。在卷材剪切生产线的右侧有卷材存放区域，供原材料卷材存放。在卷材剪切生产线的左面，有剪切后的钢板半成品存放区域。冲压生产线的左侧有完成加工的钣金半成品存放区域。托盘上装着各种各样的冲压零部件，在信号看板的位置挂着三角看板和材料领取看板。

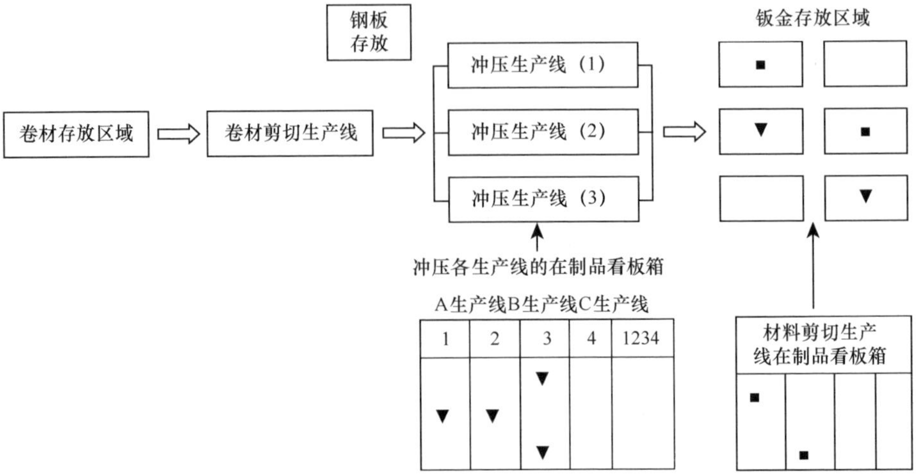

图 4–9　冲压工序信号看板的传递方法

注：■材料领取看板箱；▼三角看板箱。

第四节　线平衡分析方法

生产线的生产能力是由其能力最低的工序决定的，工序之间能力差别越大即能力越不平衡，则生产线的效率损失越大。要提高生产线的整体效率，务必改善生产线的工序能力平衡。

一、线平衡分析

1. 生产线平衡分析

生产线平衡分析是指分析生产线中各工序的时间差异状态，通过调整作业负荷，以使各工序作业时间尽可能相近，使生产线保持顺畅的技术手段与方法，也有人称之为“工序平衡分析”“工时平衡分析”。生产线平衡分析是提高生产系统效益的重要手段，是改善生产系统整体功能、实现现代化管理的前提和基础。

2. 生产线平衡分析的作用

生产线平衡分析的作用在于提高操作人员的作业效率；均衡各工位的作业负荷；方便进行新的工序设计；可以提高机械的运作效率；减少单件产品的工时消耗；减少工序在制品；可以谋求自动化；实现“一个流”生产；实现全员岗位柔性。

3. 生产线平衡分析适用场合

生产线平衡分析适用于缩短每个产品的生产周期；生产量变动时，决定适量人员；新产品开发时，进行生产编成。

4. 生产线平衡分析的基本步骤

线平衡分析的基本步骤：（1）确定分析对象的范围：对象生产线和对象工序。（2）把握分析对象的现状。（3）明确标准工时或观测各工序纯工时。（4）制作工序作业速度分析图（棒形图）。（5）计算生产线平衡率和平衡损失率。（6）找到能力富余及不足的工序。（7）研究分析结果，制订改进方案。（8）实施改善方案 。（9）改善结果的分析、总结、评价和标准化。

5. 生产线平衡的计算

由于工序之间生产能力不平衡，造成待工和待料从而导致的工时损失（或能力损失），称为线平衡损失。该部分工时损失占总工时的比率，称为线平衡损失率。衡量生产线平衡状态的好坏，可以用生产线平衡率或平衡损失率来进行定量衡量。

在计算生产线平衡率或平衡损失率前，必须先设定计算的时间基准，即生产周期。决定生产线的作业周期的工序时间是最长工序的时间（Pitch Time），也就是说 Pitch Time 等于 Cycle Time，其可用以下计算方法得到。

生产线的平衡率计算公式如下：

生产线平衡率 = 实际作业所需时间总和 / 作业时间总和

$$= \sum T_i / C_i \times N$$

式中 T_i——各作业资源加工时间；

C_i——瓶颈工序单位产品产出时间；

N——作业资源数总和。

生产线的平衡损失率计算公式如下：

$$生产线平衡损失率 = (非加工时间总和) / 作业时间总和$$

$$= \sum LT_i / (生产节拍 \times N)$$

$$= 1 - 生产线平衡率$$

式中　LT_i——各作业资源非加工时间；

N——作业资源数总和。

掌握了生产线平衡意义和生产线平衡的计算后，能根据产品的生产工艺流程进行数字化的改善分析，以提升综合生产效率。

（1）生产线的生产能力

一条生产线的生产能力是由其能力最低的工序决定的。例如，某生产线有A、B、C、D、E 五个工序，其循环时间分别为 20 秒、18 秒、29 秒、25 秒、19 秒（见表 4–18 及图 4–10），则该生产线循环时间为 29 秒，生产线的生产能力即为 C 工序的生产能力，假设该工序的有效运转率为 83%，则该线单时生产能力为 103 件 / 小时。

表 4–18　某工序循环时间一览表

工序名称	A	B	C	D	E
作业人数	1	1	1	1	1
循环时间	20	18	29	25	19

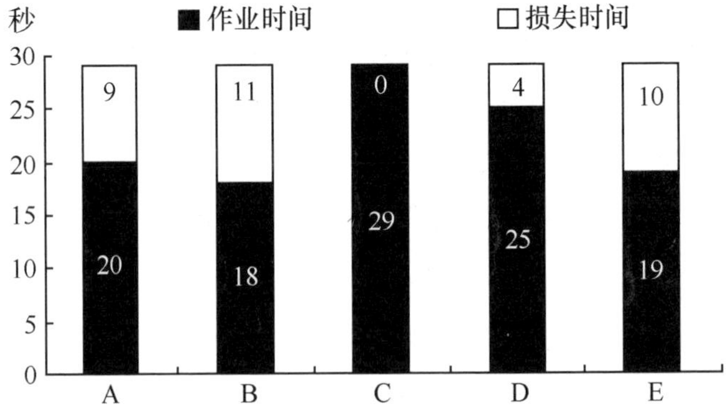

图 4–10　生产线作业速度分布图

（2）瓶颈工序

一条生产线中能力最低的工序即为瓶颈工序。例如，表 4–18 中，循环时间最长的工序是 C 工序，其生产能力最低，所以 C 工序是该生产线瓶颈工序。

（3）线平衡损失

由于瓶颈工序的存在，前工序的生产能力超过瓶颈工序能力，造成前工序因工件积压而待工；相反，后工序的生产能力超过瓶颈工序能力，则会造成后工序因工件供应不及时而待料。

例如，表 4–18 中，由 C 工序造成每一个作业循环中的其他工序的工时损失分别为 9 秒、11 秒、4 秒、10 秒（见图 4–10），合计损失 34 秒，损失率为：

$$平衡损失率 =34/（29 \times 5）\times 100\%=23.45\%$$

（4）线平衡分析

由此对线平衡状况进行分析，可以发现瓶颈工序和线平衡损失状况，从而找到改善空间，推动效率改善，进而提高人员及设备的生产效率，减少产品的工时消耗，同时减少在制品、降低在库，最终降低生产成本。

对生产线的全部工序进行负荷分析，通过调整工序间的负荷分配使之达到能力平衡，最终提高生产线的整体效率，这种改善工序间能力平衡的方法又称为瓶颈改善。

在表 4–18 中，线平衡率 =（20+18+29+25+19）÷（5 × 29）× 100%= 76.55%，线平衡损失率 =1– 线平衡率 =23.45%。

一般来说，平衡损失率在 5%~15% 是可以接受的，否则就要进行改善。

二、线平衡改善

所谓的线平衡改善就是通过线平衡分析，发现瓶颈工序，制定并实施改善方案消除瓶颈工序，提高作业资源的产出、调整工序的作业内容，使各工序作业时间达到平衡，以提高生产线的整体效率。

通过图 4–11，可以直观地了解生产线平衡所使用的方法。线平衡改善的五种方法及其作用如下：

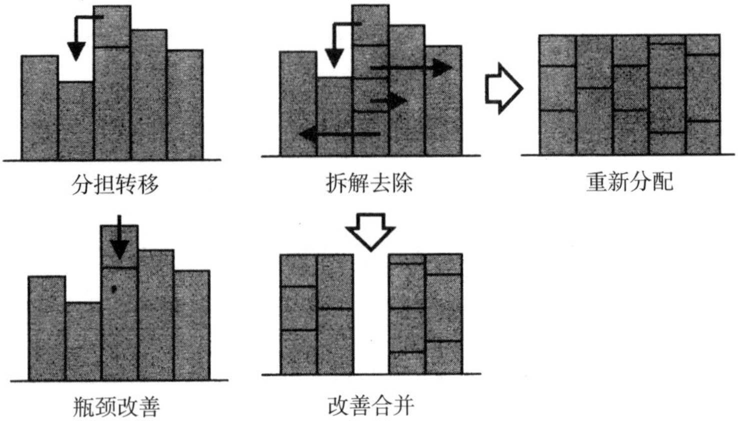

图 4–11　线平衡改善的五大方法

1. 分担转移。将瓶颈工序的部分作业内容转移到相邻工序或其他工时短的工序，由作业负荷小的工序分担之，以提高生产效率和设备开动率。

2. 瓶颈改善。减少非瓶颈工序的作业资源数，缩短循环时间，以提高平衡率。

3. 拆解去除。拆解瓶颈工序的部分作业，再将无用工序去除。

4. 改善合并。将瓶颈工序的作业内容拆解，分别合并至其他工序，从而完全消除瓶颈工序。

5. 重新分配。先将瓶颈工序的作业内容拆解后，再对整条生产线的作业内容进行重新编排、分配，形成新的作业工序。相对来讲，在作业内容较多的情况下容易平衡。在精益生产中，可凭借 U 形布局的多能工轻易达到此目的。

线平衡改善是提高整体生产能力的重要手段，如有效利用就可以达到以下效果：

（1）消除瓶颈，使工序负荷均衡化，提高整体生产能力。

（2）压缩生产人员配置，降低单位产品的用工数。

（3）合理配置作业人员、设置班组及编制一线出勤体制。

（4）优化用工结构，降低单位产品的人工成本。

同时，线平衡与瓶颈改善应该在各工段之间、本企业与供应商之间进行，这样才能提高整个企业的能力平衡，最大限度地降低中间在库，提高生产效率和经营效益。

三、瓶颈改善

对瓶颈工序进行改善，具体方法有如下六种：

1. 提高设备效率。通过加强设备的一级维护，进行必要的设备改造，提高设备的可动率，缩短设备加工循环时间，从而提高瓶颈工序的生产能力。

2. 改进工具夹具。通过改进工具、夹具，使之更适合员工进行工件装夹或加工作业，缩短人工辅助时间，从而提高瓶颈工序的生产能力。

3. 操作机械化。设计适合的机械代替或局部代替人工作业，以缩短工序作业循环时间、提高工序能力。

4. 增加作业人员。增加瓶颈工序的作业人员，缩短循环时间；或增加瓶颈工序工位，例如由 1 个工位生产改为 2 个工位同时生产。

5. 提高作业技能。通过加强岗位技能培训，提高员工岗位操作的熟练度，从而缩短工序作业循环时间。

6. 调整作业人员。根据“适所适才”（适合的岗位、适合的人员）的原则，根据工序作业的特点，对于不适合该岗位操作的员工进行调整，避免因个别员工不适合个别作业岗位而影响整体能力和整体效率。

【实例】导轨组装分厂生产线平衡实践

某精密制造公司导轨组装分厂为增加产出、提高效率，聘请生产管理顾问进行指导，成立以顾问、班组长、IE 工程师、质量经理、技术工程师等组成的改善小组，进行生产线平衡分析。流水线布置图如图 4–12 所示。

通过生产管理顾问为改善小组人员实施生产线平衡的知识训练后，改善小组对导轨组装进行现状分析并绘图，如图 4–13 所示。

透过改善前平衡图（见图 4–13）分析，改善小组发现，导轨组装制造二部各工序的作业时间存在相当差异，平衡率经计算为 68.7%，生产线平衡损失率高。

现场改善小组对导轨组装相近的工序进行研究，发现在作业改善上能采取较简便的方法是合并工序内容，调整并取消时间过短工序，把其中部分工作分配到其他工序中，所形成的具体改善方案见表 4–19，改善后平衡图如图 4–14 所示，

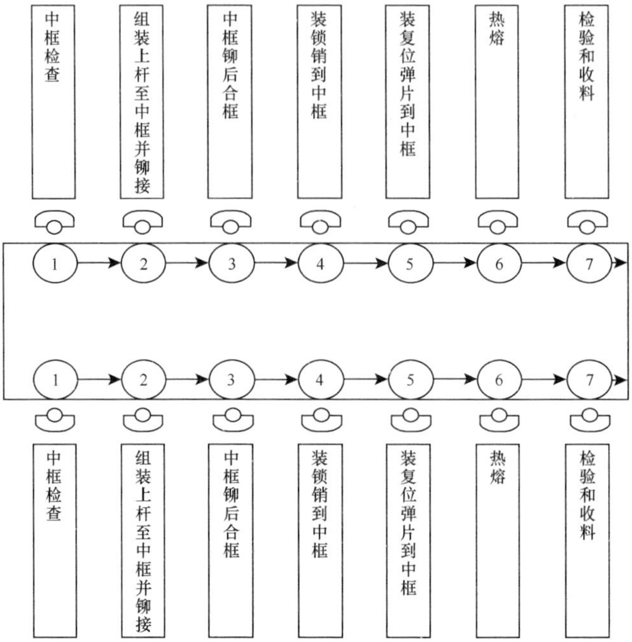

图 4-12 流水线布置图

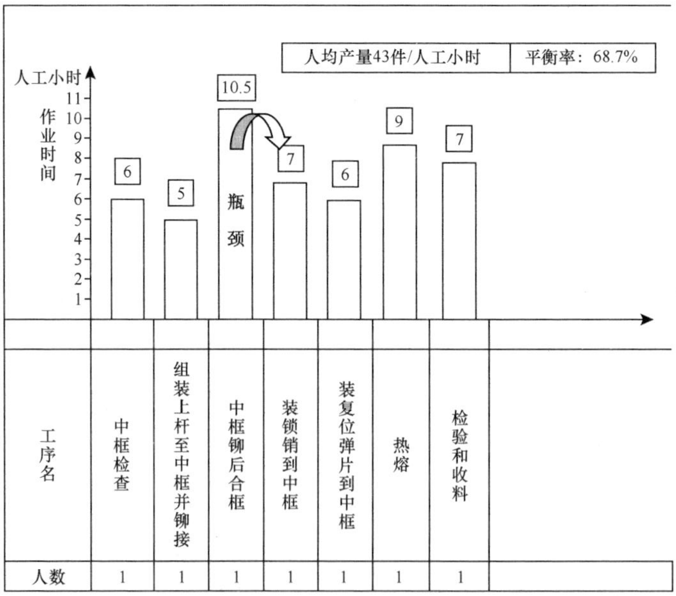

图 4-13 改善前平衡图

改善前后各项产能指标比较见表 4–20。如此达到了提高平衡率、减少工时损失、提高整体效率的目的。

表 4–19　工序作业改善方案对策表

<table>
<tr><th>NO.</th><th>工序内容</th><th>原作业时间（s）</th><th>改善方法与内容</th><th>调整后需求时间（s）</th></tr>
<tr><td>1</td><td>中框检查</td><td>6</td><td rowspan="2">合并为一道工序，对中框检查动作进行分析，清除多余动作，并标准化</td><td rowspan="2">10.2</td></tr>
<tr><td>2</td><td>组装上杆至中框并铆接</td><td>5</td></tr>
<tr><td>3</td><td>中框铆后合框</td><td>10.5</td><td></td><td>10.5</td></tr>
<tr><td>4</td><td>装锁销到中框</td><td>7</td><td>将 5 的放入复位弹片的内容调整至此工序</td><td>9.5</td></tr>
<tr><td>5</td><td>装复位弹片到中框</td><td>6</td><td>取消</td><td></td></tr>
<tr><td>6</td><td>热熔</td><td>9</td><td>将 5 的卡紧复位弹片的内容调整至此工序</td><td>10.5</td></tr>
<tr><td>7</td><td>检验和收料</td><td>7</td><td>将热熔检验的内容调整至此工序</td><td>9</td></tr>
<tr><td>结果</td><td colspan="4">生产线由原来 14 人两组，调整为 15 人三组，调整后的产能及生产线平衡率见表 4–20</td></tr>
</table>

表 4–20　改善前后各项产能指标比较

项目	改善前	改善后	变化量	变化百分率
人员	14 人	15 人	+1 人	+7.1%
总产量	616 件 /h	925 件 /h	308 件 /h	+50%
人均产量	43 件 / 人工小时	61 件 / 人工小时	18 件 / 人工小时	+41%
生产线平衡率	68.7%	94.6%	25.9%	—
单件产品工时消耗	83.7s/ 人・件	59s/ 人・件	–24s/ 人・件	–29%

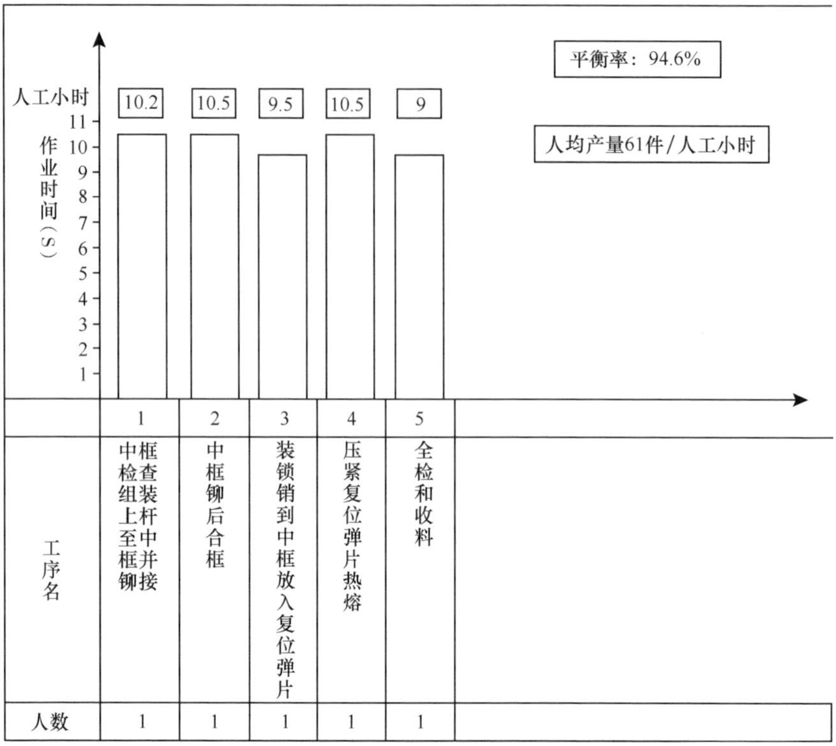

图 4-14　改善后平衡图

第五节　快速换模换线

目前企业面对着多品种、小批量生产，每天就可能会非常频繁更换生产产品，以此带来生产线频繁地换线，以设备为主的流程则需要频繁地换模具，从而带来很多时间上的浪费。如果不加以改进，生产将处于大量毫无价值混乱之中。为了将安装换模所导致的机器停工时间降至最低，大大地缩短各生产前置期，实现以“小批量、多品种”为特征的均衡化生产。因此，缩短换线换模的时间已经成为精益生产必须要进行的一项极其重要的工作。

20 世纪 50 年代初期日本丰田公司提出了 SMED（即 Single Minute Exchange

of Die)，称为快速换模，也称为快速换产，又称单分钟快速换模法，即 10 分钟内换模法。SMED 是一种持续改进生产准备的方法，通过应用工业工程的方法，将模具（现在也包括各种生产线）的产品换型时间、生产启动时间或开机设置时间减少到 10 分钟以内（单数分钟），是一种通过换模过程中简化、协调操作等方式，能够减少更换工装、材料、时间方法，以最终达到一触即可（在 3 秒钟内）或无须生产准备的一种过程改进方法。

一、实施 SMED 的好处

实施 SMED 的直接目的就是降低换模换线时间。它带来了如下好处：

1. 换模过程标准化，使得作业更轻松、简单、安全；
2. 换模换线无效工时减少了，提高设备利用率及设备稼动率；
3. 换模换线非常短，随时安排生产的转换，适应小批量生产；
4. 随时换线，缩短交货期，制造出更多种类的零部件；
5. 随时调整批量大小，以减少在制品的库存量；
6. 减少制造不良品，提高生产效率；
7. 减少前置时间，最小化机器的停工时间，减少了浪费。

1969 年丰田汽车以“1000 吨的压床有 4 小时的换线（模）时间，历经 6 个月的改善降至 1.5 小时换线（模）时间；再经 3 个月的改善，换线（模）时间再降至 3 分钟内完成”。

二、切换分类和内容

1. 切换分类

在同一条线上生产的同一类产品当中，按照切换工作量的大小、功率、结构、尺寸等特点，切换分大切换和小切换；根据切换内容对停线的要求，切换又分内作业和外作业。

（1）大切换。在不同系列的不同产品型号之间的切换称为大切换。它的特点是切换内容多、工艺基准变化大、工艺条件差别大、工时消耗大。

（2）小切换。在同一系列的不同产品型号之间的切换称为小切换。它的特点是切换内容相对少、工艺基准变化不大、工艺条件差别不大、工时消耗也相对少。

（3）内作业。在机器停工时才能完成的切换动作的作业，称为内作业，有时也称为线内作业，如工装夹具的切换等作业。

（4）外作业。在机器正常运转时就可以完成的事前或事后做切换动作的作业，称为外作业，有时也称为线外作业，如准备工具、拆下物的放置、放置台的准备等。

2. 机型切换四大内容

一般来说，机型切换包括四大内容：生产准备、材料切换、工装切换和标准切换。

（1）生产准备。一是新的型号生产前，机型切换准备，如切换用具准备、切换人员安排等；二是前一型号生产结束后的材料撤离、数据统计、现场整理等；三是新型号生产的技术资料、作业文件、工具用具等的准备。

（2）材料切换。不同型号的产品会用到不同型号的原材料、零件、辅助材料等，正确准备新材料、切换时将前一型号产品材料撤离生产线、将新型号材料配送上线，确保材料彻底清线、正确配送，是材料切换的关键点，也是机型切换的重要内容。

（3）工装切换。设备加工常利用工装对工件进行定位、导向、成型等，工装的形式很多，包括模具、刀具、定位夹具、导向夹具等。根据产品的形状、尺寸、结构等特点，不同的型号用到的工装不同，切换工装以适应新型号产品的生产，这是机型切换的第三大内容，通常也称之为“换模”。

（4）标准切换。根据产品技术和生产工艺，不同型号的产品在生产时要达到的技术标准不同，所采用的工艺条件、作业程序也不同。所以必须进行标准切换，以满足新型号产品的技术要求和质量要求。

在四大切换内容中，工装切换和标准切换往往伴随着工装调整、设备调整、工艺条件调整和质量确认等过程，直到稳定而连续地生产出合格的产品。要提高切换效率，直接的方法就是减少切换次数、缩短每次切换时间，从而减少切换造成的停线时间。

三、快速换模换线的实施步骤和方法

产品生产完成之后，到下次产品合格品开始产出之前的时间，被定为更换作业程序时间。在这段时间中，机械设备要么停止运转，要么正在运转并对其进行调整，是不会产生附加价值的生产。为了最大限度地减少停线时间，缩短更换作业程序时间，必须实行快速切换。

实施快速换模换线的步骤如下。

1. 成立快速换模换线作业改善小组。在了解作业现状的基础上成立改善小组，需得到现场管理层的大力支持，并务必合理组织生产和安排生产计划。

2. 把需准备的工作按时间顺序进行排列，并快速换模换线作业分析。观察分析当前的流程，并用摄像机记录下来，计算整个生产准备时间并把需准备的工作按时间顺序进行排列，快速换模换线作业分析，减少切换时所耗用的人工时间。

3. 内外作业分离和消除无用作业。先划分内作业、外作业和无用作业，再做消除和分离工作。方法：（1）检查表；（2）功能检查；（3）改进部件和工具运输。

4. 尽量把内作业转化为外作业。将内部作业细分、拆分，尽可能多地转化为外作业。方法：（1）预先准备、操作条件；（2）功能标准化；（3）部件集成化和工具运输。

5. 使用一切办法缩短内作业时间。对内部作业更小的要素进行改进。方法：（1）并行作业；（2）功能性夹具；（3）消除调整作业；（4）功能标准化；（5）IE 手法。

6. 改善外作业时间。对外部准备作业须加以改善和合理化。方法：（1）彻底实施 3S；（2）改进部件及工具储存和管理。

7. 把生产准备流程制定成标准文件。方法：（1）作业标准书；（2）进行必要的更换作业程序的培训和演练实施。

【实用工具与方法】切换作业记录表和分析表

对“切换作业”要进行分析，使用《切换作业记录表》（表 4–21）、《切换作业分析表》（表 4–22 ）进行切换作业分析。

表 4-21　切换作业记录表

<table>
<tr><td colspan="2">设备号</td><td colspan="2">G102</td><td>工序名</td><td>制盖 2#</td><td>测时人</td><td>组长</td></tr>
<tr><td colspan="2">品名</td><td rowspan="2">月/日</td><td rowspan="2">切换时间</td><td colspan="4">时间（分）</td></tr>
<tr><td>前</td><td>后</td><td colspan="4">10　20　30　40　50</td></tr>
<tr><td>产品 1</td><td>产品 2</td><td>5/19</td><td>28 分 20 秒</td><td colspan="4">→</td></tr>
<tr><td>产品 2</td><td>产品 3</td><td>5/19</td><td>35 分 15 秒</td><td colspan="4">→</td></tr>
<tr><td>产品 3</td><td>产品 4</td><td>5/19</td><td>32 分 35 秒</td><td colspan="4">→</td></tr>
<tr><td></td><td></td><td></td><td></td><td colspan="4"></td></tr>
</table>

表 4-22　切换作业分析表

<table>
<tr><td colspan="2">设备号</td><td>G102</td><td>工序名</td><td colspan="2">制盖 2#</td><td>测时人</td><td>组长</td></tr>
<tr><td colspan="2">品种（前一后）</td><td>产品 1→产品 4</td><td>切换时间</td><td colspan="2">38 分 35 秒</td><td>人数</td><td>3</td></tr>
<tr><td rowspan="2">序号</td><td rowspan="2" colspan="2">切换作业</td><td rowspan="2">时间</td><td colspan="2">切换区分</td><td rowspan="2" colspan="2">改善建议</td></tr>
<tr><td>内部</td><td>外部</td></tr>
<tr><td>1</td><td colspan="2">去取清单</td><td>2 分 30 秒</td><td></td><td>√</td><td colspan="2">专用台车</td></tr>
<tr><td>2</td><td colspan="2">去取工具</td><td>1 分 20 秒</td><td></td><td>√</td><td colspan="2">专用工具车</td></tr>
<tr><td>3</td><td colspan="2">…</td><td>…</td><td></td><td></td><td></td><td></td></tr>
<tr><td>4</td><td colspan="2">合计</td><td>38 分 35 秒</td><td>22 分 20 秒</td><td>16 分 15 秒</td><td colspan="2">作业外部化</td></tr>
</table>

【实例】缩短切换作业时间的改善重点

如表 4-23 列出了缩短切换作业时间的改善重点。

表 4-23　缩短切换作业时间的改善重点

<table>
<tr><th>作业类别</th><th>改善事项和目标</th><th>改善方法</th></tr>
<tr><td>外作业</td><td>彻底进行作业准备事项
・不寻找
・不移动
・不乱用</td><td>・场所的整理、整顿
・决定工具种类、数量
・确定放置方法
・作业顺序标准化</td></tr>
</table>

续表

作业类别	改善事项和目标	改善方法
外作业	附属设备的事前准备 · 不浪费时间 · 保证外作业彻底	· 工装夹具点检 · 计测器具准备 · 模具预热 · 成套安装
内作业	作业面 · 排除重做（返工） · 基本作业彻底	· 统一顺序方法 · 作业分担和有效性 · 并行作业 · 简化作业 · 人员有效合作 · 安装的容易化
	· 模具、工装夹具、计测器	· 紧固方法 · 减少紧固器具 · 研讨模具、工装夹具的形状与机构 · 采用特种工装 · 模具、工装夹具共通化 · 互换性
	· 调整	· 排除调整 · 工装夹具的精度 · 设备的精度 · 基准面 · 计测方法 · 简易化 · 标准化 · 数值化 · 计量具

四、班组长如何做好换线的工作

1. 班组长做好换线的实施步骤及其内容

换线就是前一机种和后一机种的转换。企业每天面对频繁切换产品、设备等，只有通过快速换线，缩短换线时间，提高设备利用率，提升生产效率，以满足客户交期需求。以切换应急灯生产线为例，以下说明班组长做好换线的实施步骤及其内容。

（1）班长在换线前 3 小时 30 分告诉物料员向仓库领取下一任务单物料。

（2）物料员应在换线前 2 小时将下一任务单物料送到现场，由班长确认物料是否正确。

（3）班长换线前 1 小时 30 分，确认上一任务单完成情况并告诉线长。

（4）线长换线前 1 小时清点上一任务单缺料并告诉物料员补料。

（5）物料员填写超领单并换线前 30 分钟告诉仓库管理员补料。

（6）线长换线前 30 分钟到设备管理室将下一任务单工装夹具、SOP 领出，并分配到每个工位。

（7）班长在换线前 40 分钟知会相关部门人员准备换线。

（8）班长指导换线，相隔 1 个工位必须下机。

（9）换线完毕后，班长再次确认上一任务单数量、余料及不良品，如数量不够由组长负责处理补齐。

（10）班长填写上一任务单的入库单办理入库结算手续。

（11）线长负责上一任务单工装夹治具、SOP 退还。

（12）班长安排物料员退上一任务单多余物料与不良品。

2. 实施快速换线的九大技巧

为了实现快速切换，如表 4-24 所示实施快速换线的九大技巧，以不断地进行切换改善。

表 4-24　实施快速换线的九大技巧

九大技巧	内容、特点	应用
并行操作	并行作业就是指两个或两个以上工作人员一起从事切换动作。并行作业可以显著缩短内作业时间	大型冲床、铸造机、射出机等大型机械的作业位置时而在前，时而在后，如果是一人一机作业，势必造成作业员前后来回无效的移动。此时，可以把机器前后作业由二人分担

续 表

九大技巧	内容、特点	应用
避免走动	绝大多数的切换动作都是靠手来完成的，为了减少走动过程中手的动作闲置，必须减少走动的机会、走动距离和个别寻找及搬运的时间。所以切换时必须使用到的所有工具、道具、模具等按规范、顺序整理好	设置换模专用车，将所需模具、道具、换模程序表及相关器材全部放在车上。模具的摆放场所也要明确，用有意义的编号方式来标示存放场所。器具、仪器、道具的储存不要以功能放置，而要以不同的产品或模具制作专用箱子放置、予以组套化较佳
特制工具	特制工具则是为专门用途而设计制作的器具。在进行切换过程时，要尽量使用特制工具，这样可提高切换的效率，而缩短切换的时间。设法减少特制工具的种类，以减少寻找、取放的时间	如锁螺丝可以用活动扳手，但在特定情况下使用套筒扳手就要快得多，即可大幅缩短换模时间；测定的器具也要特制工具，用块规、通止规的直观检测替代量尺或仪表的读数检测
剔除螺丝	装卸螺栓费时费力，且螺栓使用久后容易滑丝。所以设备的切换部分尽量不要使用螺栓，采用一次锁紧的方式进行联结固定装，这样切换更快捷方便	如使用插销、压杆、中介夹具、旋转压块、轴式凸轮锁定、卡夹式插座、定位拉钉、燕尾槽、自动夹位式、轴式凸轮锁定等方式，来取代使用螺丝，固定省却锁紧或放松螺栓的麻烦
一转即定	限于某些状况，必须使用螺栓、螺钉时，也要设法努力减少松紧螺纹的时间，以做到不取下螺栓、螺钉而又能达到锁定的功能为改善的目标，这时可用只旋转一次即可拧紧或放松的方式。如果每个模具锁紧部位的高度都标准化，那么螺帽的上紧部位也不会改变	通常有采用快速螺母、螺纹开槽、电动工具拧紧等改善措施，或加 U 形垫的方法，使螺栓的紧固或放松功能，在瞬间实现。使用特殊的夹具或卡具代替螺栓，也常使用气压或液压装置，一次同时锁紧几个点，这样就可以快速紧固模具、刀具或工件。此外，使锁紧的部位高度固定化，过高的锁紧部位要削低至标准高度；过低的锁紧部位可加上垫块以达到标准的高度

续 表

九大技巧	内容、特点	应用
标准化	作业的标准化可以避免操作员工过长时间的思考以及作业顺序的混乱；操作工具的标准化可以减少定位时间；模具基座的标准化可以减少调整时间、须作调整的动作，将标准作业表贴在车间或工序的墙壁上，用来指导作业人员的准备作业。此外，对切换人员进行标准化切换培训	制定换线模具、刀具、工具及材料准备工作的固定程序和摆放方法，加以标准化，所有模具的外形或尺寸都能标准化。部位标准化的方法是决定尺寸位置、定心、锁紧、抓取。如冲床的换模需调整定位高度
事前准备	事前准备作业是属于外作业的工作。如对于简单的、技术要求低的切换内容，可以由作业者进行。对于关键的、复杂的、技术要求高的切换内容，可以由专业人员或班组长进行。将需要的图面类、治具、工具、测量器、限度样本等，提前准备放在机器旁边	设立查核表，协助检点所需器材是否齐全、编定标准切换程序表，并且区分作业，实施编组。如能对塑胶射出成型模具在外换模就预热，作为内换模的喷漆次数可从十次减少到一、二次即可得出良品
不要变动标准	如果模具或治具的一个地方基准变动时，其他的基准也就跟着变，增加调整的浪费。所以，通过不要变动标准，使切换时设备条件、基准、标准无须调整，这是切换改善的一大原则	尽量减少内部作业时间，如采用特制的导轨、导销，以免除对中找正；采用特殊螺栓，快速固定模具或刀具；利用定位停止器或导件，废止调整此等无效作业。变整体切换为局部切换，如不拆卸整个模具、保留模座。切换作业标准化，如锁紧高度、模高、模盘的大小等
排除调整作业	设备的装换调整是由于用同一台设备加工不同零件所致。因此，要免除装换调整作业，可以采用产品设计标准化，使不同的产品均使用相同的零部件；使用同一台设备同时生产不同的零件的“组合加工”方式	如将若干种形状各异的零件编为一组，使用冲床的同一套模具同时冲压。不要用油标尺、微量尺等刻度来测量，以避免误差，可采用制作规矩块（Bock gage），设定碰撞基准，进行微调整

【实例】“一按键（1 分钟内）换模换线”

为了适应小批量、多品种的生产要求，频繁进行换模，以达到降低生产成本的目的。这时管理者必须激发现场人员的改革意识和改善活动推进，向缩短换模时间在一按键（1 分钟内）换模换线的目标进军。

“一按键（1 分钟内）换模换线”，就是作业时只按一次键就能连续作业的换模换线，或者是在一个节拍时间内换模换线。一按键换模换线“五个零”的实施步骤如下：

1. 设定换线换模的目标（最低是在一个节拍内完成）；
2. 进行 VTR 拍摄（在换模的中心位置进行定点摄影）；
3. 集合改革小组成员（小组成员及作业员必须参加）；
4. 零步行（必须至少观看录像带 5 次关注零步行）；
5. 零换模换线作业（把问题变成准备和后整理作业）；
6. 零螺栓（关注零螺丝钉和螺栓）；
7. 零直列排列作业（做到一个人并列作业）；
8. 零调整（将一切调整作业识别出来）；
9. 制订换模换线的改革计划；
10. 换模换线的改革实践、结果评价和推广。

第六节　自働化

一、自働化概述

“自働化”一词起源于丰田公司，表示从手工作业加工转向机器自动加工，而丰田公司所说的“自働化”（Jidoka）则是在“动”字左边加上人字旁的“自働化”，是那些保障不做不良品或不让不良品流出的机制或方法的总称，是普通的“自动化”所不具备的自动化缺陷控制的能力，即每个人员需要带着智能进行工作，能够及时发现异常，能够将智能注入机器，开发出能够自动判断异常的装置，一旦出现加工异常时停止工作，不让不良品产生，不让不良作业产生。这种自动化还会在机器出现错误时，自动生产出大量的合格制品，通过实现人机互动和“多任务操作”，达到既保证质量又能省人的目的，大大地提高了生产率。

丰田公司的“自働化”发展过程，是从丰田公司创始人——丰田佐吉在发明自动织布机的过程中逐渐形成的。在改进织布机的过程中，丰田佐吉萌发了“一有异常马上停机，绝对不生产次品”“人不做机器的看守奴”的思想，经过多年的发展和不断完善，自働化不仅是一种发现异常和发现质量缺陷的技术手段，而且已成为保证质量、降低成本的一个重要手段。

自働化拥有发现异常或缺陷并且能够使生产线或者设备停下来的装置，一旦生产线出现异常状况时，人员、机器或生产线就马上停止操作，这时工作人员必须查明原因并采取措施防止异常再次发生，因此，自働化具有自动的监视和管理质量异常的手段。它可以防止不合格品从前工序流向后工序，不使后工序造成混乱，并以此保证准时生产。除此之外，它还具有削减人员、适应需求生产和尊重人性等作用。

【实用工具与方法】自働化与自动化的对比表

如表 4–25 清楚阐述了自働化与自动化的区别。

表 4–25　自働化与自动化的对比表

项目	自働化	自动化
机械停止	机器自己感知到异常，根据自身的判断机器自身异常并及时自动停止	出现异常需有人停机，否则将连续运行
生产情况	不把不合格产品送往下一道工序，不产生不良品，可以防止设备、模具、夹具等出现故障	继续生产不合格产品，不能及时发现不良品产生，易造成设备、模具、夹具出现故障损坏
解决问题	用光和声音通知异常，并迅速赶到发生问题的现场解决问题，所以很容易把握真正的异常原因，可防止问题再次发生	查找原因的时间滞后，很难把握真正的异常原因，不能防止问题再次发生

续 表

项目	自働化	自动化
排除浪费	自动进行产品制造、检测异常和停机，可以实现省人化	包含对后道工序的检查在内，产生很多浪费。大多数场合人不会减少。把人应该做的工作的一部分转换成机器操作的省力化

【实例】实施自働化前后的比较

在钻床加工产品时实施自働化前后的比较如表 4–26 所示。

表 4–26　实施自働化前后的比较

实施自働化前	实施自働化后
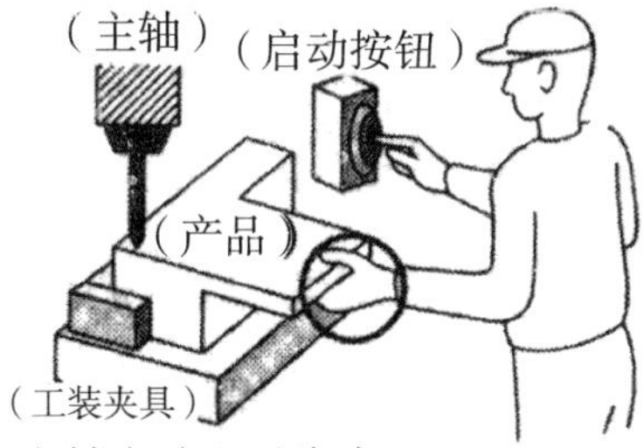 主轴自动上下移动	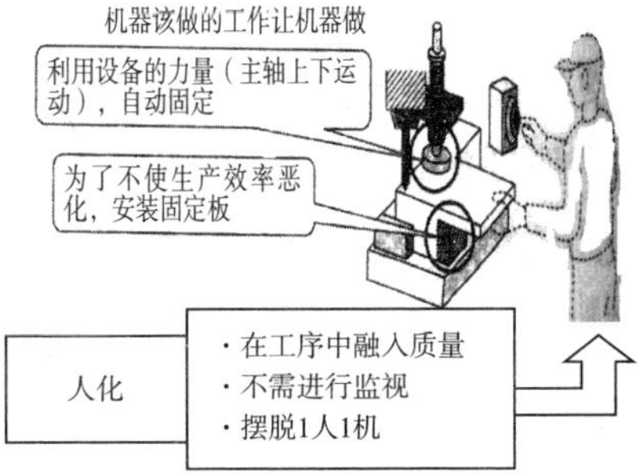

二、自働化的推进步骤和方法

以生产 100%合格品为前提，在机械设备、品质、作业等发生异常时，机械设备本身可检测出异常并自动停止，或作业者按动停止开关，通报异常的发生以防止再次发生这一连串的措施和思想。其意义是自律地控制不正常情况，具有类似于人的判断力。实现自働化可以降低作业周期时间并防止等待、搬运、检查和不良品等浪费的产生。按人与机器的关系，实现自働化可以粗略地分为四个步骤：

1. 工序分析

研究生产过程和流程，分析工序中有多少工作是由人完成，有多少是由机器做的，计算出百分比，绘制出产品程序流程图。

2. 机械化

将一部分作业人员的手工作业转化为机器可以完成的工作，实现人和机器共同的作业，以提高机械化程度。

如在 Q236 铁板底部上钻 4 个孔，然后顶部拧上螺丝。节拍时间总计为 195 秒：

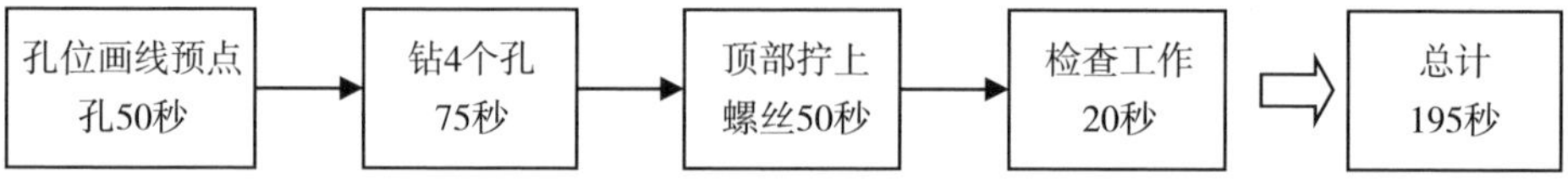

经过机械化环节，可实现以下改善：

（1）设计制造专用钻模，只需要 5 秒把铁板放入钻模内预定的位置，这样不需要 50 秒画线预点孔时间；

（2）自制 4 孔电钻，工人只需花 15 秒时间由电钻同时钻好；

（3）电钻上有 4 个容易操作的把手，拧螺丝位置在电钻上部，因此只需要花 15 秒换螺丝扣；

（4）4 个螺丝在 5 秒内同时被拧上。

现在整个生产周期为 40 秒，同时减少工作，也减轻了工人的身体劳动强度，更减少了损伤。

3. 自动化

将作业人员的手工作业全部交由机器完成。作业人员准备好之后，按“启动”开关就开始工作，作业人员就可以离开作业中的机器，但是有一个问题，即无法知道是否有不良品发生。

例如：

（1）铁板被切割好以后，被上道工序放在传送带上，传送到钻孔机器旁；

（2）由机器自动将铁板放入钻孔处；

（3）机器将自动钻 4 个孔；

（4）机器应该更换螺丝扣，并自动将螺丝拧紧；

（5）机器将自动输送已经完成的零件进入下一个工序。

此阶段的好处是工人可以走开，但是比半手工工作成本高，而且无人检测质量。

4. 自働化

作业人员准备好之后，其加工全部由机器来完成，加工完成之后机器自动停止，作业人员完全可以离开机器设备从事其他作业，机器可自动监测是否有差错发生，自动更正问题还是自动停机。同时机器还会以标示问题的铃声、信号灯配合检测系统通知作业人员。

例如：如前所述，在操作工不在的情况下，如果机器生产次品则没有意义，解决方案就是防错装置，在此钻孔案例当中，一个微电容器只读存存储器，开关安装在每个钻孔下面，4 个孔当中的任何一个没有正确加工，机器会自动停止，并显示警示性的红线，警示灯启动，操作工过来解决问题。

【实例】某工厂的自働化实施步骤和要点

国内某工厂在生产过程中，以安全自働化为基础，以装配作业为对象，实现工具自働化，并且以机械加工工程为对象，实现工程自働化、生产线的自働化，进而全面实现工厂的自働化。主要实施步骤及要点如图 4–15 所示。

三、异常情况的自働化

在实际应用中，为了提高生产效率，通过异常管理实现人机分离，以保证产品质量。丰田公司的自働化，即“自働化缺陷控制”，是通过三个主要的技术来实现的，这就是异常情况的自働化检测、异常情况下的自働化停机、异常情况下的自働化报警。

1. 异常情况的自働化检测

异常情况的自働化检测技术和手段是丰田公司自働化的首要环节。通过检测装置（或仪器）就能感知和发现被加工的零部件制品本身或制造过程是否有异常情况发生，并把发现的异常情况的信息传递给自动装置，由后者发出各种动作指令。

丰田公司生产现场使用的异常情况的自働化检测装置如表 4–27 所示。

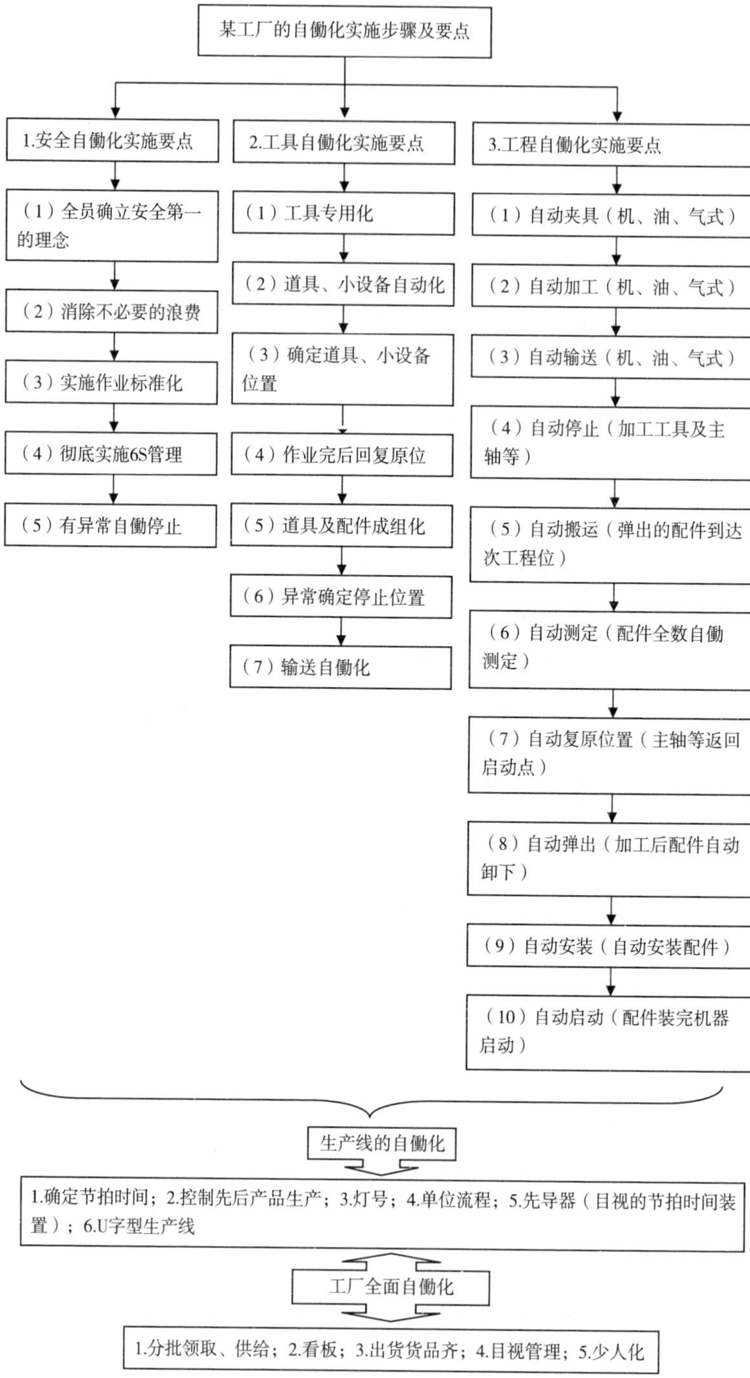

图 4–15　实施步骤及要点

表 4-27　异常情况的自働化检测装置

异常情况的自働化检测装置	特点	举例
接触式自动停机装置	丰田公司主要使用的是限位开关和电眼，通过其检查产品的形状、尺寸与正常情况的差异并自动检查是否存在某种质量缺陷，有时会特意将基本相同的零部件设计成不同尺寸和形状，以便检测装置自动识别和区分	定数式检测：若在汽车零部件上，少拧一个的话，这时去检测一下控制盘，压板就不能移动 提醒式检测：如在切割机上切割厚纸，操作 15000 次，刀片就用完了。当操作到 13000 次时，蜂鸣器就会响，这时可以切几张后更换刀具 标准动作异常检测：在规定的作业和动作上发生错误时，检测其异常状况 颜色的反射光线检测：通过各种颜色的反射光线，即识别颜色的检测装置检测异常状况
记录式检测装置	丰田公司在生产现场把作业人员的每一个操作都自动记录下来，如果发生漏操作，则记录式检测装置就会自动发出信号，提醒作业人员补上被漏掉的部分	丰田公司的车体焊接工序就使用了这种记录式检测装置，会自动记录每一台车体的焊点数目。如果所记录的焊点数目与规定的数目相同，则检测装置就会自动接通蜂鸣器报警

2. 异常情况下的自働化停机

除了检测装置发现异常时，立刻自动地发出指令并停线或停机之外，丰田公司还设计采用了另外两种异常情况下停线或停机的方法，如表 4-28 所示接触式自动停机装置和人为停止生产线。当生产线停止运行后，现场的管理人员和技术人员必须马上查清产生质量缺陷和异常情况的原因，采取改善措施，并彻底纠正，使之不再发生。

表 4-28　异常情况下的自働化停机的方法

异常情况下的自働化停机的方法	特点	举例
接触式自动停机装置	当出现异常情况时，或当作业人员出现操作失误时，自働装置就会自动强行停机，也可以弥补人在判断上的缺陷	丰田公司在装配线上的每两个相邻工位的交界处都设置了停机踏板，当作业人员超出作业区域时，他就会在工位交界处接触到停机踏板。这就会使生产线停止运行
人为停止生产线	在生产现场的每个作业工位都设置了生产线停止开关	前道工序生产出了不合格制品，或者全部作业不能按标准作业顺序执行时，作业人员都有权也有责任发出相关信息，并按动生产线停止开关使生产线停止运行

3. 异常情况下的自働化报警

为了便于现场管理人员用眼睛直观地了解和掌握现场的生产状况，不仅要求自动发现异常和自动停止生产，而且还要求把异常的发生以“报警”的方式显示出来，采用以电子信号板显示现场状况的一种视觉信号系统（ANDON），信号板上有多行对应工位或机器的灯。

（1）ANDON 的系统及其形式

安灯系统（ANDON）是一种现代企业的信息管理工具，“ANDON”，中文发音是安藤，日语直译为“安灯”。呼叫灯是在异常情况发生时，作业员呼叫现场管理人员和维修技术人员而使用的，在生产过程中出现异常时，ANDON 是授权作业员迅速告知大家的指示灯。ANDON 对于企业快速实现精益很有帮助，可以使得企业能够迅速发现问题，从而建立健康的生产流程。

（2）ANDON 系统的作用和功能

ANDON 系统可以用来服务呼叫、生产现场数据采集、需要采取的措施、支持看板展示现场状态和生产任务执行情况信息、生产报告；也可以通过计划与实际产勤比值来反映生产状态；在异常发生时，能代替人发出指示；使得现场管理者只需花少量的时间用于监督异常的发生，把更多的时间用于解决异常情况，从而更好地提高工作效率。

如表 4–29 所示，ANDON 系统主要功能。

表 4–29　ANDON 系统主要功能

类别	项目	主要功能
设备管理方面	设备运行管理	显示设备故障、运行状态及维护信息
	设备呼叫	当设备故障时，通过广播进行呼叫
	维修呼叫管理	通过维修 ANDON 看板，显示维修信息
生产和统计方面	生产运行信息和报表系统	自动记录并分析生产线开线、停线、休息和产量信息等各种生产运行信息并处理
	ANDON 上位管理	对 ANDON 系统的各种事件进行统计分析处理
	工位作业管理	工位呼叫，集中事件呼叫
质量管理方面	质量呼叫	通过广播，呼叫质量信息
	质量异常管理	当质量出现异常时，通过广播进行呼叫
物料管理方面	物料呼叫	通过物料显示屏，显示物料呼叫信息
现场信息管理方面	公共信息管理	通过信息显示屏，显示各种公共信息
	广播系统	可通过无线话筒进行人工呼叫和音乐播放
	语音呼叫	通过广播系统，进行 ANDON 信息呼叫
	信息可视管理	通过 ANDON 看板，显示呼叫信息、故障信息、停线信息

（3）ANDON 系统的构成

ANDON 系统由触发器和信号灯构成。如图 4–16 所示，触发器分为两种，一种是按钮，另一种是绳子。异常发生时，按下按钮或者拉下绳子（如图 4–16 所示）。

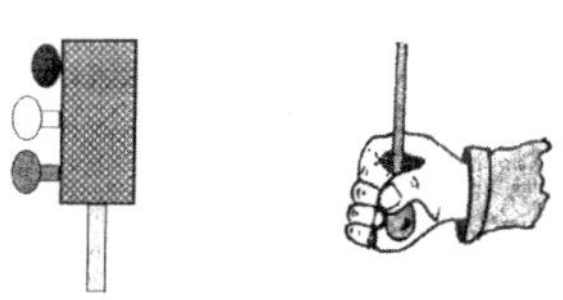

图 4–16　两种触发器

在丰田公司，规定每位作业员在发现异常时都可以触发 ANDON，触发 ANDON 可以分为传呼 ANDON 和异常 ANDON，触发 ANDON 后不仅是寻求援助，实际上整条生产线都会因此而停下，直到问题解决。

传呼 ANDON：作业人员常常在零组件快用完之前按开关点亮传呼 ANDON 通知豉豆虫，豉豆虫前往该工序补充所请求的零组件，然后豉豆虫熄灭该 ANDON。

异常 ANDON：主要用在组装生产线，依据生产线的长短制作不同的 ANDON。短的生产线与飞机上传呼空姐的方式是相同的。

从简单的信号指示灯，到复杂的控制板，ANDON 有多种不同的形式。这些形式有个共同点，就是都能够及时地、真实地反映情况，ANDON 分为三种状态：绿色、黄灯、红灯。黄灯、红灯为异常指示灯，分别表示不同性质的问题。操作人员受过培训，知道如何区分它们。

黄灯：表示有问题，需要管理者在方便的时候尽快处理；如黄灯闪烁，表示有紧急问题，需要管理者立即处理，并在规定的时间内处理完毕，否则，红灯会亮。

红灯：表示有严重问题，操作人员为防止后果产生，把整个生产线上自己所在的这个区段停止了。

灯灭：平时运作正常的时候，人员不按开关，则灯处于熄灭状态。

信号灯除了有简单的一个信号灯，还有众多信号灯组成的信号灯看板。信号灯看板上，注明了每个 ANDON 对应的生产线编号、人员姓名以及电话号码（如果有电话的话），以便立即知道支援团队所在地，也可以让支援人员立刻判断出是哪里发生了异常。

（4）ANDON 工作流程和运作方法

① ANDON 系统的工作流程

当传感器探测到机器出现故障，就会自动启动相应的灯。或是当操作者发现机器故障或与生产、质量有关的问题时，需要帮助就可以拉下吊绳或用遥控器，激活 ANDON 系统，该信息通过操作工位信号灯、ANDON 看板、广播将信息发布出去，提醒所有人注意。

班组长立即与操作者一同确定问题。如果班组长可以解决问题，重新拉下吊绳，系统便会恢复正常。如果不能确定的问题必须向其他部门求助解决，则班组长可以通过设置在区域集中呼叫台进行呼叫，也可再通过 ANDON 看板、广播将信息发布出去，呼叫现场负责人迅速前去处理问题，借此协调联系各工作中心的工作。

② ANDON 系统运作方法

ANDON 系统能够收集生产线上有关设备、生产以及管理的多方面信息，并以此来控制分布在整个车间的指示灯和声音报警系统。一旦出现问题，可通过每个工位的控制开关及时反映到主机，通知其他部门解决，并可由计算机记录、分析问题频率。

较长生产线的 ANDON 系统，如果生产线情况不正常时写着该条生产线线名的灯亮着绿色。如果有某种异常产生，作业人员就按下开关，工位号就亮黄色。如果是能够定位停止的自动生产线，异常还没有解决时就移动到了固定停止位置，这时就是红色，如图 4–17 所示。

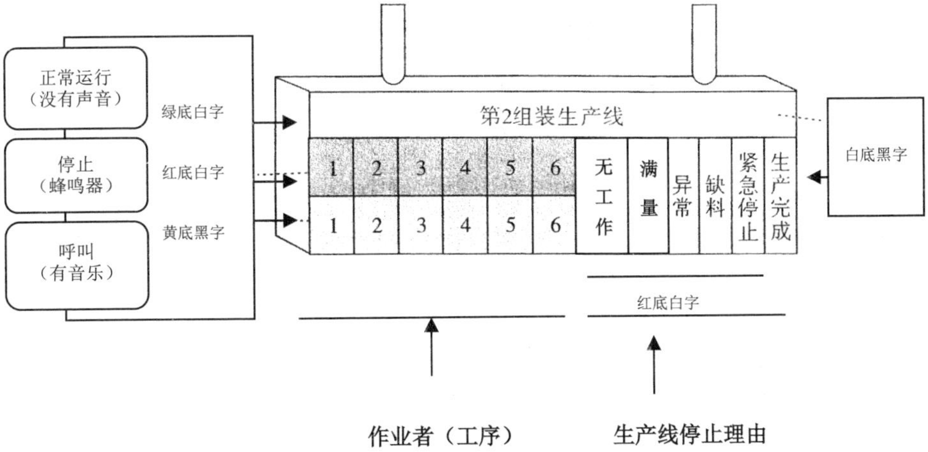

图 4–17 长生产线的异常 ANDON

运转 ANDON：如图 4–18 所示，运转 ANDON 显示的是机器设备运转的状况。一旦停止，表明原因的那个 ANDON 就会点亮，正常情况下 ANDON 是绿色的，黄色 ANDON 点亮时是呼叫，其他情况下红色 ANDON 点亮。

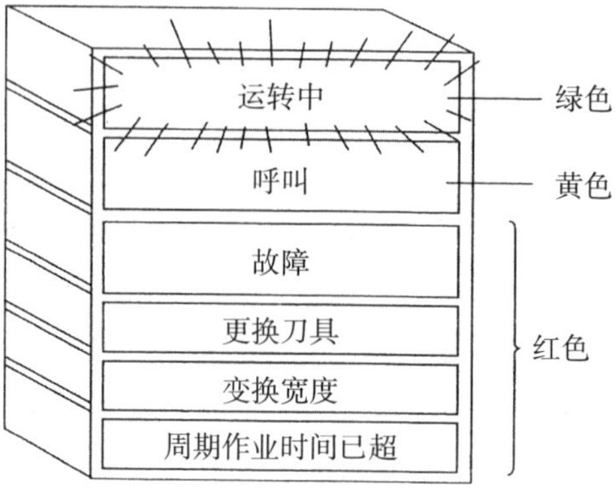

图 4-18　运转 ANDON

进度 ANDON：主要用于生产节拍较长的装配生产线，作业人员想知道进度如何，作业有没有迟缓等，按 ANDON。该 ANDON 通常被均匀地分为十等分。作业区间和 ANDON 的等分相对应。使用传送带的装配生产线使用限位开关，如果是手工传递的生产线则使用计时器。

【实例】丰田 ANDON 系统的应用

在丰田汽车公司的各制造工厂里生产现场每条装配线上和每条机加工生产线上都安装了包括呼叫灯和指示灯在内的“灯光显示牌”。现已经成为汽车完整装配线和生产线中不可缺少的一部分。例如，汽车总装厂的冲压、焊接、总装车间的各条生产线；发动机厂机加工车间气缸体、气缸盖、曲轴、连杆、凸轮轴生产线；装配车间的分装线、总装线及试验生产线等。

图 4-19　26 号位设备出现异常，黄灯亮起

丰田现场与作业工具相连的不同颜色的指示灯（自上至下依次为蓝色、绿

色和红色），这样的灯光显示牌会使生产现场的情况一目了然，使现场的每个人能够对生产现场的整体情况心中有数。如图 4–19 所示 26 号位设备出现异常，黄灯亮起，同时车间喇叭通知组长到该工位处理问题，恢复正常后 26 号灯熄灭。

丰田公司使用信号灯控制生产节拍。例如，生产节拍为 3 分钟，在信号灯看板，绿灯处于常亮状态。每隔 3 分钟，工作单元就应该生产出 1 个产品，这时，单元的负责人就可以按一下 ANDON 按钮，如果 3 分钟内没有生产出产品的话，单元的负责人不可以按 ANDON 按钮，在“信号灯看板”上，红色信号灯就会亮起，并且发出声音。

在考虑报警装置时，要设计生产线异常情况处理流程。丰田在每条生产线都装有包括呼叫灯和指示灯在内的电子显示板，如汽车总装的 ANDON 系统（见图 4–20）呼叫灯是在异常情况发生时，作业人员呼叫现场管理人员和维修人员而使用的，就会在信号的引导下，到达异常（或呼叫）工位。

丰田公司使用音乐控制混流生产，即一条生产线能够同时生产不同的产品。这样作业员就可以通过听音乐了解什么时间生产什么品种、用多快的速度进行生产。如同时生产 4 款产品可变换播放曲调，即在最初的四分之一节拍

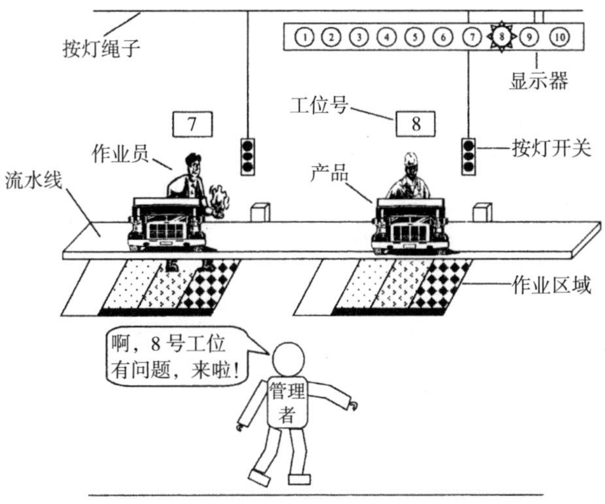

图 4–20　汽车总装的 ANDON 系统

播放《致爱丽丝》，第二段播放《樱花啊樱花》，第三段播放《村里的铁匠铺》。如果开始听到《天空之城》的旋律，那就意味着应该生产最后一款产品。

【实用工具与方法】各种检测异常的方式及其报警装置类型

检测异常包括三部分内容：能够检测异常、异常自停与人工停止、及时通知异常。

如表 4–30 所示为各种检测异常的方式及其报警装置类型。

表 4–30 各种检测异常方式及其报警装置类型

异常检测方式	报警装置类型
1. 人员检测：在生产现场，操作人员一般可以依靠标准作业票、品质检查标准、生产管理看板来判别各项操作和指标异常，也可以通过对剩余工件的揭示牌、刀具交换实绩表等来检测异常状况。此外，还可以通过自働化装置（纠错装置、监视传感器）防止操作人员未按标准操作的异常	1. 表示方式： · 作业指示表示 · 其他信息表示 · 产线状态表示
2. 设备检测：针对设备，除了依靠对比、记录、分析生产管理看板的各项检测指标来检测异常外，也可采用监视传感器检测异常的发生	2. 报告：管理者、监督者、组班长、技能员、异常处置者
3. 物料检测： （1）对物品品种异常、物品位置异常、物品质量异常等，可以通过定置图、位置指示牌、仓储看板等检测异常。（2）检测质量异常，进行首件、尾件检查以及定时抽检；为了防止物品积压过久，采用先入先出货架；通过整流化和为一个流来减少在制品积压而产生质量问题	3. 内容 （1）作业指示：①刀具更换；②品质检查；③搬运；④材料投入完成取出；⑤作业援助 （2）产线状态：①负荷状态；②准备状态；③运转状况等 （3）其他信息：①生产指示信息；②记数表；③加班时间；④生产线结束等

【实例】自动化 ANDON 系统应用

如图 4–21 所示，通常加工完了机器安全地停止，万一品质或设备出现异常时机器能够自动感知，随即能够自动停止，使用 ANDON 系统通知，作业人员可以安心地监管其他机器的工作，作业人员只有在 ANDON 传呼的时候同到机器旁边进行处理，才能够预防不良品的发生，即使产生了不良品也能将产生的不良品控制在最少限度，不让不良品流到下一道工序，这样流动到后工序的就全都是良品。

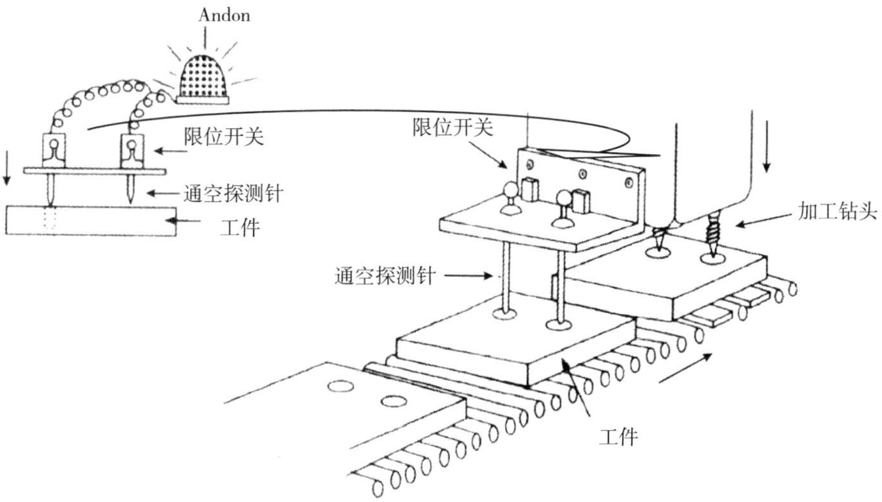

图 4-21　自动化 ANDON 系统应用

第五章

班组质量精益管理

第一节　班组质量保证 QC 活动五大工具

常用于班组现场改进的质量控制 QC（Quality Control）五大基本方法是 1962 年由日本科学技术联盟最先提出的，20 世纪 70 年代备受日本工业界推崇，并在日本的现场质量改进方面立下了汗马功劳。

一、班组常用 QC 五大工具之一：检表法

检表法就是方便进行数据统计和整理，将想要调查的项目按周期检查的结果或记录发生频率调查结果的用表，以便工作者记录结果及得出目前的状况。

1. 查检表的制作顺序

查检表的制作顺序：一是明确点检的目的；二是确定点检项目、点检方法、点检基准、点检周期；三是设计表格，使用“√”或“×”符号；四是把观察到的数据记录在表格内。

2. 查检表的应用

（1）可用于自主检查，以期收到时效。

（2）可用于建立工作标准的表格文件。

（3）可借用查检表做在职教育训练，培养自主检查的习惯。

3. 查检表的实例

如表 5-1 所示的 A12 发动机查检表。

表 5-1　A12 发动机查检表

班别： 发动机试车班	项目：A12 发动机		起讫时间：3/2—3/12
查检人：老李	查检方式：全检	查检时间：全天	查检符号：V （表示查出了问题）

续 表

不良项	日期											
	3/2	3/3	3/4	3/5	3/6	3/7	3/8	3/9	3/10	3/11	3/12	总计
汽门异音	V V	V	V	V	V	V V	V	V	V V	V V V	V	16
漏油	V		V	V	V			V	V V	V		8
漏水	V V	V			V	V	V	V	V V	V	V	11
时规盖漏油	V V		V	V	V			V	V	V	V	9
点火角度不良	V V	V	V		V	V V	V V	V		V V	V	13
起动不良	V V	V	V		V	V	V	V	V	V V		11
合计	11	4	5	3	6	6	5	6	8	10	4	68
查检数	80	20	28	20	18	20	15	28	29	46	15	319

二、班组常用 QC 五大工具之二：排列图

在一定期间内根据所收集之数据，按不良数、缺点数、不合格、缺陷、事故、索赔等项目、原因、位置加以分类，并按其出现数据的大小顺序列出，寻求占最大比率之项目、原因或位置的一种图形，同时表示累积和的图形，称为排列图，又称柏拉图、重点分析图或 ABC 图，由意大利经济学家巴雷特提出。排列图由一个横坐标、两个纵坐标、几个按高低顺序排列的矩形和一条累计百分比折线组成。排列图法是依据分析结果的权重、等级等标准，对数据的结果进行进一步判断，从而对存在于数据中的问题更加清楚明了。

1. 排列图的应用

（1）可以决定改进目标，找出问题点，任何问题均可用排列图分析。

（2）可作为清除不良、改正缺点、降低费用等的依据。

（3）按照 80：20 原则，针对重点项目采取对策。

（4）在确认效果时，可采用排列图作改进前后比较，评估改进效果。

（5）用于整理书面报告或记录，使报告、记录一目了然。

（6）可与因果图配合使用，使因果关系更明确化。

2. 排列图的绘制方法

（1）选择要进行质量分析的项目；

（2）选择用来进行质量分析的度量单位，如频数、件数等；

（3）选择进行质量分析数据的时间间隔；

（4）画横坐标，将频数从大到小依次列出各项；

（5）左边纵轴标上件数频次的刻度，右边纵轴标上比率频率的刻度；

（6）在每个项目上画长方形，并显示出每个项目的影响大小；

（7）由左到右累加每个项目的量值（以%表示）；

（8）画出累计频率曲线，用来表示各个项目的累计影响。

3. 排列图实例

排列图的实际应用如图 5-1 所示。在这里，用排列图查找问题，以便解决。

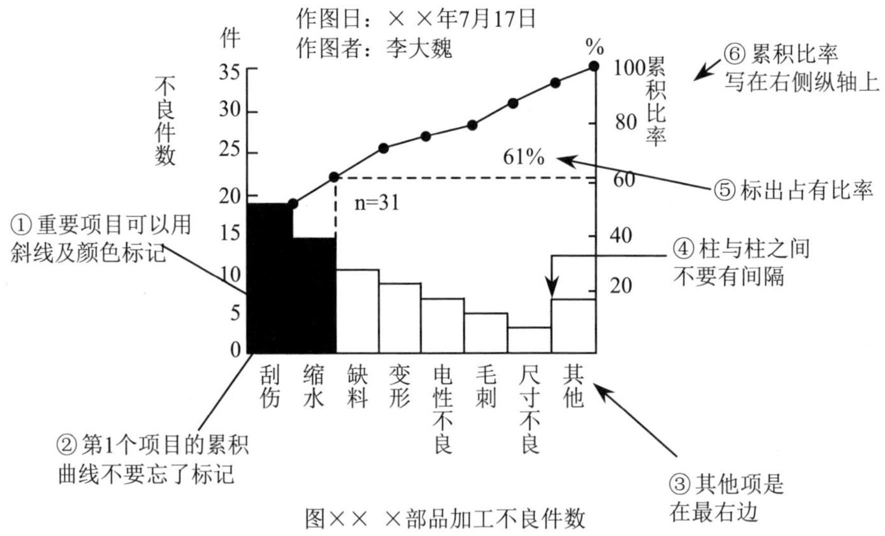

图 5-1　排列图的绘制方法

三、班组常用 QC 五大工具之三：因果图

因果图即因果分析图，又叫特性要因图、石川图或鱼翅图，它是表达和分析因果关系的一种图表。因果图由日本东京大学石川馨教授提出，许多人共同

讨论，采用脑力激荡的方法，考虑并展示事物已知结果与其潜在原因之间的一种工具。先设定待分析的主题，找出造成此主题结果的主要影响要因，并对影响的主要要因进行深层次分析。找出原因，采取措施，从而促进问题解决。在分析过程中，因果关系通过带箭头的线表示，最后绘出的图形。因果图法更加侧重于因素之间的相关性。

1. 因果图的应用

（1）与其他方法，如查检表、排列图等配合使用，能得到更好的效果。

（2）可用于 5W（即连问 5 次为什么）的源流管理训练与脑力激荡训练。

2. 因果图的制作步骤与方法

（1）确定质量特性（结果）；

（2）从左至右画一箭头（主骨），将结果用方框框上频数、件数等；

（3）列出影响结果的主要原因作为大骨，也用方框框上；

（4）列出影响大骨为第二层次的主要原因，作为中骨；

（5）用小骨列出影响中骨的第三层次的原因，如此类推；

（6）将认为对质量特性有显著影响的重要因素标出来；

（7）画出累计频率曲线，用来表示各个项目的累计影响。

3. 因果图实例

因果图实际应用如图 5-2 所示。

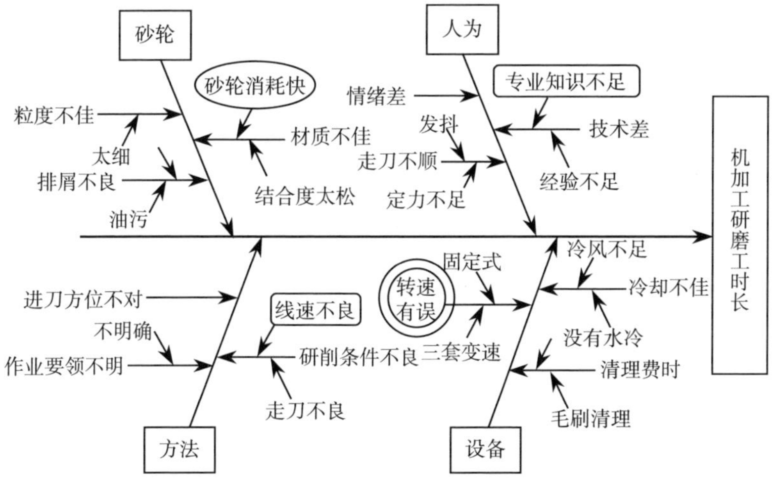

图 5-2　因果图实际应用

四、班组常用 QC 五大工具之四：散布图

散布图就是用来表示两个对应变量之间的关系。用来表示一组成对的数据之间是否有相关性的一种图表，又称相关图。散布图法又称简易相关分析法，这种成对的数据或许是“特性 — 要因”“特性 — 特性”“要因 — 要因”的关系。此种散布图法可使我们易于了解及掌握成对的两组数据间的关系。

1. 散布图的应用

（1）散布图可以用来发现两组相关数据之间的关系，并确认两组相关数据之间的预期关系。

（2）分析两组相关数据之间的关系主要是确认其相关性质，即正相关或负相关；相关程度，即强相关或弱相关。如图 5–3 所示六种常见的散布图。其中图 5–3（a）强正相关即 x 增加 y 随之直线性增加，如容量和附料重量；图 5–3（b）强负相关即 x 增加 y 随之减少，如油的黏度与温度；图 5–3（c）弱正相关即 x 增加 y 随之大体上增加，如身高和体重；图 5–3（d）弱负相关即 x 增加 y 随之大体上减少，如温度与步伐；图 5–3（e）不相关即 x 与 y 没有相关时，点的分布呈现圆团状，如气压与气温；图 5–3（f）非直线性关系即 x 与 y 呈现次曲线或次曲线关系的场合。

（3）对散布图可以进行定性分析，也可以进行定量分析。如散布图上，远

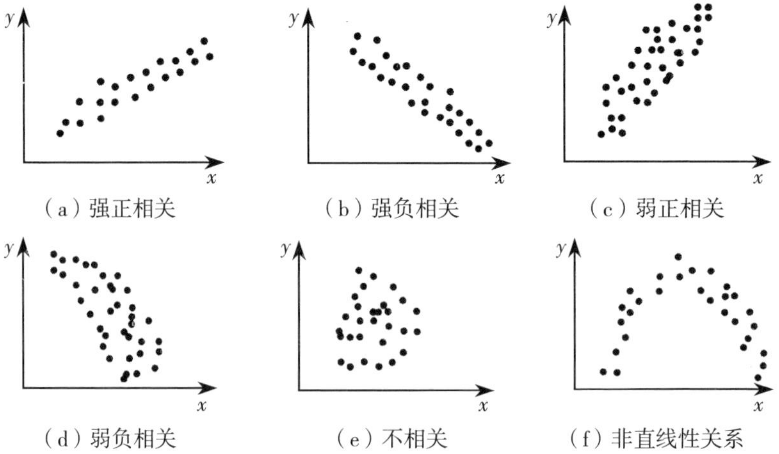

图 5–3　常见散布图代表图形

离主体大集团的点称作异常点。出现异常点，多数场合是作业者、材料等作业条件发生变化或测定错误之类特殊原因造成的。因此，如遇有“异常点”一定要彻底追究其原因，并采取措施消除该异常点。

（4）散布图应用于处理要因与特性之间的关系问题，某特性与其他特性的关系问题等，以寻找造成结果波动的要因，确定管理项目的目标值及其要因的控制幅度。

2. 散布图的绘制步骤

（1）收集两种特性值相对应的数据（至少三十组以上）；（2）找出数据中各自的最大值与最小值；（3）画出纵轴、横轴的刻度，计算组距；（4）将各组对应数据打点标示在坐标上；（5）填上资料的收集地点、时间、测定方法、制作者等项目。

3. 散布图的实例

如图 5-4 所示，电视机的使用年限越长，其画面清晰度也就越低，也就是说，电视机的清晰度与使用年限是有关系的。这种关系称为相关，而要检定此种相互关系，散布图是很有效的工具。

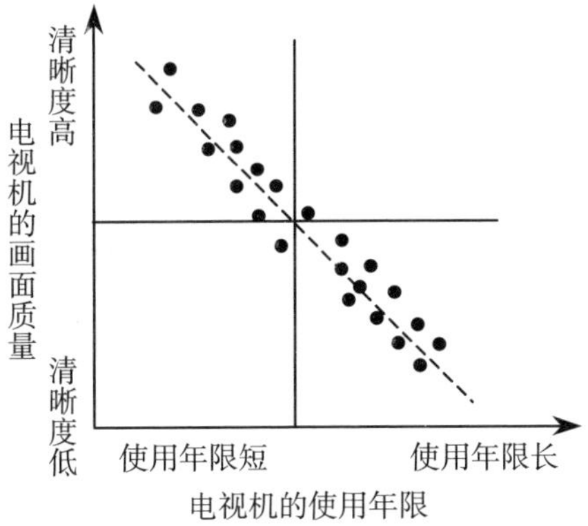

图 5-4　电视机的画面质量与使用年限的散布图

五、班组常用 QC 五大工具之五：分层法

1. 分层法的定义

依原料、机器、人员、工作方法、时间等分别收集数据，并进一步加以整

理，以找出其中差异的方法，称为分层法。分层法具有较好的直观性，可以通过图表等形式，将调查的数据进行分块及分类，以便决策者快速作出判断。

2. 分层法的应用

（1）在收集数据或使用查检表时，必须先作层别，然后进一步解析。通常，还要结合直方图、因果图、排列图、控制图等工具一起使用，才能发挥更大作用。

（2）分层法的应用步骤

①收集数据；②选择分层标志；③分层；④按层归类；⑤画分层直方图，进一步分析。

3. 分层法实例

某厂 12 月 8 日成品抽验不良分层表如表 5–2 所示。

表 5–2　某厂 12 月 8 日成品抽验不良分层表

产品代号：PG—011　本日产量：2.3 万只　日期：12 月 8 日											
不良项	时间										
	8:00	9:00	10:00	11:00	12:00	13:00	14:00	15:00	16:00	17:00	小计
弯曲	4	5	7	6	2	6	3	0	1	2	36
毛刺	5	9	7	1	3	6	8	2	7	1	49
起皱	22	11	6	8	11	5	12	15	25	19	134
划伤	13	9	11	9	12	11	6	13	11	13	108
曝漆	1	0	2	3	0	2	1	2	3	1	15
脏污	4	2	0	2	3	1	2	3	0	3	20
裂纹	0	2	1	1	2	0	1	3	1	0	11
小计	49	38	34	30	33	31	33	38	48	39	373

第二节　QC 小组活动

QC 小组即质量控制小组，中文译名：品管圈，1962 年起源于日本的管理行业。QC 小组是由生产岗位上从事各种劳动、来自相同或不同车间或班组的员工自愿组成的现场改进小团体，全体合作、集思广益，按照一定的活动程序围绕企业的经营目标、方针目标及现场存在的产量、质量、成本、交期、安全等问题，或针对班组的薄弱环节，如降本增效、提高质量、改善顾客满意度、提升服务响应速度等，灵活运用各种质量管理工具及统计方法对问题现状进行改善分析，找出改善措施，取得一定的活动成果，实现了改进质量、降低消耗，提高人的素质和经济效益的目的。

QC 活动小组建设的核心就是要培养一支高素质的员工队伍 ，最大限度地激发员工工作的积极性、主动性和创造性。通过将 QC 小组和班组建设进行有机结合，将对班组的建设有着积极的推动作用，有利于促进班组运用科学的管理方法，提高班组人员的分析和解决问题能力；有利于改善班组人员之间的关系，促进班组团队协作精神；有利于提高班组的生产管理水平，提高企业的工作效率；有利于提高班组质量意识，做好班组预防质量问题和改进质量工作；有利于发挥班组人员的潜能，提高班组人员的素质；有利于提高班组文化、技术水平，增强班组自主管理水平，以适应企业业务的提升。

一、QC 小组活动的宗旨、特点、作用和效果

表 5–3 所示为 QC 小组活动的宗旨、特点、作用和效果。

表 5–3　QC 小组活动的宗旨、特点、作用和效果

QC 小组活动	具体内容
QC 小组活动的宗旨	1. 提高职工素质，激发职工的积极性和创造性 2. 改进质量、降低消耗，提高经济效益 3. 建立文明的、心情舒畅的生产

续 表

QC 小组活动	具体内容
QC 小组活动主要特点	1. 明显的自主性：员工自愿参加，自主管理，自我教育，互相启发，共同提高 2. 广泛的群众性：不但包括领导人员、技术人员、管理人员，而且更注重吸引在生产、服务工作第一线的操作人员参加 3. 高度的民主性：小组成员不分职位与技术高低，各抒己见，互相启发，集思广益，高度发扬民主 4. 严密的科学性：遵循科学的工作程序，用科学的方法来分析与解决问题
QC 小组活动的作用	1. QC 小组充分尊重了人的主观能动性，有利于发挥人的潜能，提高人的素质 2. QC 小组有利于实现全员参与管理，提高员工的分析和解决问题能力 3. QC 小组有利于改善人和人之间的关系，增强团队合作精神 4. QC 小组有利于改善和加强管理工作，提高管理水平 5. QC 小组有利于预防质量问题和改进质量
QC 小组活动的效果	1. 增强质量意识，解决质量问题，提高质量水平 2. 提高效率，提高员工的技能，减少浪费降低成本 3. 改进工作态度，增加工作满足感 4. 提高士气，加强上下左右沟通，加强员工的团结，改善人际关系 5. 发掘人才，增强归属感，降低流动率 6. 创造更新的企业文化，丰富员工的文化生活

二、QC 小组活动的实施程序

QC 小组活动是进行质量改进的一种组织。QC 小组是企业员工参与全面质量管理的重要方法，是建立质量保证体系的一个重要手段。每个 QC 小组成员都需自觉运用 PDCA 循环原理开展活动，不断地进行质量改进，以达到持续、有效地开展活动并实现目标的目的。

QC 小组活动的实施步骤如下：

1. 组建 QC 小组。根据面对的问题或可能选择的课题，由管理人员、技术人员和员工等 3—10 人自愿组成的 QC 小组，选好小组长，掌握常用的改进工具和技术，如调查表、排列图、直方图、控制图、散布图、矩阵图、分层法、因果图等。

2. 课题选择。根据现场存在的薄弱环节；根据用户（包括下道工序）的需要。QC 小组的选题范围涉及企业各个方面，如提高质量和工时利用率等。

3. 确定目标值。确定合理的目标值。注重目标值的定量化，注重实现目标值的可能性，使小组成员有一个明确的努力方向，便于检查，活动成果便于评价。

4. 调查现状。认真做好现状调查，并根据实际情况，应用不同的 QC 工具，进行数据的收集整理。

5. 分析原因。对调查后掌握到的现状，要发动全体组员动脑筋、想办法，选用适当的 QC 工具进行分析，找出问题的原因。

6. 找出主要原因。根据实际需要应用 QC 不同分析方法，将多种原因，根据关键、少数和次要多数的原理，进行排列，从中找出主要原因。

7. 制定并实施措施。制定相应的措施计划，明确各项问题的具体措施，确定谁来做，何时完成以及检查人。然后小组长要组织成员，实施和随时调整措施计划。

8. 检查效果。措施实施后，应进行效果检查。如果达到了预定的目标，小组就可以结题；如果没有达到预定目标，就应对计划的执行情况找原因，加以改进。

9. 巩固措施。小组将得到的一些行之有效的措施或方法纳入工作标准、工艺规程，经审定后纳入企业有关标准或文件。如课题的内容只涉及本班组，可以通过班组守则、岗位责任制等形式加以巩固。

10. 总结成果。及时整理取得总结成果。成果的材料必须以活动记录为基础，进行必要的整理，并用数据说话。

11. 发表成果。指定一名 QC 小组成员将成果在相应的会议上发表，交流经验，获得其他员工的评价，不断提高活动的效果。

12. 继续开展活动。按 PDCA 循环的结果，可以将遗留的问题作为下一课题继续开展活动，也可以重新选择课题继续开展活动。

三、持续有效开展 QC 小组活动的途径和方法

在企业上下以实际出发，确保 QC 小组活动的实效性，以取得科技含量高的 QC 实际成果。为此，企业可以通过以下有效途径和方法扎实开展 QC 小组

活动，以获得较好成效。

1. 最高管理层全力支持 QC 小组活动。公司从基层管理者到总裁要经常参与 QC 小组活动，营造质量改进的环境，并亲自上台发表成果或讲课。同时，还帮助提供一些相应的硬件及软件要求 ，例如人员、时间、场地、工具、资金等，这将对小组目标的实现起到至关重要的作用。

2. 建立和完善 QC 小组活动制度标准、组织和激励机制。公司应编制《企业质量管理小组活动管理办法》，明确 QC 小组的组建、注册登记、活动、管理、培训、成果发表、评选和奖励等规章制度，正确指导 QC 小组活动，以调动员工参与 QC 小组活动的积极性。在质量部门设立 QC 管理职能，并列入质量部门年度计划，各部门设置兼职 QC 管理人员，公司统一注册登记管理，建立严格的管理制度，建立三表一本（QC 小组登记表、课题登记表、成果申报表、小组记录本）等，把 QC 小组的管理纳入正常的工作轨道。

组织管理 QC 小组活动。组织应指定一个部门或人员负责 QC 小组活动的管理工作，通过示范、鼓励、支持及激励等手段来吸引员工参与，激发员工自觉参与 QC 小组活动的积极性。

3. 注重多层次培训，培养 QC 小组骨干人才，提高员工参与积极性。通过内外培训和辅导，如外请专家亲自授课，有针对性地举办 QC 小组活动骨干培训班，还有每年选派一部分组长和骨干送外进行培训，参加地区举办的 QC 发布会，以实现 QC 小组骨干的培养，建立起 QC 辅导员和 QC 组长两个人才库，对 QC 小组活动进行指导，及时帮助协调活动开展过程中出现的各类问题，以提高 QC 小组活动的成效。

对员工进行教育培训，让他们了解 QC 小组活动的重要意义，参加 QC 小组活动能体现自己的价值，增加更多自信，并为企业的发展做贡献，获得领导和同事的认可、赞赏，从而吸引更多的人参加到 QC 小组活动中来。为了提高 QC 小组活动的业绩，对参与的员工进行 QC 小组知识培训，如质量改进的基本知识和常用工具等，以不断提高人员素质，确保 QC 小组活动质量。

4. 活动课题应结合实际。选择活动课题时应优先选择容易完成的、工作和生产中迫切需要解决的问题。如：为了将 QC 活动很好地与班组建设相结合，以“小课堂、小课题、小环境、小指标、小团队”为基点，选题时坚持从“小、实、活、新”上下功夫，这样有利于调动员工工作热情，提高班组建设水平。

5. 加强活动的过程管理。从小组注册开始对小组活动进行跟踪把控，对小组申报的课题进行把关；建立跟踪机制，实施定期抽查和检查考核制度，并纳入日常管理工作中；同时，对开展活动中遇到困难的小组进行过程帮扶、指导，以促进 QC 小组活动的正常开展，提高活动的效果。

6. 重视成果总结，开展 QC 成果发布会。QC 课题经过各小组总结后，企业需召开年度成果交流发表会，发表会上可以邀请企业分管质量领导、部门领导和各相关专业人员参加，还可以邀请上级质量主管领导参加，既为各小组间互相交流和学习搭建平台，展示了 QC 小组活动成果，又能使公司领导和相关部门人员更全面、深入地了解 QC 小组活动情况及活动成果，以获得相关领导对成果应用、推广的支持，以利于深化 QC 小组标准化建设，保证 QC 小组活动的健康发展。

7. 加大活动的方法和技术的创新力度。结合智能工厂数字化发展趋势，建立网上信息互享平台，实行 QC 项目网上登记、注册、立项、结项及推广的全过程数字化管理，打造 QC 小组活动云端管控模式，实现 QC 小组活动开展知识积累、资源共享、经验交流和传承。同时，公司管理层也可以通过该平台挖掘有推广价值的项目，进行自上而下的推广。

8. 实施评比奖励机制。通过对 QC 小组成果的年终评定、总结、考核，评审发布年度 QC 小组成果的一、二、三等奖，对成果参与人员全部给予必要的物质奖励，并实行专项加奖，授予荣誉称号。进一步把 QC 小组成果作为员工的奖金、管理干部业绩考核、评先选优的重要依据，使 QC 小组活动开展得更加有声有色。

9. 推广与转化实现效益最大化。QC 小组成果在企业内外部进行发布、推广，促使成果与工程项目相结合，并在专利申请、项目招投标、市场开发等方面逐渐走向成熟，不仅能拓宽推广途径，真正实现知识产权化，而且能带来较好的 QC 成果的综合效益、经济效益和社会影响力。

【实例】“创新型”课题 QC 小组活动

QC 小组选择“创新型”课题开展活动的具体程序。

1. 选择课题

选择课题对于“创新型”课题来说是很重要的。课题必须落实在开发、研制新产品、新服务项目、新业务、新方法等方面，而不是指标水平的提高与降低方面。如开发新型涂料混合机。涂料混合机是涂料业中最重要的设备之一，它就是通过电子计算机把各种颜色的油漆或者涂料混合起来的一个机械设备。这设备看似简单，但是真正要实现涂料混合高效率，产生高质量涂料，显然老式涂料混合机并不适用，如果从国外进口庞大的设备将花费昂贵的费用。为了突破现有产品（服务）、业务、方法的局限，实现创新，涂料工厂成立由技改部门技术人员、生产部门操作人员等组成的 QC 小组，发动 QC 小组全体成员，对大家提出的各种想法和意见加以整理，从不同角度形成一些可供选择的方案。

2. 整理可选择课题，综合评价后选出活动课题

对整理形成的几个可供选择的课题，按照一定的标准进行综合分析、评价，然后经过比较，选出小组成员共同认可的活动课题。如围绕新型涂料混合机课题，小组成员提出了五个可供选择的方案，如图 5-5 所示。如何比较其优劣并确定最优方案呢？现在就来一项一项地做工作。

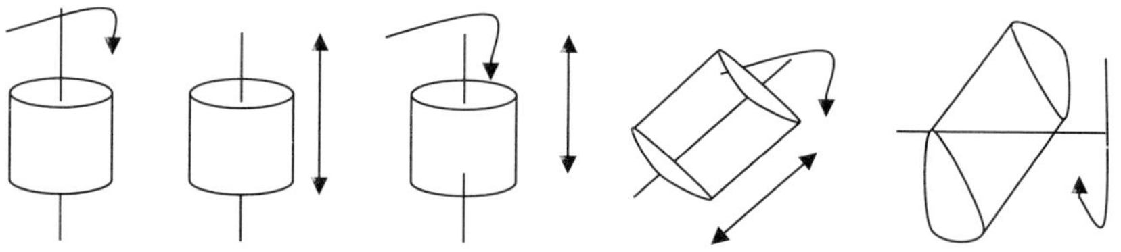

图 5-5　五个可供选择的方案

方案一：涂料混合机工作模式是只机器本身旋转，这个结构很简单，造价很低。但是，这种装置的缺点是：混合花费的时间长一点，效率太低。

方案二：机器可以上下振动，结构也简单，造价一般，但是这个方案有个缺陷，即混合效果一般。

方案三：涂料混合机不仅机器本身转动，还上下振动。但是这个方案结构复杂。

方案四：斜着转，其好处是由于重力作用，涂料受重力影响要向下流，但

是在转的过程中，又有一种离心力使它往上去，进而使涂料混合。

方案五：对角线转，使涂料的混合变为很复杂的运动，而且很快就可以混合好，这是一种更为巧妙的方法。

在大家讨论分析的基础上，QC 小组每一位成员对每个方案分别从技术的有效性（含难易程度）、经济合理性（含需投资多少）、预期效率等方面进行评价，即根据自己的认识和理解，给每个方案按各项标准分别打分，然后再将这些分值乘以各项标准的权数并相加，从而得出每人对每个方案的评价权数，得到小组总体对每个方案的综合评价值，对这些方案逐个进行综合分析论证，表 5-4 为最佳方案评定表（缺点列举法）。

表 5-4 最佳方案评定表（缺点列举法）

方案	有效性	效率	经济性	计分	选择
方案一	○	△	●	9	不选
方案二	○	△	●	9	不选
方案三	○	○	○	9	不选
方案四	○	△	○	7	不选
方案五	●	●	○	13	选择

注：● 5 分；○ 3 分；△ 1 分。

3. 通过各方案间的比较，选出最佳方案

对各方案的综合评价值进行比较，选出分值最高的方案作为最佳方案。显而易见，第五个方案是最佳方案。按照这个方案，有一个转轴，再加上电动机、变速箱带着它转；再加一个卡紧装置用手摇压住，建成了新型设备，效果非常好。

【实用工具与方法】QC 小组活动成果报告书

表 5-5 QC 小组活动成果报告书

<table>
<tr><td>单位</td><td></td><td>QC 小组
名称</td><td></td><td>组长</td><td></td><td>课题
名称</td><td></td></tr>
<tr><td>开始日期</td><td colspan="3"></td><td>完成日期</td><td colspan="3"></td></tr>
</table>

续 表

一、小组简介（包括小组活动计划表）	
二、成果简介	
三、选题理由	
四、现状调查	
五、目标值	
六、主要原因（找到突破口并进行可行性验证）	
七、制定对策方案	
八、对策分析（其表包括要因、方法、执行者、地点、日期）	
九、实施（记录实施过程中的各种情况和原始数据）	
十、严格检查执行效果	
十一、效益前后比较	
十二、标准化（巩固措施）	
十三、遗留问题以及下一步的活动计划	
成果的评价与鉴定意见	质量员签名　　年　月　日
	成本员或技术员签名　　年　月　日
有关部门签署意见	盖章　　年　月　日
	盖章　　年　月　日

续表

主管领导审核意见	签名（盖章） 年 月 日
奖励、推广等情况	

第三节 现场问题解决 8D 法

一、概述

8D 问题解决法全称为 8 Disciplines（以下简称 8D 法），是由美国国防部在 1974 年创立的，即 8 个解决问题的固定步骤。1986 年，福特汽车动力系统（包括变速器、底盘及发动机）部门的管理人员正被一些经年累月、反复出现的生产问题搞得焦头烂额，希望有一个系统化的方法，可以让包括设计工程、制程及生产单位一起处理重复发生的问题，为此其管理层提请福特集团提供 8D 法，可以处理困难的设计及制造问题，并制订文件及开发相关的课程。1987 年，福特汽车公司首次用书面记录下 8D 法，在其中一份课程手册中这一方法命名为"团队导向的问题解决法"（Team Oriented Problem Solving）。这一全球化品质管制及改善的特殊必备方法，之后成为 QS 9000/ ISO TS 16949、福特公司的特殊要求。

8D 法通过建立一个体系，采用解决问题的一个很有用的工具，经过跨部门建立团队或小组，针对出现的问题，找出其产生的根本原因，提出短期、中期和长期对策并采取相应措施，杜绝或尽量减少相同或类似问题的再发生，让整个团队共享信息，努力达成解决问题的目标。该方法适用于批量生产的企业，是进行质量改进的完整的一种改进方法。特别适用于对重大制程异常（如不合格产品问题、生产线品质突然出现异常、出现环境或安全事故、设备故障停机等）、客户投诉、重复频发问题以及需要团队作业问题的解决。目前主要用于汽车、电子工业、风电及类似加工行业，可以对销售前（加工、采购、装配）及销售后（跟踪、维修）的过程控制中存在的不足进行改进，以解决企业在产品生产、销售过程、物料（供应商）中出现的重复/批量质量问题。

二、8D 法实施步骤

步骤一（D1）：建立一个团队（小组）；步骤二（D2）：问题描述，关注问题本身；步骤三（D3）：实施临时措施或设定改善目标；步骤四（D4）：寻找和确定根本原因；步骤五（D5）：验证并确定永久性纠正措施；步骤六（D6）：实施永久性纠正措施；步骤七（D7）：采取预防措施；步骤八（D8）：小组总结表彰，效果巩固完成文档。

三、8D 法具体内容和方法

如表 5-6 所示，8D 法具体内容和方法。

表 5-6　8D 法具体内容和方法

PDCA 循环原理	8D 步骤	具体内容和应用工具	实施关键点
计划 P	D1	建立一个由具备过程/成品知识的人员组成的团队，团队必须有一位组长，负责分配任务、审查及追踪进度。可应用的工具：行动计划表、时间管理、团队宪章、甘特图	小组建设，成员分工；目标；程序
	D2	通过确定可定量化的项，谁，什么，何时，何地，为什么，如何，多少，识别对象和缺陷，可应用的工具：5W2H、折线图、直方图、排列图、流程图、因果图等	收集和审核现有数据，识别问题、问题发生的频率、数量等，通过 5W2H 等方法确认问题
	D3	设定改善目标或制定、执行临时性的围堵措施并立即而短期行动，避免问题扩大或持续恶化。可应用的工具：SPC（统计控制）、检查表、记录表 PDCA 等	为防止损失的进一步扩大，评价紧急响应措施；找出和选择最佳临时纠偏措施，如返工、返修、筛选、让步、接收等；决策实施，并做好记录

续 表

PDCA 循环原理	8D 步骤	具体内容和应用工具	实施关键点
计划 P	D4	用统计工具列出可以用来解释问题起因的所有潜在原因，将问题说明中提到的造成偏差的一系列事件或环境或原因相互隔离测试并确定产生问题的根本原因。可应用工具，如 PPM、鱼骨图、头脑风暴 & 关联图、控制图、故障树（FTA）、5WHY、FMEA（失效模式与影响分析）、DOE（实验设计）、5Why、工作流程分析 SPC 方法等	评估可能原因列表中的每一个原因；对一切可能原因进行验证寻找真因，探求对策
执行 D	D5	通过对不同的纠正措施定量化的试验筛选出纠正措施，依据风险评估，确定必要时的应急措施，选定与执行长期对策、验证改善措施，可应用的工具：FMEA、SPC、Cpk（过程能力指数分析）、DOE、PPAP、MSA、因果图、检查表、记录表等	重新审视小组成员资格；决策，选择最佳措施；实施最佳纠偏措施
检查 C	D6	制定一个实施永久措施的计划，确定过程控制方法并纳入文件，以确保根本原因的消除。在生产中应用该措施时应监督其长期效果。可应用的工具：FMEA、防错法、SPC、任务树	执行永久纠正措施，废除临时措施；验证措施的长期有效性
处理 A	D7	修改现有的管理系统、操作系统、工作惯例、设计规程以及避免此问题及类似问题的再次发生的后续行动方案。可应用的工具：FMEA、控制计划 CP、经验数据库（包括人员教育训练、改善案例分享、作业标准化、程序文件、产品 BKM）等	将流程进行标准化处理，防止问题的再发生
	D8	问题已改善，肯定改善小组的努力，对小组工作进行总结并表彰，并规划未来改善方向。可应用的工具：物质奖励、精神激励	有选择地保留重要文档；将心得形成文件；对团队成员的努力予以肯定，为以后解决问题增加信心

【实例】解决瓶盖冲压质量不良 8D 法

某公司是一个专业生产瓶盖企业，冲压车间冲压工序的要求非常严格，为了满足顾客对产品的要求，开始实施持续不断地改进活动。

D1. 由公司生产部、质量部、工艺部、机加部、冲压车间冲压班组相关人员组成改善小组（见表 5–7）。

表 5–7　8D 改善小组

部门	姓名	职务	小组职责
质量部	张 ×	副部长	组长：全面负责推进方案的实施，监督活动的进度，协调完成落地
质量部	陈 ×	质量工程师	问题发生的根本原因，措施制定
生产部	李 ×	生产主管	实施验证纠正措施、标准作业
工艺部	江 ×	技术主管	问题发生的根本原因，措施制定
机加部	过 ×	技术员	模具修正，加工，安装、调试等
冲压班组	林 ×	班长	协助调查、标准作业、现场改善

D2. 现状把握。

（1）近期冲压车间发现瓶盖不良只数上升（见图 5–6）。

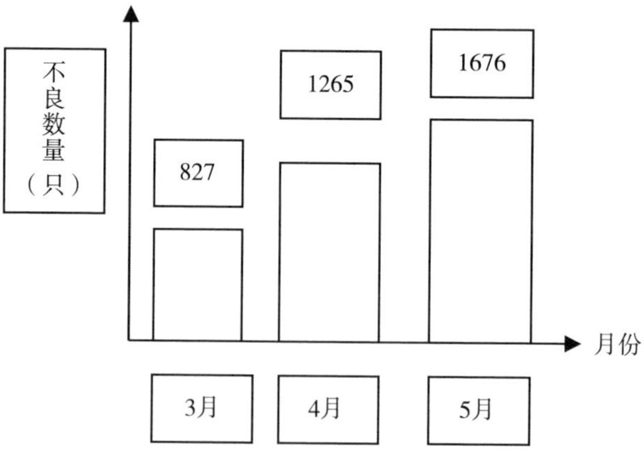

图 5–6　瓶盖不良统计图

（2）因瓶盖不良，造成组装线多次停线。而且瓶盖不良后不修复，报废金

额大。（见图 5–7）

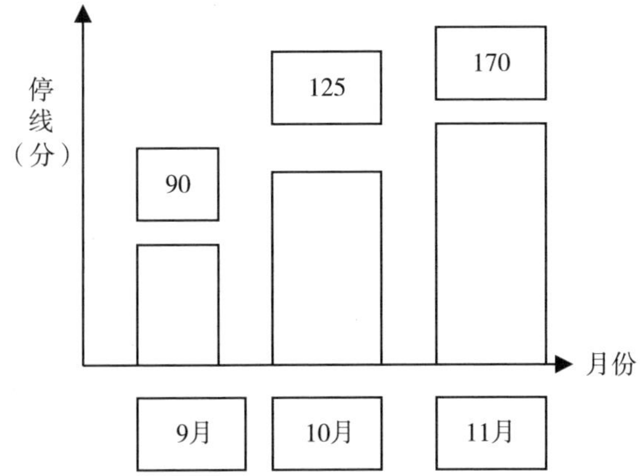

图 5–7　停线时间统计图

D3. 设定改善目标。

每月的瓶盖不良数量降低到 300 只以内。

D4. 要因解析。

（I）不良现象的分析（见图 5–8）。

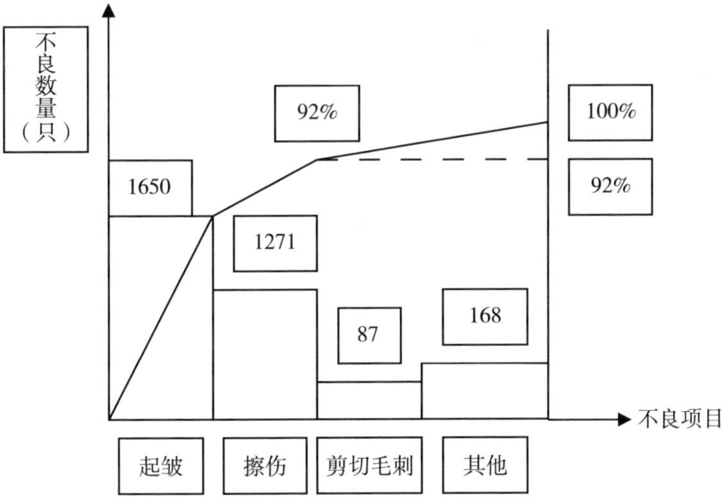

图 5–8　不良现象的分析

起皱、擦伤占不良数的 90%以上，作为本次改善的着眼点。

（2）要因解析（见图 5–9）。

通过对影响瓶盖品质变异的要因逐一分析，发现模具的零件有缺陷、模具内有垃圾，所以将把这两方面作为分析的重点。

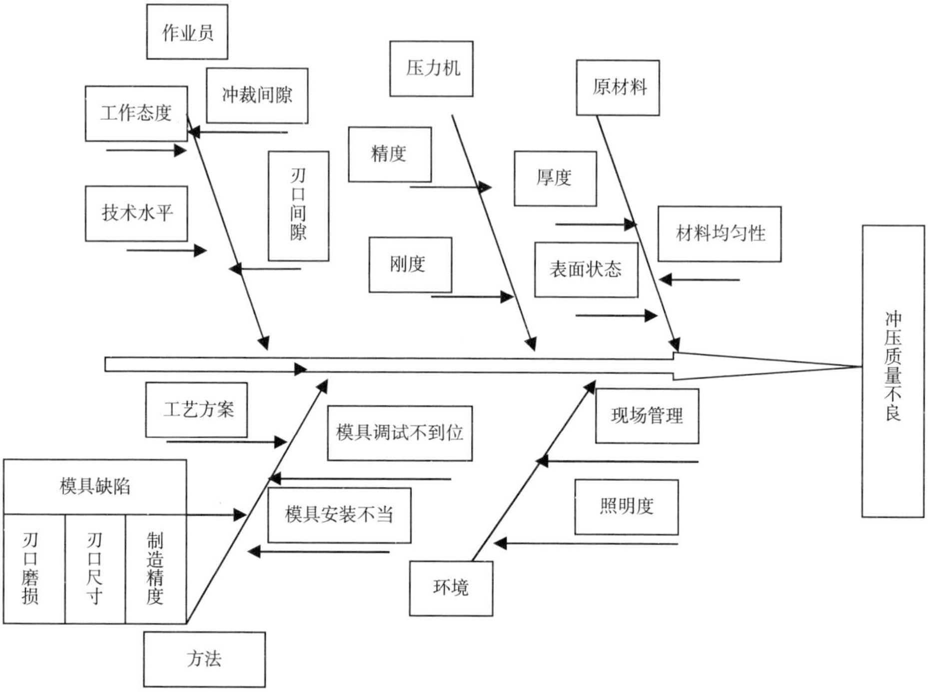

图 5–9　要因解析

D5. 研讨对策。

（1）按照模具图纸要求加工好模芯零件（油圆角），再正确安装、调试。

（2）冲压班组全面实施消除模具脏污，消灭隐患，确保长期的品质稳定。

D6. 计划实施。

由冲压班长直接负责，3 日内完成清扫，并教育相关人员；机加部按照模具图纸要求加工好模具零部件。

D7. 效果确认。

改善后效果，如图 5–10 所示。

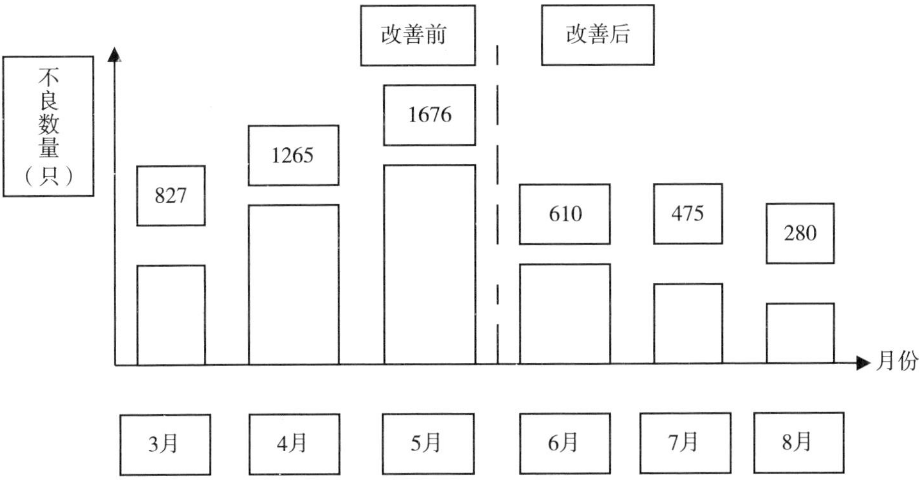

图 5-10　效果确认

有形效果：每月减少材料损失和停线损失 6850 元。

无形效果：员工的改善意识和技能有所增强。

D8. 效果巩固。

作业标准化（见表 5-8）。

表 5-8　模具点检记录表

序号	点检项目	周期			点检记录						
		日	周	月	1	2	3	4	5	6	……
1	确定所有模芯零件是合格零件	√									
2	按标准组装冲压模具	√									
3	确定定位孔无灰尘	√									

【实用工具与方法】8D 报告表（见表 5-9）

表 5-9 8D 报告表

开始时间		8D 报告编号		版本	
项目名称		项目类型	□售后反馈 □生产现场 □检验		

发现地点		发现时间		提出单位（人员）		其他	

D1. 组建工作团队

姓名	部门及职务	组内职责	联系方式	姓名	部门及职务	组内职责	联系方式

D2. 问题描述

描述症状： 描述人：	照片：
问题描述（包括描述影响，受影响的产品范围等）： 问题解决团队负责人：	

D3. 实施并验证临时措施

序号	临时措施	负责人	完成日期	验证实施情况及效果	验证人	验证日期
①						

续表

②						

D4. 根本原因分析（附 RCA 报告，使用解析工具如：5Why、鱼骨图 / 树图等）

序号	根本原因	责任部门	责任人	分析人及日期
①				
②				

D5. 选择并验证永久纠正措施（附加文档：具有选择性措施过程等）

序号	拟实施的永久纠正措施	验证过程及结果 / 未进行验证的说明	验证人	验证日期	是否列入永久纠正措施
①					□是 □否
②					□是 □否

D6. 实施永久纠正措施 / 效果验证（附加文档：检测试验报告等）

序号	实施永久纠正措施	负责人	完成日期	验证人	验证日期
①					
②					

D7. 预防措施（附加文档：适用性证明）

序号	与产品过程相关（类似的缺陷项目）	负责人	完成日期	验证实施情况及效果	验证人	验证日期
①						

1. 与产品过程相关（类似的缺陷项目）

序号	与产品过程相关（类似的缺陷项目）	负责人	完成日期	验证实施情况及效果	验证人	验证日期
①						

2. 技术 / 管理文件修订或制定的实施

序号	技术 / 管理文件名称	技术 / 管理文件编号	简述修改 / 编制内容	负责人	完成日期	验证实施情况及效果	验证人	验证日期
①								

D8. 总结与评价

续 表

纠正措施实施后：□有效，同意结案 □无效，需要重新分析原因，并制定措施 部门签字确认：　　日期：
遗留问题或建议以及结论意见： 工作小组签字确认：　　日期：

第四节　防错法

一、防错法的概述

1. 防错法的内涵

防错法是产品生产与设计过程中对可能存在的问题以及失误发生之前加以

防止，在作业过程中采用自动作用、报警、标识、分类等手段，使作业人员在作业时可以明显发现缺陷，以防止因人操作失误而导致不良发生、流出，防止设备破损以及故障发生。该方法的特点在于成本低，实时发现失误、实时反馈，全检产品但不增加作业者负担。

2. 防错法的作用

通过防错，可以强化操作的程序和顺序；当错误发生或产生缺陷时，它可以通过发信号或停止过程，消除产生不正确行为的选择；防止产品或机器的损坏；防止人员受到伤害；消除不经意的错误。防错的作用主要表现在如下几个方面。

（1）采用一系列方法或工具，消除了工人操作困难的作业，防止失误的发生，消除缺陷，可做到第一次就把工作做好，消除返工与检查次数，操作动作轻松，缩短交货期，提高生产效率 。

（2）结合防错设施，以便机器设备能够将差错即时检测和识别出，并自动停机，防止次品流入下一道工序，以便于行动差错刚产生时就能进行纠错，减少物料浪费，提高加工柔性。

（3）强化了操作的程序和顺序，减少了对技能工人的依赖，消除了产生不正确行为的选择，降低了工人的工作强度和人为问题的发生概率，减少了返工率，提高了管理效率。

（4）可以保证“因人为疏忽或者外行人来做也不会出错”，改善操作人员的工作态度，实现制程自働化，降低停机时间，降低成本。

（5）尊重工人的智能，取代了依靠人为记忆，经验的重复工作或制度规范行为，将操作人员的时间和精力解放出来，以从事更具创造性和其他增值的活动，从而使员工通过更多地参与获得成就感与满足感 。

（6）能够防止操作员因为失误或其他原因而引起损伤、安全事故和安全隐患，消除作业危险，为生产流程的有效和有序运行提供安全保障。

（7）从预防角度出发所采取的预防措施。逐步消除质量检验，降低了质量风险，提升产品质量，减少由于检查而导致的浪费，优化了产品性能，提高了顾客满意度，获得最大竞争优势。

二、错误类型、产生错误的原因及其对策

1. 人为差错

当生产过程不适合或缺少所必需的条件，就会出现错误，并偏离预期过程目标。由于所有缺陷均由错误产生，因此必须十分重视错误产生。一般产生错误有三大类，即人为差错、方法差错和设备差错。人为差错是指在生产操作过程中，操作者实际完成的职能与该工作所要求完成的职能之间的偏差，它占了错误总量的 77.8%，其结果会以某种形式给系统带来不良影响。人为差错主要包括以下五种情况。

（1）未执行分配给他的职能。

（2）执行了未被赋予的分外职能。

（3）错误地执行了分配给他的职能。

（4）按错误的程序或在错误的时间执行了职能。

（5）执行职能不全面。

2. 差错产生的原因及其对策

在现代企业的生产活动中，归纳起来有 10 种差错类型，产生差错的原因及其常用消除对策如表 5–10 所示。由表中常用消除对策可以看出，如果采用大规模的培训、教育方法不仅不能从根本上消除差错再次出现，而且还会造成很大的成本。

表 5–10　差错产生的原因及其对策

差错类型	差错原因	举例	常用消除对策
忘记	忘记了作业或检查步骤	如忘记在打螺丝之前先装上垫片	保持警觉；按一定频率检查
对过程 / 作业不熟悉	由于不熟悉作业过程或步骤，员工作业产生失误的情况在所难免	如让一个刚刚经过培训的新手开始一道其不熟悉的工序	培训、经验分享
识别错误	对工作指令或理解有错误	如作业标准书指明更换 IC 时需同时加热各引脚，但修理作业员理解为逐个加热各引脚	培训、提高注意力和警觉性

续 表

差错类型	差错原因	举例	常用消除对策
缺乏工作经验	由于缺乏工作经验，会出现一些意想不到的错误	如对于不易区分的左右件，如果没有现场经验进行对比，现场焊接时经常容易装反	培训技能、作业标准化
故意失误	由于操作者的故意行为而导致的失误	如操作者为了发泄对其领导的不满，而故意进行错误的操作	进行基础性的教育，纪律约束
遗漏	由于作业者不小心所造成，失误的很大一部分是由此类原因造成	在现场安装或者焊接过程中，经常出现漏装、漏焊等现象	提高注意力，强化纪律，作业标准化
行动迟缓	由于作业人员判断或决策能力过慢而导致的失误	如锡槽焊接时间为 3 秒之内，而作业员 5 秒后才将漆包线从锡槽内拿出，而导致绝缘不良	提高技术技能，作业标准化
缺乏适当的作业指导	由于缺乏作业指导或作业指导不当，发生失误的概率是相当大的	如作业指导为随机装配螺丝，则可能发生装配间隙等失误	作业标准化指导
突发事件	由于突发事件而导致作业人员措手不及，从而引起失误	如现实中突发事件类原因引起的失误较少	全面生产维修，作业标准化
随意	在特定条件下不顾规定行事	如不按作业标准，仅凭自己想法进行操作	进行基本教育和经验分享

三、五大类型的防错方法

为了保证 100% 的合格品，必须花时间去识别错误何时发生和为何发生，这时防错就是最有效的手段。防错的对象是人和设备。防错的手段要在设计、生产技术、硬件和软件、员工自制等方面予以考虑。五大类型的防错方法如图 5–11 所示。

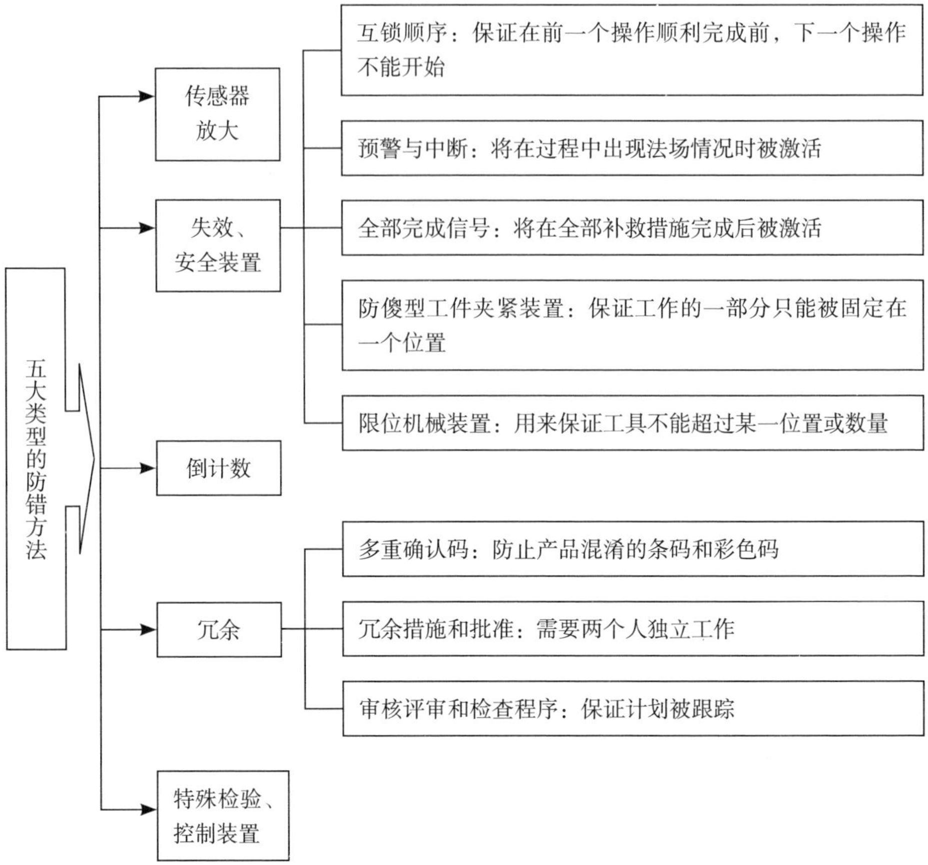

图 5–11　五大类型的防错方法

【实用工具与方法】具体的防错方法

在设置防错装置时要充分进行检讨，设置后还需必要的维护和跟踪，以达到几乎所有错误都可以避免的目的。具体的防错方法如表 5–11 所示。

表 5–11　具体的防错方法

防错方法类型	防错方法内容	实例
保险防错法	需要两个或两个以上的动作共同或依序执行才能完成工作，以避免错误发生	台式冲压机为预防操作人员不小心手被夹伤，采用双联串联式按钮，只有两个按钮同时按下，冲压机才会工作

续 表

防错方法类型	防错方法内容	实例
自动化防错法	以各种光学、电学、力学、机构学、化学等原理来限制某些动作的执行或不执行，以避免错误发生	限位开关和电眼分别探测横向和前后的位置。如果产品没被放置在正确位置的话，限位器就动作，托盘向升降机方向的移动停止，蜂鸣器就鸣叫催促作业员注意
顺序防错法	为了避免工作顺序或流程前后倒置，可依编号顺序排列，从而减少或避免错误的发生	如在组装形状相似的零件时，有时会出现顺序错乱情况，这时用光电感应器与零件配套供料，并确认配件按顺序排列后组装，确保遗漏为零
警告防错法	当有不正常的现象发生时，能以声光或其他方式显示出各种“警告”的信号，以避免错误的发生	如安全带没系好，警告灯就亮了，或在组装过程中遗忘了某些部件，警告灯提醒
隔离防错法	依靠分隔不同区域的方式，来达到保护某些地区的目的，使其不能造成危险或发生错误	独立设立的危险品仓库；电动圆锯有一保护锯片套，以防止锯到手
层别防错法	为避免将不同的工作做错，可采取将不同工作区别出来的方法	颜色在视觉识别中最为明显。人类对颜色的共通认识是以绿色表示“安全”或“良好”；以黄色表示“警示或注意”；以红色表示“危险”或“不良品”
尺寸防错法	对长、宽、高、厚度、直径等的尺寸标准差异的判断和不良检测	如在部品加工时，出现尺寸不良，设置了导向套滑道让零件全部流过，设置防呆防错板使尺寸不良（直径大或小）的全部不能通过防呆防错板
重量防错法	设定产品的重量基准，不符合重量基准的为不良品	如在秤上设置区域传感器，秤的刻度 OK 开区域、NO 关区域都用颜色目视化出来，也不能完全杜绝人为错误发生
止动桥防错法	用一根木条状物品横跨在流水线的适当位置，形成一个“桥”，当有产品流下来时，可以挡住它，该工位只能由人工拿起产品，等完成作业后才能再流下去	通常适合于细小产品的流水线作业中，尤其是那些不能明显区别操作结果的工位。如电子电器产品生产的调试、目检等工位，防止人员因忙乱、疏忽、失误等情况而形成漏作业

续 表

防错方法类型	防错方法内容	实例
联合动作防错法	通过联合动作的防错设计来解决操作者作业和设备作业联合动作中由于作业步骤不能顺利完成而造成停机问题	在焊接工序中同时进行的有焊接拧紧复合作业，有时会忘掉某一个工序。采用在夹具固定好后时间继电器启动，时间内没有上完螺母的话，信号灯响，同时焊机的联微装置自动停止焊接
放大字体标识防错法	有些比较细小部件的标识文字非常不易看清楚，看起来费力而导致猜测，常常发生错用	如电子厂作业中的集成电（IC）、三极管（TR）、微件（CHIP）等，这些产品的印字又小又暗，看时十分费力，可在工位上设置一块放大字迹的牌子，并备有放大镜随时确认
放置体位防错法	利用产品不同的放置体位（包括方向）来表示某种状态，以便于人员在操作时能够区别，防止遗漏或拿错	如调试作业过程中调试作业前后产品不同的放置体位（方向）
危险地带标志防错法	危险地带泛指现场存在安全隐患或容易导致员工受到伤害的地带。必须设置地沟标志，其方法为画警戒线、加装防护栏杆、沟盖等	主要适合于厂区内的各种地沟、井、坑等，如某客人视察工厂时绊倒在地沟中。为了防止这些意外事件出现，工厂需要设立地沟标志
建立标准的操作SOS防错法	在加工过程中的成品、待制品、待处理品、料废、工废等下线零件必须马上按照各类零件的处理规范挂上不同颜色的识别标签	如刀具设定正常使用耐用度，防错装置建立 TPM、PM 维护保养制度等
操作细节防错法	在流水线作业中，一个产品多个工序生产中有可能损伤产品的外观部分，导致产生不良品，可做一个像治具一样、质地坚韧薄轻的防护套，以便组装产品时防护的金属部件	如可在作业过程中从始至终用薄膜覆盖显示器，以免划伤显示器；用粘贴皱纹胶纸的方法把产品易损伤自边、角、尖等突出部位护起来，免刮花显眼位置，弄脏镜片等

续 表

防错方法类型	防错方法内容	实例
颤动功能的防错法	通过颤动机的颤动，使零件随着不断地颤动并输送至判别零件的方向正确与否处，只有零件处于正确的位置方向时，才能进入送料轨道；位置方向错误的零件则掉入零件颤动料箱里，从而达到预防零件的进给方向错误，避免工件报废的目的	如缸体凸轮轴衬套的方向验证，防止衬套压反，缸体水道闷盖的压装方向防错等

四、自动化防错装置及应用

在产品的制造过程中，设备上的自动化防错装置及应用见表 5–12。

表 5–12　自动化防错装置及应用

技术类型	应用方法
传感器感应检测	机加工自动线根据不同产品型号的外形变化，传感器将感应到的信息反馈给后面的加工工序，使后面的工序调用对应的加工程序，实施相应的加工内容。如位置传感器、位移传感器、金属通式传感器等
加工孔探测	在机加工线中的钻孔或攻丝后的工位，对加工孔的断刀检测及切屑冲洗
微动开关和限位开关	检测工件、模具或工具是否就位。这种便宜又稳定的传感器得到了广泛的应用。限位开关可以用来保证工件不在正确的位置时不运作或工件形状错误时使操作停止；特别对于消除夹点（pinch point）、因受到撞击而导致的设备及产品的损伤非常有用
差动变压器	依靠与工件的接触角度来获取磁场的变化，使错误操作停止
硬探头	检测零件的不同型号，实施不同的装配或加工工艺，如用探头探测零件的外形；实施不同的装配，如用硬探头探测缸孔，区分 3.0L 或 3.4L 缸体
接触开关	当光线照射到天线节（antenna section）时被激活，可以检测物体是否存在、尺寸及损伤等

续 表

技术类型	应用方法
导向挡块、导向（基准、阻塞）棒或销	区分零件的输送导向
光电器件	广泛作为光幕靶使用，以确保运行之前机器区域内的整洁，也用于计算动作、落料和工件尺寸
金属通过探测器	用来计算安装的螺钉数，校验一个零件是否从冲压机上移走，确定安全升降机是否关闭
温度计和热电偶	被用来测定模具、电动机和固化炉的温度变化
压力计	检测管道内液体淤塞和引擎过压
铰链杠杆滚轮	适用于高速凸轮和棘轮，需要外力推动针推按钮，大冲程
滑道滚轮推式按钮	适合直线外冲程操作，适时、探测，精度高，但作业后移动量小，需可靠性高的制动器
光栅防错	通过光栅的检测控制，确定工件是否摆放到位
限位机械装置	用来保证工具不能超过某一位置或数量
防呆型工件夹紧装置	保证工作的一部分只能被固定在一个位置
夹具防错	控制装配零件在夹具上的摆放是否到位来防错

五、实施防错方法的基本步骤

实施防错方法的八大基本步骤如下。

第 1 步：明确防错的对象。在生产现场寻找和发现缺陷。

第 2 步：识别和描述。详细识别和描述，并指派一名队员跟踪缺陷／红牌条件。

第 3 步：确定根本原因。用因果图分析以评估和确定根本原因。

第 4 步：确定改善目标、计划。明确改善目标，提出多种改善方案并进行比较评价，确定改善方案，确定最可能有效消除缺陷的防错装置。

第 5 步：防错方案的实施阶段。对改善方案进行比较评价，确定改善方案，确定最可能有效消除缺陷的防错装置。

第 6 步：检查防错方案的执行情况并测试实施效果。检查防错方案，修改装置直到证明对防止缺陷有效，实施并确认结果。

第 7 步：总结经验教训。对原有的防错方案进行修正，以巩固取得的成绩，同时防止再度出现同样的问题。

第 8 步：标准化和日常管理。开展训练活动，纳入日常管理，彻底生根。

【实例】防错法典型改善例

钻孔防错改善例如表 5-13 所示。

表 5-13　钻孔防错改善例

项目	改善前	改善后
过程遗漏 主题：预防钻床钻孔数量差错 原因：漏掉加工工序 问题点：钻孔经常产生多钻或漏钻	作业者负责保证钻孔数量的准确，有时作业者忘记钻孔 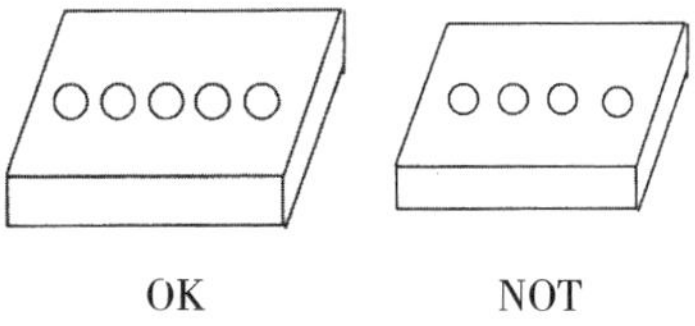	在钻床上装两个限位开关，一限位开关装在钻床上，用于计算已钻孔的数量，另一限位开关装在工作平台上用于感知工件有无，若数量不对或位置不对时，蜂鸣器自动发出警报声 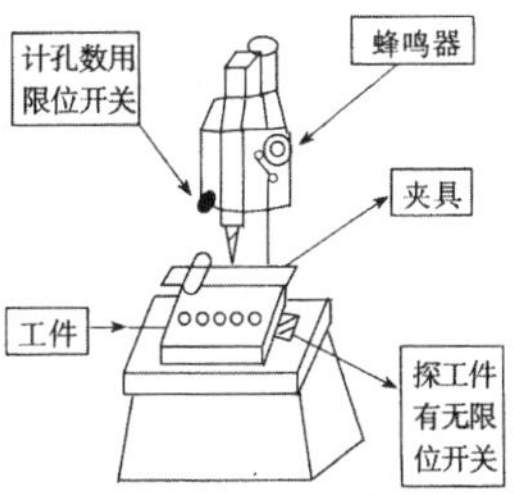
加工错误 主题：预防钻孔不良 原因：加工差错 问题点：在钻孔过程中经常发现，孔没有完全钻穿，钻头即抽出	工作程序要求：钻头要完全钻穿工件后再提起。有时钻头未到要求的深度即提起，出现不良孔。完全靠操作者的技能和直觉，是否能在后续装配中发现不良孔，无法知道 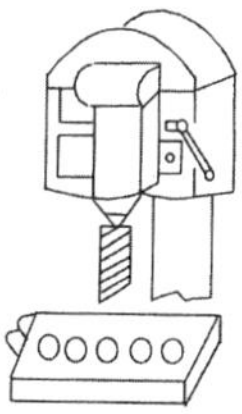	安装两个限位开关，若开关 1 在开关 2 没有断开前先断开，就会出现不良，蜂鸣器会发出警报声，提醒作业者 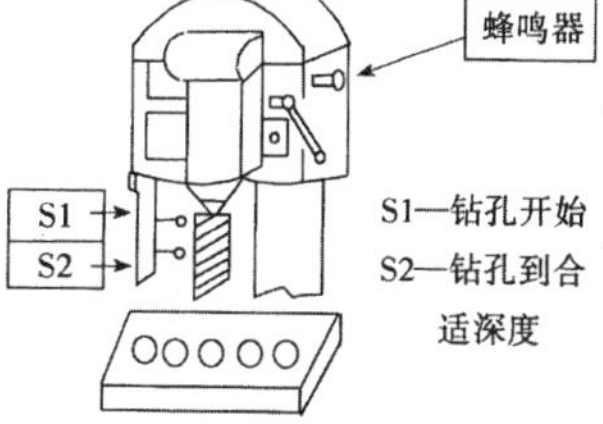

【实用工具与方法】防错装置验证记录表（见表 5–14）

表 5–14 防错装置验证记录表

表单编号 版本 / 修订号

<table>
<tr><td>产品型号</td><td colspan="2"></td><td>产品名称</td><td></td><td colspan="2">设备编号</td><td></td><td>工段工位</td><td></td></tr>
<tr><td>工序号</td><td colspan="2"></td><td>工序名称</td><td></td><td colspan="2">防错装置名称</td><td></td><td>规格型号</td><td></td></tr>
<tr><td colspan="5">验证方法</td><td colspan="5">防错图示</td></tr>
<tr><td colspan="5"></td><td colspan="5" rowspan="3"></td></tr>
<tr><td colspan="2">验证频次</td><td colspan="3"></td></tr>
<tr><td colspan="2">验证班次</td><td colspan="3"></td></tr>
<tr><td rowspan="2">验证日期</td><td colspan="2" rowspan="2">防错验证项目</td><td rowspan="2">防错验证内容</td><td colspan="3">验证结果</td><td rowspan="2">验证人</td><td colspan="2" rowspan="2">备注</td></tr>
<tr><td>好√</td><td colspan="2">坏 ×</td></tr>
<tr><td>1</td><td colspan="2"></td><td></td><td></td><td colspan="2"></td><td></td><td colspan="2"></td></tr>
<tr><td>2</td><td colspan="2"></td><td></td><td></td><td colspan="2"></td><td></td><td colspan="2"></td></tr>
<tr><td>3</td><td colspan="2"></td><td></td><td></td><td colspan="2"></td><td></td><td colspan="2"></td></tr>
<tr><td>……</td><td colspan="2"></td><td></td><td></td><td colspan="2"></td><td></td><td colspan="2"></td></tr>
</table>

第六章

班组设备精益管理

第一节　班组现场设备精益管理

在班组现场设备的精益管理中，相关单位需要从班组长的管理能力、机械设备配置与机械设备使用等方面入手，确保机械设备配置的合理性，建立更加完善的设备管理规程和机械设备管理制度，精细化设备点检与维护保养办法等，使其充分发挥自身价值，降低设备故障发生率，为企业生产作出贡献。

一、设备管理规程和设备管理制度

设备管理规程包括设备操作规程、设备使用规程等。班组长应该了解这些规程，并按规程检查和监督员工的作业；严格执行设备管理有关制度，养成良好的习惯，更好地合理使用设备。设备管理规程和设备管理制度如下：

1. 设备操作规程。此规程是对操作工人正确操作设备的有关规定和程序。设备的结构不同，操作设备的要求也会有所不同，编制设备操作规程以制造厂提供的设备说明书的内容为主要依据。

2. 设备使用规程。设备使用规程是对操作工人使用设备的有关要求和规定。工人必须经过设备操作基本功的培训，并经过考试合格，颁发操作证操作；不准超负荷使用设备。

3. 岗位责任制。设备使用维护工作必须体现在操作人员的岗位责任制中，严格贯彻岗位责任制，可保证设备使用维护的各项规章制度的贯彻，从而保证设备处于良好技术、安全状态，为企业生产经营创造有利的条件。

4. 定人定机制度。企业实行定人定机制度，更容易落实岗位责任制。企业主要生产设备的操作人员，由车间提出定人定机名单，经设备动力部门审批备案后方可执行。做到重点设备定人定机，重点管理。操作人员凭设备操作证上岗作业。

5. 操作证制度。主要生产设备的操作人员，包括学徒、实习生等均应经过技术培训，需熟练掌握技术操作规程和安全操作规程，经考试合格并取得操作证后，才能独立操作设备。一般每个人只允许操作同一种型号的设备。特殊工种操作工，须经培训取得特殊工种操作证后，方能上岗。熟练技工，经一专多能专业培训考试合格后，允许其操作操作证上所规定的型号设备。

6. 安全检查、检验制度。设备运行安全检查是设备安全管理的重要措施，是防止设备故障和事故发生的有效方法。通过检查可全面掌握设备的技术状况和安全状况的变化及设备的磨损情况，及时查明和消除设备隐患，根据检查发现的问题开展整改，以确保设备的安全运行。

7. 维修保养制度。建立维修保养制度，根据零部件磨损规律制订出切实可行的计划，定期对设备进行清洁、润滑、检查、调整等作业，是延长设备使用寿命、防止损坏、避免运行中发生事故的有效方法。

8. 交接班制度。企业主要生产设备，有些处于连续使用状态，因此必须建立设备交接班手续，形成设备交接班制度，以明确设备维护保养的责任，提供设备使用的第一手资料，为设备故障的动态分析和生产情况分析提供可靠的依据。

【实用工具与方法】设备交接班记录（见表 6–1）

表 6–1　设备交接班记录

交接班记录簿

设备名称：			型号规格：			设备编号：	
车间：	工段：			操作者：		操作证号：	
交接班记录							
班次		早班		中班		夜班	
清扫、润滑情况	机床各部位						
	冷却液						
	油毡						
	周围场地是否清洁						
	是否缺油						
	油孔是否堵塞						

续表

<table>
<tr><td rowspan="4">使用情况</td><td colspan="2">传动机构是否正常</td><td></td><td></td><td></td><td></td><td></td><td></td></tr>
<tr><td colspan="2">零部件有无损坏</td><td></td><td></td><td></td><td></td><td></td><td></td></tr>
<tr><td colspan="2">附件、工具是否齐全</td><td></td><td></td><td></td><td></td><td></td><td></td></tr>
<tr><td colspan="2">电器</td><td></td><td></td><td></td><td></td><td></td><td></td></tr>
<tr><td colspan="3">图纸、工件质量情况</td><td></td><td></td><td></td><td></td><td></td><td></td></tr>
<tr><td colspan="3">故障、事故及处理情况</td><td></td><td></td><td></td><td></td><td></td><td></td></tr>
<tr><td colspan="3" rowspan="2">开动台时记录</td><td>实际开动</td><td></td><td>实际开动</td><td></td><td>实际开动</td><td></td></tr>
<tr><td>故障停开</td><td></td><td>故障停开</td><td></td><td>故障停开</td><td></td></tr>
<tr><td rowspan="2">早班</td><td>交接人</td><td></td><td rowspan="2">中班</td><td>交接人</td><td></td><td rowspan="2">夜班</td><td>交接人</td><td></td></tr>
<tr><td>接班人</td><td></td><td>接班人</td><td></td><td>接班人</td><td></td></tr>
</table>

二、现场生产设备使用的管理方法及其内容

现场生产设备使用的管理方法及其内容包括以下方面。

1. 做好设备的识别。“在显眼处悬挂或粘贴标牌、标贴”：设备的名称、管理编号、精度校正、操作者、维护人员、运作状况、设备位置，安全逃生、生命急救装置，操作流程示意图。

2. 制作操作说明书。“简单易懂、逐条说明”：引言、操作原理、用具及设备说明、操作说明、注意事项、附录。

3. 设备“三定”制度。“制定三定制度”：设备定号、保管定人、管理定组。

4. 设备安全生产制。“人人执行设备安全生产”：严格执行各种设备的操作维护规程，做到安全生产。

5. 凭证操作。“凭证操作设备”：生产设备的操作人员通过技术基础理论和实际操作技能培训，经考核合格后取得设备操作证。凭证操作是保证正确使用设备的基本要求。

6. “三四五”法。“三好”：管好、用好、修好；“四会”：会使用、会保养、会检查、会排除故障；“五项纪律”：定人定机、设备整洁、交接班制度、管好工具、及时发现设备故障异常并立即停机。

7. 提高人员素质。“相应技术培训和训练”：有计划地、经常地对操作人员

进行技术教育，以提高其对设备使用维护的能力。

【实用工具与方法】班组长设备管理职责

1. 制定班组设备管理的工作目标。

2. 负责班组设备的合理使用和维护保养工作。

3. 根据设备的实际能力以及完好状态来安排生产，调整任务以及负荷。

4. 根据操作规程对员工的操作行为进行定期检查、监督。

5. 做好填写或检查各种设备记录，督促操作人员做好设备日常点检和维护工作。

6. 组织班组人员设备操作、维护方面的学习和培训。

7. 参加班组各类设备的维修。

8. 参加班组设备事故分析，采取措施，教育操作人员防止事故的发生。

第二节　设备点检与维护保养法

一、设备点检

设备点检是指为了能准确评价设备的使用程度、磨损程度等情况而按一定周期进行的检查，是设备管理的重要部分。

1. 设备点检的分类

设备点检分日常点检、定期点检和精密点检三种：（1）日常点检。每日由使用部门操作人员对所有设备进行点检，如异音、湿度、加油、清扫、调整等，保证设备每日正常运转，不发生故障。（2）定期点检。每月由维修部门点检人员对重点设备进行预防保全，如测定设备劣化程度，确定设备性能（停机检查），以保证设备达到规定的性能。（3）精密点检。不定期由维修部门专业技术人员使用特殊仪器对设备进行点检，对问题做深入的调查、测定、分析，以保证设备达到规定的性能和精度。

2. 设备点检的方法与内容

设备日常点检主要是在非解体、非停机的情况下，依靠人的“五感”，即五官，对运转中的设备进行良否判断。通常是对温度、压力、流量、振动、异声、动作状态、松动、龟裂、异常及电路的损坏、熔丝熔断、异味、泄漏、腐蚀等内容的点检。

设备点检的内容具体如下：

清洁。主要清除设备中的灰尘，保持各触点的清洁。如：清洗空气滤清器、机油滤清器，清洁冷却泵，清洁电动机、发电机、启动电动机、蓄电池以及电气操作和电气控制部分的电气设备解体检查时，清洗拆下的零部件，去除积炭、结胶、锈斑，保证设备油、水和通气管道畅通。

紧固。经常检查设备的紧同程度并进行紧固。紧固件调正时，应该用力均匀恰当，紧固顺序按规定进行，确保紧固。

有效润滑。发动机的摩擦表面、齿轮、滚动轴承、拉杆、滑轮销子等活动部位。用定人、定质、定时、定点、定量的“五定”方法管理润滑油，润滑“五定”管理规范。

防腐。对非金属制品采取必要的防腐措施。如：洗净橡胶制品上的油污等，加以保护。在金属制品的保护层进行喷漆或涂上油脂等防腐涂料。

调整。调整由于设备的振动等因素产生的不正常的错位和碰撞所造成的设备磨损、发热、噪声、振动甚至破坏。如齿轮间隙、气门间隙、制动带间隙、电压、电流等，对有关的位置、间隙尺寸作定量的管理，定时测量、调正，并在调整后再加以紧固。

表面检查。检查设备运行过程中出现的故障先兆。包括设备外表面有无损伤裂痕；磨损是否在允许的范围内；温度压力运行参数是否正常；电机有无超载或过热；传送带有无断裂或脱落；振动和噪声有无异常；设备密封面有无外露；设备油漆有无脱落，外表有无锈蚀；设备的防腐等，从设备的外观做目测或观察、测量、检查。

3. 实施设备日常点检

（1）设备点检要明确规定职责

生产操作工人严格执行日常点检程序，每天循环往复地进行。专业点检人员应根据现场实际制定点检表，与操作人员一起每天定时、定点、定项进行点检，并进行签字确认设备状态是否可运行。凡是设备有异状，操作人员或维修人员定期点检、专题点检，没有检查出的，由操作人员或维修人员负责。已点检出的，应由维修人员维修，而没有及时维修的，则该维修人员负责。

（2）设备点检的要点

在每台设备旁设置点检记录表，主要内容包括点检负责人、点检时间、点检项目等，如一般机械的通用性要点，如空压、蒸汽、油压、驱动、电气等方面的各种要点。此外，一些故障频发的设备部位也是点检的重点所在。

（3）设备点检问题的解决

生产管理人员在设备点检中，如发现不正当的机器操作，必须要予以纠正，并向操作者告知有关设备的结构、性能等方面的要点，使其了解为何要按操作规程作业。

设备操作人员应认真、仔细地对设备进行保养，一旦发现异常需及时登记，并上报设备部主管。如设备点检中发现的通过简单调整、修理可以解决的问题，由操作人员自己解决；在点检中发现难度较大的故障隐患，由专业维修人员及时排除；对维修工作量较大，暂不影响使用的设备故障隐患，经车间设备员鉴定，由车间维修组安排一保或二保计划，予以排除或上报设备部门协助解决。如设备部主管不能处理时需上报至设备部经理或专业设备保养人员处理。任何人不得随意对设备进行大规模拆卸。

设备的运行操作人员不仅要承担操作任务，更应该主动承担设备的维护及管理工作，强化其自主管理的责任，建立一种全员点检机制，通过建立设备点检流程加强对运行中设备的管理，将计算机信息技术引入设备点检是一大创新，不仅提高了工作效率，也使得点检工作更加规范和标准，提高了设备的运行效率。

【实用工具与方法】日常点检基准卡

日常点检基准卡（部分），如表 6–2 所示。

表 6-2　日常点检基准卡（部分）

<table>
<tr><td colspan="7">○日常点检基准卡</td></tr>
<tr><td>设备名</td><td>厂家</td><td>编号</td><td>岗位名</td><td>编制日期</td><td colspan="2">修改日期</td></tr>
<tr><td>50T
压力机</td><td>A</td><td>A–04</td><td>第 1 压
力机</td><td>2010 年 9 月 18 日</td><td colspan="2">年　月　日</td></tr>
<tr><td colspan="2">部位</td><td>点检项目</td><td>点检方法</td><td>判定基准</td><td>处置方法</td><td>周期</td></tr>
<tr><td rowspan="2">机械部</td><td>离合器
制动器</td><td>V 皮带的张力
旋转式凸轮的
松动</td><td>手
目视</td><td>用手指压，大约沉下
一个指头
驱动系统应无松动</td><td>更换
坚固或锁紧</td><td>月
月</td></tr>
<tr><td>外观</td><td>本体各部位变
形磨损
螺杆、螺母松
动</td><td>目视
目视
听觉</td><td>应无变形磨损
指定处无松动
不应产生异音</td><td>补修
紧固把手
检查修理</td><td>日
日
日</td></tr>
<tr><td>电气部</td><td>电机
指示灯
脚踏开关
电缆
接地线
安全装置</td><td>发热
异音
灯的指示状态
动作状态
组装状态
组装状态
动作状态</td><td>手
听觉
目视
脚
目视
目视
手、目视</td><td>应在 60℃以下
不应产生异音
亮暗情况
重复动作 5—10 次
不应有损伤松动
不应有损伤松动
适当地停止</td><td>更换
更换
更换、检查
更换
补修、紧固
补修、紧固
修理、更换</td><td>日</td></tr>
</table>

二、设备的维护保养法

设备的维护保养是设备自身运动的客观要求，是管、用、养、修等各项工作的基础，也是操作工人的主要责任之一 。设备维护保养的目的是及时处理设备在运行过程中随时发生的各种问题，以及人为因素造成的耗损，保证设备正常运行，及时处理改善设备的运行条件，以延长其使用寿命，避免不应有的损失。

1. 设备三级保养的重要内容

（1）人员要求。操作人员必须做到“四懂三会”，即懂结构、懂原理、懂性能、懂用途，以及会使用、会维护保养、会排除故障。设备保养可以分为三级（见表 6–3），而现场班组只要求做到一级保养。

表 6–3 设备保养分级

项目	一级保养	二级保养	三级保养
担当人员	设备使用人员	车间的设备维护人员	设备管理部门负责
周期 / 频率	每日、周或者使用前后	定期（每月、半年、一年）	定期（一年、三年或五年）
主要特点	保养难度不大，通常作为日常工作	技术和专业性较强，包括定期的系统检查和更换修复	专业性很强，需用仪器设备才能实施的保养维修
主要内容	●拆卸指定部件、箱盖及防尘罩等，并进行彻底清洗 ●疏通油路清洗过滤器，更换油线、油毡、滤油器、润滑油等 ●补齐手柄、手球、螺钉、螺帽、油嘴等机件，保持设备的完整性 ●紧固设备的松动部位，调整设备的配合间隙，更换个别易损件 ●清洗导轨及各滑动面，清除毛刺及划痕	●对设备部分装置进行分解并检查维修，更换、修复其中有磨损的零部件 ●更换设备中的机械油清扫、检查、调整电气线路及装置 ●检查、调整、修复设备的精度，校正设备的水平装置	●设备定期大修，性能校正与改善 ●做定期保养日程，定期保养实施精度校正 ●协助二级保养人员的请求 ●委托外部、专家修理、保养……
相关制度	设备自主保养制度	设备巡检制度	设备定期检修制度、厂家定期检修制度

（2）具体的操作要求

①严格按规程进行正常操作和事故处理。设备保养前，设备维护人员应确保设备已关闭且电源已切断，以保证保养作业人员的人身安全。

②严格控制工艺指标，做到不超温、不超压、不超速、不超负荷。

③严格执行巡回检查制度，实行听、摸、查、看、闻五字方针，认真进行检查和记录，使设备经常保持清洁、润滑、紧固、调整、防腐。

④设备润滑要求做到“五定”（定人、定点、定质、定量、定时），同时要做好三级过滤（油桶、油壶、注油器）。

【实用工具与方法】润滑加油基准卡

如表 6-4 所示的润滑加油基准卡和如图 6-1 所示的润滑油的目视管理图。

表 6-4　润滑加油基准卡

润滑加油基准卡								
序号	加油部位	点检方法	加油部位	加油部位	加油部位	加油部位	加油部位	加油部位
1	××	××	××	××	××	××	××	××
2	……							
3								

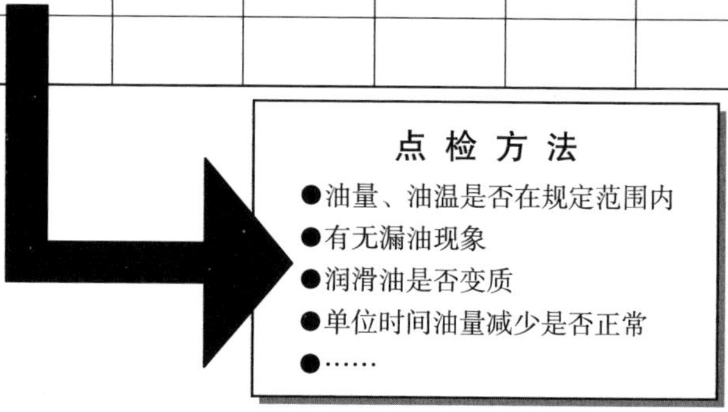

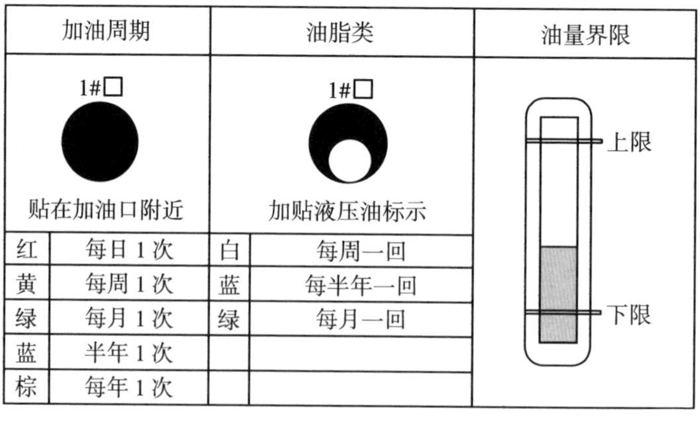

图 6-1　润滑油的目视管理图

【实例】铣床润滑图表示例

如图 6–2 所示的铣床图和如表 6–5 所示的表格式润滑图表。

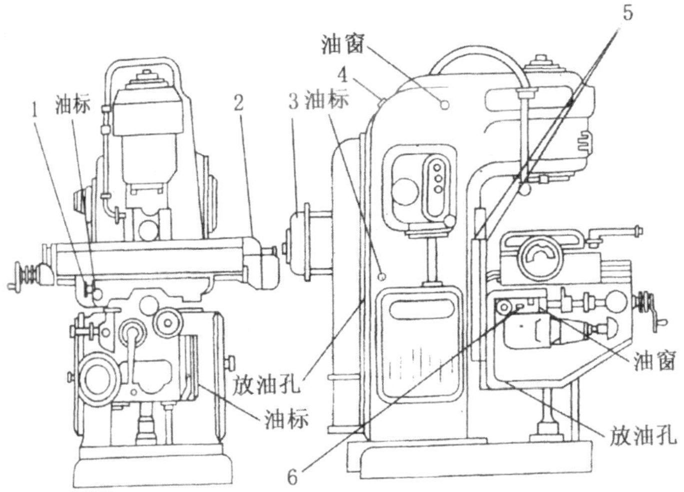

图 6–2 铣床图

表 6–5 表格式润滑图表

五定	定点		定质	定量	定时	定人
序号	润滑部位	润滑方式	润滑剂	油量（千克）	周期	润滑分工
1	手拉泵	吸	L—AN46 全损耗系统用油	0.2	每班二次	操作工
2	工作台丝杠轴承	油枪	L—AN46 全损耗系统用油	数滴	每班二次	操作工
3	升降台导轨	油枪	L—AN46 全损耗系统用油	数滴	每班一次	操作工
4	电动机轴承	填入	2 号锂基脂	2/3	半年更换一次	电工
5	主轴变速箱	油壶	L—AN46 全损耗系统用油	24	半年更换一次	润滑工
6	进给变速箱	油壶	L—AN46 全损耗系统用油	5	半年更换一次	润滑工

2. 日常维护保养工作实务

日常维护保养由设备操作人员负责，其工作实务为依照正常的操作程序使用设备。

（1）每日工作前：①将尘埃、污物擦拭干净，滑动部分的清洁润滑；②不必要的物品不放置于设备、传动部位或管线上；③润滑系统是否足够；④各部位螺丝是否松动；⑤空转试车正常与否，传动部分有无异状或异声。

（2）每日工作中：①不得从事超越设备性能范围外的工作；②因故离开机器时应请人照看或停机；③注意运转情况，是否有异常声音、振动、松动等情况；④轴承或滑动部位有无发烫现象；⑤是否油路系统畅通；⑥注意加工产品的优劣，以决定是否停机；⑦发现不良，应立即报告。

（3）每日工作后：①取下工作物；②清除铁屑、污物，擦拭设备，清扫周围环境；③检查设备各部位是否正常；④应保持工具、工装、仪器及其附件等清洁并置于固定位置；⑤擦拭干净滑动面后，应注入机油防锈。

第三节　全员生产维护管理（TPM）

一、全员生产维护管理（TPM）概述

1. TPM 的概念

TPM 是（Total Productive Maintenance）的英文首字母的缩写。TPM 被称为“全员生产维护”或者“全面生产维护”，是以追求设备综合效率最大化，以全系统为载体，全体成员共同参与的生产与设备维护管理方式。

TPM 是以最小投入、最有效的设备利用，获得最大利益产出为目标，以维修预防（MP）、预防维修（PM）、改善维修（CM）和事后维修（BM）综合构成生产维修（PM）为总运行体制，由设备的计划、使用以及保全等现场部门人员，从最高经营管理者到第一线作业人员全面参与，有针对性地开展操作者与维修人员共同参与的以自主小集团 PM 活动、TPM 培训和 TPM 自主维护与自主维修活动，以改善设备体质，改进人的观念、精神面貌及改善现场工作环境的方式来改革企业的体制，全面提高人机结合整体率，达到生产效率最大化，最

终实现企业综合竞争力的提升。以追求更高的设备综合效率为目标。

2. TPM 的推行目标

（1）TPM 以企业员工素质的提升与设备维护水平的提高来促进企业的发展。

（2）TPM 以最大限度地发挥设备功能，以零故障、零缺陷为总目标。

（3）TPM 以降低七大损失（设备故障、设备启动关闭、空转短暂停机、设备设置和调整、设备切换、产品缺陷返工、计划停机）来提高设备综合效率。

（4）TPM 促使建立一套严谨、科学的、规范化的设备管理模式。

（5）TPM 可以进行无缺陷设定和条件管理以做到源头的品质维护与管理。

3. TPM 的特点

TPM 全员生产维修主要突出一个“全”字，这个“全”字有三个方面的含义，即全系统、全效率和全员参加。

全系统是指涉及整个生产系统，其中最主要和最本质的是以生产维修为主导的运行体系。它包含对设备实行全过程的管理和对现场实行全空间的管理。全效率是活动被持续有效地推进，追求整个生产系统综合效率最大化；全员参加是指这一维修体制的群众性特征，不仅局限于生产部门、工程和维修部门，设计开发等其他业务、行政部门都要纳入其中，以 5S 为基础，通过动机管理，即通过自主的小组活动使 PM 体制得到推动。

三个“全”之间的关系为：全员为基础，全系统为载体，全效率为目标。TPM 的主要目标就落在“全效率”上，“全效率”在于减少或降低六大损失。

4. TPM 推进组织

TPM 推进组织如图 6–3 所示。

5.TPM 推进规划

TPM 推进规划分两个层次：一个是由 TPM 推行委员会制定的战略规划，另一个是由 TPM 推进工作室制定的战术规划。一般制订 TPM 的战略规划分为近、中、长期三种，对于较大型企业集团 TPM 活动近期规划 1—2 年，中期规划 3—5 年，长期规划 5 年以上。TPM 的战术规划根据企业的具体情况来制定，先成立 TPM 的推行组织，进行系统规划，然后培训和发动，再在各个部门具体实施，实施后进行效果评估和监督，持续不断地进行改善，以达到 TPM 制定的目标。

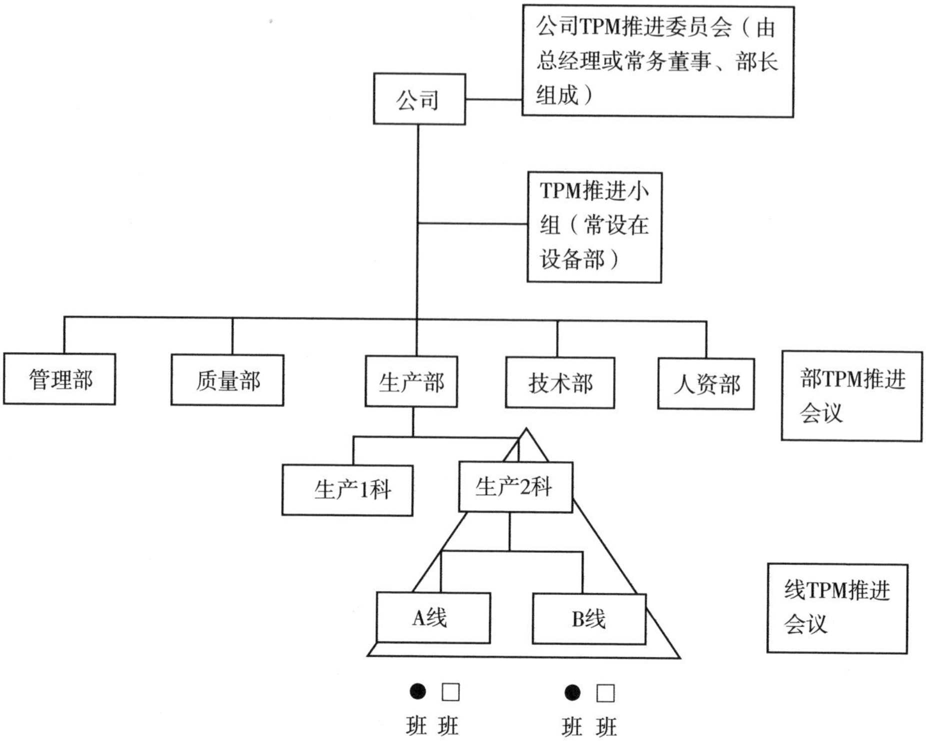

图 6–3　TPM 推进组织

6.TPM 的绩效指标分析——设备综合效率

设备综合效率简称 OEE（Overall Equipment Efficiency）是通过设备利用率、设备性能指数和产品质量反映企业生产效率、设备管理好坏的重要指标，是衡量设备运行效率的指标，也是考核 TPM 管理活动的重要指标。设备综合效率计算公式如下：

设备综合效率 = 时间运转率 × 性能运转率 × 合格品率

7. TPM 的效果

经过对日本授予"PM 优秀公司奖"（简称 PM 奖）的公司进行评价，获得如 TPM 的效果。

（1）附加价值生产率提高到 1.5—2 倍，突发故障由 1/10 降低到 1/250，设备综合效率提高到 1.5—2 倍。

（2）废品率降低到 1/10，交货厂家索赔减少 1/4。

（3）生产成本降低 30%，产品及半成品库存减半。

（4）停产灾害为 0，安全事故为 0。

（5）提案件数提高 5—10 倍。

（6）让客户信赖，成为凝聚力强、充满活力的企业。

（7）员工精神面貌改观、自信心增强，改善力使员工有自我价值的实现感，积极性的激发。

（8）企业体质和全员意识的革新，员工的技能水平提高，形成良好的企业文化。

二、TPM 的推进方法

在 TPM 方面，为彻底排除设备的七大损失，要开展以下八项活动，此处称为“TPM 的八大支柱”。如图 6–4 所示。

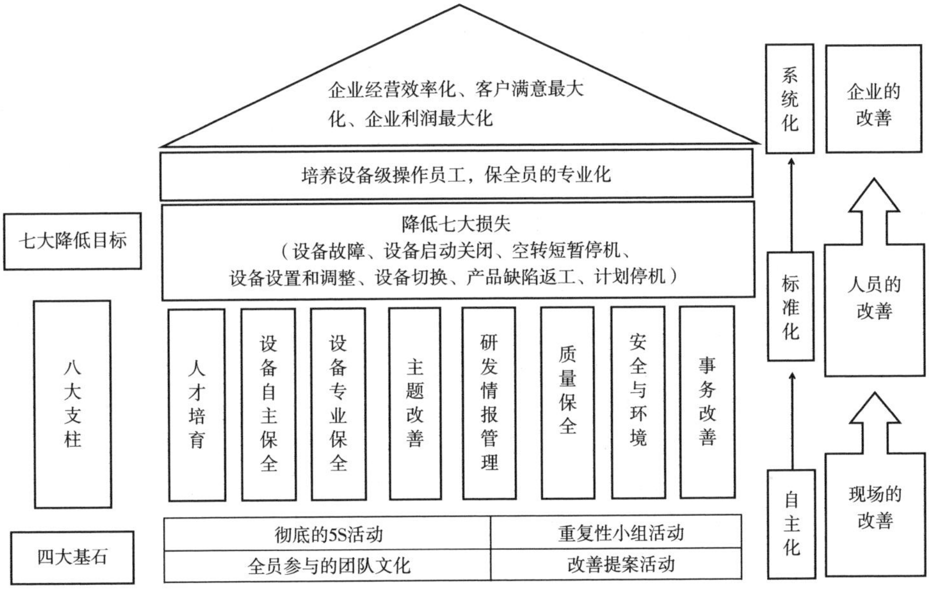

图 6–4　TPM 的八大支柱

典型的 TPM 一般包括八大支柱和两大基石，下面简单介绍 TPM 管理体系八大支柱内容，如表 6–6 所示。

表 6-6　TPM 的八大支柱

序号	支柱名	目的	重点	实施步骤和手段
1	人才培育	1. 员工的教育和训练活动位于 TPM 活动各支柱的首位 2. 充实教育体系，培养懂设备、会管理、会控制品质的人才 3. 提高员工技能水平	1. 尽量让更多的人参与 2. 多样化	1. 开展一般改善提案活动 2. TPM 之窗、TPM 发表会 3. 建立 TPM 教育训练体系 4. 多技能员工的培养
2	设备自主保全	1. 通过生产部门推进传统的日常设备的自主管理活动，将员工积极性调动起来，培养强大的有实力的作业能手，提高员工对设备、工作场所的保全水平和能力，训练员工异常发现、修复、改善技能 2. 实现理想的现场，即谁都能发现并纠正现场和设备的异常和问题点	1. 强调自主管理意识，掌握点检技能，早期发现异常，事前防止故障不良的发生 2. 学习设备的基本常识，能进行正确的操作，减少故障不良的发生	1. 初期清扫 2. 发生源及困难部位的对策 3. 做成自主保全（清扫、加油、紧固）等方式，维持设备的基本运行条件，利用点检的方式对设备或工具的劣化进行复原 4. 总点检（点检手册教育） 5. 自主检点（检查表） 6. 标准化（数据记录、模夹具） 7. 贯彻自主管理
3	设备专业保全	1. 专门的设备维修部门进行预防保全和计划保全，并通过诊断技术提高对设备状态的预知力，构建能维持“故障 0、不良 0”防保全体制，降低维持设备 LC（一生）的总成本 2. 减少设备突发性作业的发生，延长保全作业的周期，缩短保全作业工时 3. 培养设备专门保全技术者	1. 强化预防保全和计划保全体系 2. 建立完整的运行记录	1. 建立备品备件的管理体制 2. 建立专门保全管理体制，使设备维修流程化、维修行为规范化 3. 推进计划保全，改良保全，制定基本条件基准，进行基本条件分析和对策 4. 大力开展预防保全（MP）活动，使点检、准备效率化，进行设备综合诊断工作，达到设备极限利用

续 表

序号	支柱名	目的	重点	实施步骤和手段
4	主题改善	1. 将所有与设备、人员相关的损耗、浪费“显露化” 2. 提高设备综合效率及人的劳动生产性 3. 培养熟知浪费的人才	1. 明确浪费含义 2. 研习改善手法 3.在TPM小组活动里按主题活动的方式进行，需要跨部门的可以组成PROJECT项目小组进行活动	1. 创建高效率的“生产线”（排除常见的浪费） 2. 建立生产性浪费体系图 3. 对浪费进行记录、整理 4. 确立BM（基准值） 5. 建立生产性向上标准 6. 决定挑战项目及实施
5	研发情报管理	1. 建立动态开发设计的管理体系 2. 设计出符合生产要求的设备 3. 对设备进行最优化规划、布置	1. 掌握产品设计和设备设计必要情报 2. 设备操作人员和维修人员具有适应新设备能力	1. 设计没有缺点的产品和设备 2. 生产保全和质量部门提供必要的情报 3. 按少维修、免维修思路设计出符合生产要求的设备
6	质量保全	1. 构建能确保制造质量稳定的“生产线” 2. 构建不产生不良的质量体系 3. 培养能控制质量的人才	1. 树立正确的质量意识 2. 设定良品条件	1. 分析质量不合理状况，提出解决办法 2. 防止无意识差错 3. 分析和消除慢性不良的要因（PM分析法） 4. 建立良品条件的标准化 5. 维持条件改善 6. 防止不良的产生及不良的流出
7	安全与环境	1. 构建安全管理体系和ISO 14000国际环境管理体系 2. 创建安全、整洁、温馨、充满生气的工作场所 3. 成为值得外界、社会信赖的公司	1. 切实执行安全规定 2. 认识环境改善的意义	1. 建立“安全巡视制”——排除不安全状态、不安全行为 2. 查找危险因素，树立改善方案，实施改善 3. 节省能源活动 4. 环境改善活动，如垃圾“0”活动（废弃物分析、再利用）

续表

序号	支柱名	目的	重点	实施步骤和手段
8	事务改善	1. 构建间接部门业务改善的体系 2. 短缩各种业务周期（时间） 3. 提高满意的情报和支持 4. 通过革新活动，不但提高业务的效率，而且培养经营头脑和全局思想的经营管理人才	1. 明确事务工作的改善方向 2. 掌握事务工作的各种浪费形式	1. 准备事务工作的改善防止八大浪费 2. 制定管理基准 3. 选出课题 4. 改善

三、TPM 的实施步骤

全员参与是 TPM 的重点，TPM 实施主要分为三大阶段。

1. 准备开始阶段：公司高层领导积极参与，做好动员和宣传造势，任命一位 TPM 专员负责全员培训教育，营造实施 TPM 的氛围。

2. 实施推进阶段：组建 TPM 实施团队，确定目标，制订实施计划，采取课题攻关，制定标准，全面开展工作，实施时必须对问题准确定位、细化调整和修改作业程序。

3. 总结提高阶段：检查评估，找出不足，巩固提高成果。

TPM 各阶段实施步骤及其主要内容：一是准备开始阶段。（1）最高管理者宣布导入 TPM 活动：会议及其他场合宣布。（2）TPM 导入宣传与培训：进行必要的宣传活动，对干部员工进行培训 。（3）成立 TPM 推进组织：成立各级 TPM 推进委员会，选定活动负责人。（4）设定基本方针和目标：酝酿活动方针，预测活动效果与目标，提出达成目标内容及时间节点。（5）制作 TPM 推进计划：制定从活动开始到活动自主推进为止的行动计划。（6）正式启动，实施导入准备和落实：构建部门效率化体系；构建安全、卫生和环境管理体系、质量保全体系，开展全员参与的改善活动。二是实施推进阶段。（7）自主维护活动的开展与推进；开展全员参与的自主清扫、自主维护与自主维修活动并形成

设备自主保全机制 。（8）专业维护活动的开展与推进：以专业设备维护人员为主体，建立、健全高效的专业维护体系 。（9）技术和管理人才的培养：全面教育训练，培养具备技术与管理能力的专业 TPM 人才。（10）组织开展主题提案改善活动：对生产过程中出现的重大生产、设备难题进行攻关改善，预防设备事故发生。（11）设备突发故障应急处理：制定多发故障防范规定，突发故障应急维护流程，开展设备突发故障应急处理活动。（12）间接管理部门的推进活动：生产支援、间接部门的效率化、设备的效率化。（13）质量、安全、环境和卫生管理体制：构筑零灾害、零公害体制、不产生不良的质量体系防止不良的产生及不良的流出步骤。（14）设备信息管理平台建立：建立设备、故障、备件信息库，对现场点检和检修任务进行设备台账管理，TPM 管理的评价考核体系。三是总结提高阶段。（15）活动成果的展示、总结与改进：总结、评估、反省，根据对系统优化和调整的结果进一步对其进行完善和巩固，制定下步目标和计划。

15 个步骤只是 TPM 活动体系的全面导入过程，必须将已经建立起的 TPM 活动体系长期、持续、有效、不断完善的推进下去。

【实用工具与方法】TPM 目标管理及考核表（见表 6–7）

表 6–7　TPM 目标管理及考核表

<table>
<tr><td colspan="10">工厂目标管理项目</td><td colspan="3">编制</td><td colspan="2">校对</td><td colspan="2">审核</td></tr>
<tr><td colspan="10">生产线名：</td><td colspan="3"></td><td colspan="2"></td><td colspan="2"></td></tr>
<tr><td rowspan="2"></td><td rowspan="2"></td><td>上年度</td><td>月目标</td><td colspan="10">实　绩</td><td colspan="3">评价
（○ 90分以上；
△ 70—90 分；
×70 分以下）</td></tr>
<tr><td></td><td></td><td>×月×日</td><td>×月×日</td><td>×月×日</td><td>×月×日</td><td>×月×日</td><td>×月×日</td><td>×月×日</td><td>×月×日</td><td>×月×日</td><td>×月×日</td><td>天天评价</td><td>月月评价</td><td>×的分析</td></tr>
</table>

续表

共通项目	综合开工率															
	时产（台）设备开工率															
	缩短节拍（秒）															
特殊项目	换型（分）															
														作业长	厂长	评价人

生产线名	月度分数	奖/罚金额	评价	编制者	批准者

【实例】某石化公司 TPM 推进成功经验

1. 概况

某石化公司是该地区最大的现代化石油化工企业之一。全公司有石油化工主要生产设备 6 万余台，多为易燃、易爆、连续性生产、腐蚀性强的设备，大部分设备分布于室外，维护难度较大。公司认识到装置的安全、稳定、长周期运行的水平直接影响着企业的成本和效益，为此，公司着重进行了较为系统的 TPM 规范化设备管理。

2. TPM 管理的运行与实际应用

（1）全体动员，成立推进组织、制定了 TPM 管理体系手册

公司成立了 TPM 推进委员会组织机构，负责动员全体员工及 TPM 的全面推进。公司机动部作为主推 TPM 管理的部门，制定了 TPM 管理体系手册，该手册内容涉及人力资源培训、设备前期管理、运行维护管理、检维修管理和绩效考评与测量等十多项内容。每月组织召开月度 TPM 例会。

（2）确定推进 TPM 方针、目标、指标

制定了 TPM 程序文件，该文件包含公司的方针、总体目标、五年阶段目标、可测量的指标等方面。

公司的方针：全员参与、规范管理、自主创新，实现设备综合效率最大化，提高生产效率。

总体目标：提高员工的素质、实现员工自主维修，提高设备整体素质、实现设备全效率最大化，改善企业体质以追求最高目标。

五年阶段目标：分五年推进。

可测量的指标：TPM 活动员工参与率、设备综合效率；合理化提案及实施率、单点课制作数、技术攻关完成数；非计划停车次数、关键设备故障率、检维修成本。

（3）加强培训，转变观念

公司机动部制定年度 TPM 培训计划，提出培训方向和课题，并通过外请专家讲座培训、开发学习手册、建设学习场所及知识竞赛或考试等方面开展，具体内容如下：

① 外请专家教授讲课，分层次培训

外请专家分层次对公司中高层领导以及基层员工开展 TPM 设备维护知识培训讲座，为实施维护人员育成提供指导，也为全公司营造了全员学习与参与应用 TPM 设备维护的氛围。

②开发学习手册，定期制作简报和经验交流

公司机动部有针对性开发出 TPM 管理培训手册，并通过微信公众号等网络手段推送全员生产维护相关知识、定期制作 TPM 设备维护简报、开展经验与典型案例交流等，以持续提升现场人员设备管理知识、技能。

③建设学习场所，激发参与的热情

在公司各个工区专门设立学习室，在学习室里通过结合设备维护的目视化看板和视频的方式，将 TPM 实施方法、优秀典型实例传达给员工，从而达到辅助培训学习的目的。

④开展 TPM 相关知识竞赛或考试，增强培训效果

定期进行 TPM 设备维护相关知识的竞赛，进行组团与个人循环挑战比赛，累计分数最高的队伍或者个人获胜，并给予优胜者一定奖励。同时每月分别组织对管理人员、设备维修工和操作工进行试卷考试，对不合格者有一次补考机会，若再不合格则进行相应岗位考核。

（4）操作班组进行单点课（OPL）活动

根据现场实际情况，开展 OPL 活动，其是针对现场中具体的一个故障问题或者一些技术难点，由设备管理人员自己编写专门教材，并由相关技术人员或者能够较好地解决问题、处理故障的人员针对该问题或者技术难点进行讲解从而促进员工共同学习与提高。

如表 6–8 所示，可以在一张纸上列出提纲和要点进行 OPL 培训。

表 6–8　9 月份单点课（阀门维护保养）

<table>
<tr><td rowspan="2">题目</td><td rowspan="2">阀门维护保养的改善</td><td colspan="2">编号</td><td colspan="2">GDK002</td></tr>
<tr><td colspan="2">准备日期</td><td colspan="2">9 月 10 日</td></tr>
<tr><td rowspan="2">类别</td><td rowspan="2">□基本知识
■改进案例
□故障案例</td><td>工段长</td><td>工程师</td><td>组长</td><td>编写者</td></tr>
<tr><td>贺小威</td><td>刘长荣</td><td>孔芳</td><td>张林</td></tr>
<tr><td colspan="6">1. 阀门保养维护要求：
（1）阀门表面无积尘、无锈迹；（2）阀门静密封点完好、无泄漏。
2. 改善作业流程：
（1）优化作业者的作业流程；
（2）消除作业者的多余动作；
（3）明确工序的作业内容、作业顺序、作业目的。
3. 阀门按要求加油保养，具体要求：
（1）清除阀门旧润滑脂；
（2）阀门手轮铜套加注润滑脂；</td></tr>
</table>

（3）阀杆加新润滑脂，涂抹要均匀； （4）阀门手轮铜套没有注油孔的，加注 46 号液压油； （5）对于长期不进行开关的阀门，套上竹筒保护。 4. 阀门盘根保养维护： （1）检查阀门盘根是否需要更换； （2）需要更换盘根的阀门，在更换前应处于关闭状态； （3）准备好盘根，按要求开好坡口； （4）拧下盘根压盖螺栓； （5）卸出盘根压盖； （6）加进盘根，压紧盘根。							
实际效果	完成时间	9. 16	9. 16	9. 16	9. 16	9. 16	9. 16
	教师	王 ××	王 ××	王 ××	王 ××	王 ××	王 ××
	员工	张 ××	周 ××	李 ××	董 ××	赵 ××	何 ××

（5）实施寻找“六源”活动

“六源”包括设备污染源、清扫困难源、故障源、浪费源、缺陷源、危险源在内的各类源头。通过建立寻找“六源”活动的活动制度，采用巡检、检修形式，也可通过召集人员一起普查的方式开展寻找“六源”活动，发现源头后填写“六源”发现与解决表，如表 6-9 所示，并将发现的“六源”登记于设备管理看板上，确定相关责任人，查清问题所在，限定日期，责令相关单位人员拿出解决措施，并及时组织相关部门、班组及人员、跟进整改并得到有效处理，以保证设备正常安全高效运转。

表 6-9 “六源”发现与解决管理表

制表人：　　　　　　　　　　　　　　　　　　确认人：

序号	发现日期	发现人	部门 / 班组	“六源”类别	地点 / 位置 / 设备名称或编号	问题描述	图片	问题原因	改善建议	解决部门 / 班组	解决人	实施方案	完成日期	结果评价	备注
1															
2															

续表

序号	发现日期	发现人	部门/班组	“六源”类别	地点/位置/设备名称或编号	问题描述	图片	问题原因	改善建议	解决部门/班组	解决人	实施方案	完成日期	结果评价	备注
3															
4															
5															
6															
7															

（6）建立考评考核奖励制度

根据实际情况，进行周评、月评。考评内容包括现场管理、合理化提案数、OPL 数等，并将考评结果公布于活动看板上，对优秀班组和个人根据奖励机制进行适当奖励。如表 6-10 所示。

表 6-10　TPM 活动考评表

作业部（装置）：　　考评时间段：　　考评人：　　日期：

类别	内容	考评标准（分）	自评	考评组评分
培训方面	有无制定年度培训计划	0—5		
	TPM 基础知识培训、推广程度	0—8		
	参加 OPL 单点课培训情况	0—5		
设备故障率	低于 2%	0—5		
非计划停车次数和时间	非计划停车次数少于上年同期	0—5		
组织或参加技术攻关	参加项目并取得成效	0—8		
自主参与设备的维护保养情况	员工有自主参与设备维护保养的意识，并进行有效的设备维护保养	0—5		

续 表

类别	内容	考评标准（分）	自评	考评组评分
合理化提案数及实施率	合理化提案的数量，针对合理化提案管理建立相应的奖励机制	0—5		
合理化提案数及实施率	合理化提案的实施情况	0—3		
……	……	……		

注：以上项目评分标准：未开展或未达到标准 0 分，开展了或达到标准为相应评分的：较差 20%，一般 50%，良好 80%，优秀 100%。

（7）广泛开展“合理化提案”活动

公司员工针对管理或技术方面的不合理点，提出“合理化提案”。如表 6-11 所示合理化提案改善申请表（评分表）。一经采纳，便予以不同类型的奖励。为了鼓励员工积极提交提案，公司还举办了提案竞赛、设立提案公示榜来登记个人提交提案数量、在公示榜上展示优秀提案等多种方式开展提案评比活动，对提案数量多的员工以及优秀提案的员工同时进行奖励，以此激发员工发现解决问题的敏感性和提交提案的积极性。

（8）TPM 之设备自主保养的精细管理

构建了“三位一体”的点检网络，即岗位操作人员和维修工（维修技术员）的日常点检、专业点检员的定期点检和专业技术人员（维修工程师）的精密点检。

自主保养管理活动是以制造部门为中心的活动，一线员工除了自觉对设备进行清扫、点检工作，还通过自主保养提供有价值的合理化建议，参与到企业的日常经营管理，并可以进行一些简单的维护任务，从源头上消除风险，可以第一时间进行处理，大大地降低了设备的故障停机时间，提高了生产效率；维修工也通过巡检工作，对设备所出现的安全隐患和不符合公司设备点检表中的内容及时提出问题并协助整改。可以保持现场设备的最佳状态，促进不良和工作的事前防止，提高操作者的技能和作业意识。如对机泵冷却水勤检查、勤疏通，机泵油镜、容器液位计要勤清洗；要保证润滑油油色、油位正常。通过严查细管，目前 1# 蒸馏 A 系列连续运行 1127d（历史最好成绩为 736 d），超历史

表 6-11　合理化提案改善申请表（评分表）

<table>
<tr><td colspan="3" rowspan="3">题目（1 分）：
（用一个简单的题目，说明改善哪方面的问题）</td><td colspan="5">改善类别（请打“√”）</td><td></td><td colspan="2">所属部门：</td></tr>
<tr><td>人员</td><td></td><td>设备</td><td></td><td>预防</td><td></td><td colspan="2">提案人：</td></tr>
<tr><td>材料</td><td></td><td>成本</td><td></td><td>其他</td><td></td><td colspan="2">日期：</td></tr>
<tr><td rowspan="2">改善前</td><td colspan="10">问题点（现象）
内容指导要点：
1.【图示】（1 分）异常、大现象、表面的现象，可用简图、照片、漫画等方式来表达，注意重点突出。
2.【叙述】（1 分）简要地分几条叙述。（1）为什么要进行这个改善；（2）如果不改善的话会有什么影响？
3.【数据】（1 分）对应异常的数据图</td></tr>
<tr><td colspan="10">要因分析
内容指导要点：
1.【图示】（1 分）进一步进行细节的现象分析，建议采用局部放大图。
2.【叙述】（1 分）为什么会这样？（1）直接的原因；（2）造成直接原因的根源。
3.【数据】（1 分）对应原因的数据推移图，并提供数据来源。</td></tr>
<tr><td colspan="11">改善方向（2 分）：如何消除造成异常的根本原因</td></tr>
<tr><td rowspan="4">改善后</td><td colspan="10">改善对策
内容指导要点：
1.【图示】（1 分）对策是如何解决异常现象的？建议采用局部放大图。
2.【叙述】（1 分）简要地分几条叙述消除异常的主要办法（方案）对策应与要因分析及改善方向相关联。</td></tr>
<tr><td>对策来源</td><td>既有的规定要求
（0—1 分）</td><td></td><td colspan="2">借鉴展开的方法
（0—3 分）</td><td></td><td>研讨的成果
（0—3 分）</td><td></td><td>创新的方法
（3—6 分）</td><td></td></tr>
<tr><td rowspan="2">实施人填写
签名：</td><td colspan="9">重点实施项目（0—5 分）：①　　　　　　　　②</td></tr>
<tr><td colspan="9">改善时间（1 分）：共________小时；参加人员：共________人</td></tr>
</table>

续 表

<table>
<tr><td rowspan="2">效果</td><td rowspan="2">有形效果：（含改善前后金额对比结果）
（0—50分）
（1）改善前后数据的对比与幅度（百分率）
（2）换算成金额的算式和结果</td><td colspan="7">无形效果：
无法用数据表示的改善效果，用文字作简要说明，并在下面是无形效果的范围，打“√”</td></tr>
<tr><td>安全
环境
（0—5分）</td><td></td><td>品质
客户
（0—5分）</td><td></td><td>职业
能力
（0—5分）</td><td></td><td>士气
精神
（0—5分）</td></tr>
</table>

评价	评价项目	可行性	独创性	努力程度	有形效果	无形效果	总得分	级别	评价人	部门认可
	初评得分									
	复评得分									

有形效果程度评价标准

3万以下	3~5万	5~7万	7~9万	9~11万	12万以上
0~10分	11~20分	21~30分	30~40分	40~50分	50分以上

评价标准

特级	1级	2级	3级	4级	5级	6级	7级	8级
>95	85–95	75–84	65–74	55–64	45–34	35–24	15–4	< 4

最长连续运行时间。

（9）TPM 之专业保全体系的推行

由机动部有计划地进行全方位最专业的护理保养活动，建立出现突发故障时能迅速有效地进行维修的保全体系，尽量减少设备停用的时间。通过设计精细化的维护保养计划可以提前判断设备状态，通过定期对设备进行诊断、保养，发现解决各类潜在问题，达到维持设备长期运行的稳定性，完善生产维护保养系统的持续性。如公司根据设备磨损老化状况、设备重要程度、采用不同的维修策略。公司对 PDS、造粒系统进行预防性维修和机会检修，使问题消灭在萌芽之中。多年未出现过一次因这两套系统存在问题而非计划停车的情况，收到明显效果。

（10）大力开展个别改善“技术攻关”活动

根据对设备故障状况进行长期详细统计分析，按发生的频率、处理时间长短、处理难度的大小来分类进而对设备显性和隐性故障进行重点个别改善。针对生产过程中出现的重大生产、设备难题，需要重点个别改善的项目，公司成立相关的技术攻关小组。如针对裂解装置的三大压缩机组运行周期短的问题进行了攻关，至今已连续运行三年，目前运行状况良好。

（11）优化 TPM 管理信息系统

公司通过 TPM 管理体系与 MES 数据系统联动设计，MES 数据系统提供实时监控数据并传输到 TPM 系统端，TPM 采集 MES 系统发送过来的数据，及时存储数据，并对关键数据进行实时分析，使设备状态数据的获取、会合、分析和报告效率显著得到改善，解决了以前数据的延迟问题和准确性问题，通过增加报表统计输出模块的方式来提高数据的可用性。如设备综合效率、备件的消耗和库存费用图、维修计划和费用数据等。通过输出这些数据报告，便于管理和操作人员及时掌控设备的劣化趋势，提前进行预防性的维护保养，提前预警重大设备故障和安全隐患，有效地降低设备意外停机带来的生产损失。

通过 TPM 系统与安东系统联动，可以实时地监控并展现设备的显现和隐藏的故障，提醒设备操作人员和技术人员提前进行设备的检修和保养，TPM 系统将收集到的数据进行统计分析，将有用的数据整合后发送给安东系统，在安东系统的大屏上实时显示设备的各种状态，例如，停机状态、维修状态、保养状态、改造状态等。

3. 主要取得的成效

（1）非计划停车从 2017 年的 29 次减少到 2019 年的 12 次。非计划停车造成的效益损失从 2017 年的 2976 万元下降到 2019 年的 712.5 万元。

（2）主要设备年平均完好率从 2017 年的 97.48%上升到 2019 年的 99.12%，装置设备完好率持续处于高水平。

（3）2017—2019 年公司级的重点攻关项目有 12 个，各单位攻关项目总数 279 个，且 93%攻关完成，取得了较大的经济效益。

（4）员工主动参与改善提案。2018 年提案共计收到 2137 件，其中有效提案 1723 件，2019 年中，提案数量 2782 件，有效提案 2611 件。

（5）公司全年单点课数 216 次，累计培训人次 8627 人次。

（6）设备综合效率由 2017 年的 91.8% 上升至 2019 年的 93.4%，达到了历年的最好水平。

（7）2018 年安全事故同比下降 22%，2019 年安全事故同比下降 37%，实现了较大以上安全事故为零的目标。

第七章

班组成本精益管理

第一节　班组成本精益化管理概要

在班组管理精益提升过程中，成本管理要素的精益管理提升工作被放在了一个非常重要的位置。企业除了推行成本全面预算管理，还要求各班组进行成本要素的管理提升，即在轮班、生产小组或流水线范围内，将班组日常生产经营过程中各项费用使用消耗情况进行详细分解，将工作量（产量、进度、推进度以及其他工作量）、成本、费用、盈亏、质量、安全等责任指标分解到班组或个人，并将劳动耗费和劳动占用与劳动成果进行比较，借以控制费用，降低成本，提高经济效益。从成本管理班组的角度出发，指标的分解、下达、班组执行、分析、总结考核等各个环节，结合生产环节作业成本管控，给出班组管理成本要素的精益管理提升的思路和详细论述。

按照费用项目落实到班组中具体的工序、工位和负责人，以“事先预算、事中控制、事后总结”作为成本管控的主导思想，形成“全员参与、全员管控、全员受益”的良好环境。各部门还将节能降耗工作纳入班组自主管理范畴，有效建立能耗管理班组自查自纠工作机制，不断发挥班组在企业节能降耗工作中的关键作用。

第二节　建立班组成本精益管理体系及其实施

根据班组精益生产管理目标和思路，立足班组管理的特征要求，实施精益生产管理班组成本系统管理。公司从上至下建立班组成本精益管理的三级管控体系。如图 7–1 所示。

班组成本精益管理体系包括顶层设计层、实施控制层和考核评价层三个层次。

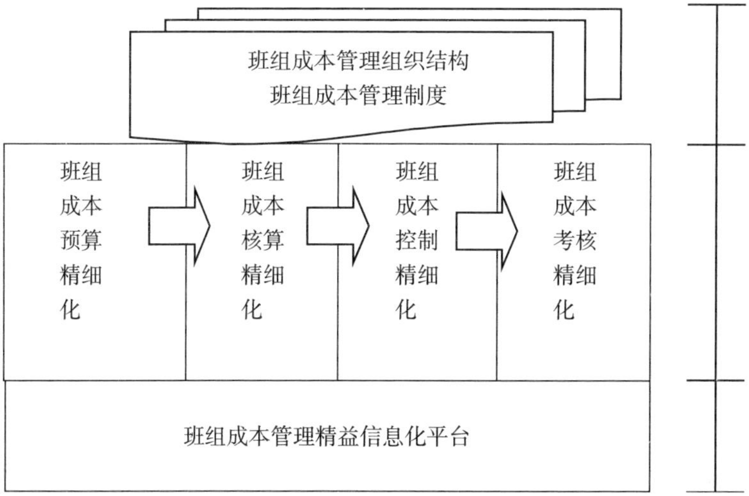

图 7-1　班组成本精益管理的三级管控体系

在顶层设计层面，根据公司发展战略指标、生产年度计划等，班组建立以值班长（班组长）为主的班组成本管理实施机构，班组长负责班组成本核算具体的计划，每班设有核算员及材料员各一名。班组核算员定期提供生产数据建立成本费用管理台账，并跟踪各岗位成本费用的支出情况；材料员负责班组材料的领用、发放及设备管理，实行严格的材料计划预算管理，班组长落实核算工作，做好班组成员的考核；健全班组成本管理的相关制度，如《班组核算考核办法》《原副材料控制制度》《修理费控制制度》《班组统计数据管理》等，明确班组成本管理目标责任。

在实施控制层面，将班组成本管理指标分解和管控，综合运用可视化管理、看板管理、关键物料管控等，如班组建立了以“一板、一账、五表”为主要内容的班组成本核算基础资料体系，“一板”即班组成本核算揭示板，“一账”即班组成本核算日台账，“五表”即成本费用计划明细表、成本费用明细表、产品成本对比分析表、制造费用对比分析表和薪酬考核兑现明细表。根据班组实际情况，设立生产成本管控的关键监控点，对成本绩效指标偏差进行生产管控，强化精益管理。班组成本预算精细化、班组成本核算精细化和班组成本控制精细化，实现班组成本目标落实落地、生产绩效指标良性持续改善。

在考核评价层面，以精益生产为战略指引，以作业成本管理为工具，以信息平台为依托，建立班组成本绩效系统，量化作业成本指标，向生产线和生产班组运行控制点分解细化，实现班组成本考核精细化、实时化管控。提高班组成本管理效能，持续降低产品成本。

一、班组成本预算精细化

公司要制定完善班组成本预算编制方法。从成本管控计划编制入手，公司设定年度成本管控目标绩效，编制完善班组成本预算计划。将使用耗材、主材使用、制造成本、运维经费、动力消耗等作为大类纳入班组成本预算项目，综合运用设定成本管控绝对额、与上年度对比差额来设定各个关键环节、关键指标的目标数值；如将不良率、投入产出计量、质量损耗成本纳入总体预算计划重点监测和关注项目。在此基础上，将预算体系编发至班组，上传至信息平台，并进行实时更新、提醒和计量。定期跟进月度、季度和年度预算执行情况，并为下阶段预算编制提供参考依据。

二、班组成本核算精细化

1. 班组成本管理指标精益化

为了便于班组成本管理指标的核算和分析，有利于班组成本管理责任的划分，使各班组及职工责任清楚、目的明确、物质利益分配合理。必须制定切实有效的班组成本管理指标，包括班组或岗位（个人）所承担在规定时期内的产量、品种、质量、费用消耗、出勤率、设备管理、安全生产等各项经济技术指标和管理指标。

班组经济核算的指标有：（1）产量指标。采用实物、劳动工时、计划价格和产量计划完成率计算。（2）质量指标。采用等级品率、合格品率、废品率、返修品率等指标形式反映。（3）材料消耗指标。采用材料耗用数量、耗用金额、材料利用率等表示。（4）工时指标。采用工时利用率和出勤率等指标。（5）设备完好率和利用率指标。采用设备完好率数据和设备综合效率等指标。（6）成本降低指标。采用班组直接消耗的各种材料和支出的费用等指标。

2. 班组成本核算步骤

班组成本核算是指把成本核算放到最基本的单位（班组）中，去经营、运作，用最捷径的方式、方法，获取最大的成本削减。从而达到最大幅度降低成本的目的。

班组成本核算步骤：（1）班组员工讨论经济指标。根据车间下达的任务、计划和要求，结合班组生产特点，将产品产量、品种、质量及工时利用与原材料、工具消耗等指标组织员工讨论。（2）落实核算班组经济指标。班组记录计划值、产量、质量及工时利用与原材料、工具消耗、动力消耗等指标，核算班组总消耗、单耗、总成本，单位成本等。（3）分析和总结班组经济指标完成情况定期开展班组经济活动分析。检查与总结各项指标的完成情况，分析原因，积累经验，找出差距，采取措施，改进提高。

三、班组成本控制精细化

班组生产成本是指产品在生产过程中产生的成本支出，它贯穿于生产过程的各个方面，与每个班组成员的生产和工作有直接关系，因此，必须开展全面的班组成本控制管理，通过看板管理和班组成本管控台账促使班组成本控制精细化。

1. 基于班组看板制度的精益班组成本管理

通过建立统一的线下班组成本绩效看板，在看板上公示公开当月班组成本的管控情况和完成情况，完成情况实时更新，并与线上整个信息化管理平台系统连通和体现，使车间、班组能够实时查看，以便让员工及时了解本班组日常成本管控水平，针对存在的差距，分析存在的原因，提出改进的办法，并将整改的意见建议落实到具体的岗位和个人。同时，在此基础上，运用信息化管理平台系统，实施每日汇总、每周公示、每月总结，结合班组绩效看板的当月班组考核评价情况，做到管理人员和岗位员工实时查看，实现远程监控、主材用量、余料控制、能耗降低等环节的成本控制，为成本管控、工序完善、班组管理、员工发展等提供了可靠的依据。

2. 基于班组成本管控台账的精细化管理

在班组成本流程化管控的过程中，还需要根据班组成本管理计划、现场管控重点和关键环节物料使用等，建立班组成本管理台账，台账内容按照班组成本考核指标设定，每日对出入、产销、投入产出、成本增减等实时记录。运用管控台账的痕迹化管理，班组根据各岗位控制项目，将计划指标分解落实到各操作岗位，准确地反映班组的运行情况、成本管控情况。班组成本管控台账实行计算机管理，即班组每班工作结束后，按照规定的计量统计口径和时间，将当班成本情况输入信息系统中、得以及时反映。变事后被动调整改善为事前主动干预、事中实时跟进监督。

班组常用生产成本控制方法主要有 9 种，如图 7–2 所示。

【实用工具与方法】班组成本控制表

班组成本控制表如表 7–1 所示。在班组园地展示，目视化显示班组成本控制指标完成情况，根据目前产量及消耗情况，与月度成本指标控制值进行比较，便于员工寻找差距控制成本。

表 7–1　班组成本控制表

_______ 班组　　　　　　　　　　编制者 _______

指标项目	明细	指标数量		月度指标总额	时间进度完成情况								指标余额	超标发生的原因	备注
		总数量	单件指标量		截至第一周		截至第二周		截至第三周		截至月末				
					已消耗量	指标余量	已消耗量	指标余量	已消耗量	指标余量	已消耗量	指标余量			

四、班组成本考核精细化

通过完善的班组成本管理考核机制，对班组进行成本管理考核，如表 7–2 所示的班组成本考核落实情况表，以促进班组成本管理工作持续健康运行，达到班组成本管理目标。

班组生产成本控制常用方法		
	1. 提高产品产量，消除生产中的不增值活动	实现班组标准化作业，不断改进工艺技术操作方法，提高生产能力，增加产品产量和品种，减少单位成本中的固定费用，应该通过各种办法消除生产过程中的不增值活动，去除过量生产，减少重复工作，促使生产成本降低
	2. 提高产品质量，减少废品损失	班组要严格执行操作规程，开展品管圈活动，加强各道工序的质量检验，防止大量废品产生，加强对废次品的修复和回收利用，降低出厂前后质量问题支出成本，如废料、重加工、再检验、降级、投诉、拒收、退货、修理、运输等费用
	3. 降低原材料消耗，加强库存管理	制定物料和燃料、动力等消耗定额，减少不必要的库存；提高原材料利用率，要监督物料使用，经常对物料进行盘点管理；快速处理呆废料，加强对材料消耗的分析和考核，实行节约奖励制度
	4. 提高设备利用率，降低维修费	采用全员设备维修，做好日常设备维护保养工作，要合理安排作业，降低产品单位成本中的设备折旧费和修理费，开展备件修旧利废工作，降低维修费
	5. 提高劳动生产率，降低生产成本	采用工业工程方法，合理用工与分工，减少冗员，减少非生产人员；提高稼动率、一人多工、实施奖工制度；加强员工培训，提高员工技术素质，提高劳动生产率，增加产量，减少单位产品中的固定费用，从而降低班组生产成本
	6. 减少用水、用电等	贴出节约用水、电的提示；将电源开关标上记号，避免开错开关乱用电；空调设定合适的温度指标和时段
	7. 环保回收、循环再用	垃圾分类存放（化工类、塑料类、纸类等）；设立环保纸箱；申领消耗品、文具等实行以旧换新制度、以圆珠笔代替钢笔等
	8. 加强安全管理，减少事故损失	班组加强对员工的安全教育，使员工按照安全操作规程进行生产，减少人身伤亡及各种不必有的事故损失
	9. 控制非生产性支出，节约管理费	尽力压缩正常生产费用以外的一些不必要的开支，推行5S运动，精打细算，节省开支，促进成本的降低

图 7-2　班组常用生产成本控制方法

表 7-2　班组成本考核落实情况表

班组	项目	物料消耗	工具	工装	燃料电费	水气费	劳保	备件	废品	……
班组1	班组1指标总额									
	班组1实际总额									
	班组1完成差异									
	考核标准									
	奖罚额									
__月___班组成本考核结果			______________元				奖励为正数（负数为罚款）			
分配方式： 请班组长简述分配依据。										
姓名			金额				备注			
__________（班内员工姓名）							绝对额较多列明工作亮点或工作不足（成本控制方面）			
……										
……										
合计										

五、班组成本管理的精益信息化平台

信息化时代，更需要以电子信息系统为依托，建立可视化管理的班组成本核算的精益信息监控平台，这个平台以作业成本核算为中心，以班组作业为点、工序流程为线，通过精细化流程管理，建立班组成本指标设定、控制、核算、分析、考核、申诉及反馈等板块的信息监控系统，主要包括班组成本考核体系、班组成本考核指标、班组成本考核评价与管控、班组成本考核的申诉与纠偏和班组成本考核结果反馈与运用等。实现系统对班组成本指标自动评分，并自动输出完成情况，通过对成本异常进行预警提示，发出现场控制指令和提醒，对班组成本管理的全过程的纠偏，为班组的日常成本管理动态提供及时有效的成本信息支持，也有效地提高了精细化班组成本系统化管理水平。

【实例】某煤矿班组成本核算中心模式

某煤矿在生产管理上重点突出了班组作为企业细胞的基础地位和基础作用，一直以来都是以班组为成本核算的定盘星；在重视矿上安全生产的同时，也同样重视着生产的成本核算，力争打好成本核算这个基础，避免企业的经济效益风雨飘摇。

1. 以班组为成本核算中心模式

（1）作业流程：矿上每月明确一次区队的生产任务，区队将具体的生产任务下达到班组，并在下达任务的同时严格地把单位材料成本按照矿上规定进行折算，然后告知班组折算成材料计划，各个班组所采用的换算单位也不一样，如采煤班组以吨煤计、掘进班组以进尺计。

（2）作业规定：基于以上的工作流程，该矿要求：凡是需要增补材料的必须报相关领导审批，待审批通过后才能将计划外材料纳入工作计划中。施工过程中如果出现人为因素造成材料超支的情况，如：施工质量不合格返工增加的成本等都将这部分材料划作班组自负的范围；并且还规定了班组以旧换新的材料种类、规格、数量、折算价格。设立一个健全的材料超支预防系统，每隔十天就根据供应科材料使用数据库提供的信息对区队进行一次提醒，区队将这种信息反馈到班组，提醒班组加强调控。

2. 班组成本核算中心模式应用

当前该矿正在积极深入地推行班组成本考核及奖罚制度，以循序渐进的方式照顾到区队班组管理上的差异性，防止了“一刀切”带来的不良影响。如在运输区这一块，材料使用跟踪和节约奖励制度的建立正在逐步展开，并且已经小有成效。班组的材料领用台在月底对照台账记录结算时，只要是发现比计划有所节约的，就对其进行一定的物质奖励。在这项制度建立前，钉道班铺设

100 米轨道需 20 公斤新道钉，现在班组通过回收利用旧道钉，将新道钉的使用量降到了 10 公斤，为班组节省了一半的生产成本，也大大提高了生产效益。

在班组的绩效工资考核方面，重点突出安全、产量、出勤、材料等各项指标，其中，基础工资占 60%、绩效工资占 40%。9 月份，运输一班在各项指标完成较好的情况下，人均工资比三班高 200 元；而 8 月份一班发生了一次安全事故，一班员工人均扣除工资 5%，全班损失 2000 多元。这样的一种考核结果让员工对自己的工作态度有了新的认识，工作积极、努力，付出的劳动多，收获的效益就更好、更多。消极怠工不仅影响班组工作效益，更影响自己的利益。

在班组的生产成本的管理方面，每月都坚持进行一次考核，每月都评选达标“效益型班组”。从 1 月至 5 月，全矿的不合格班组数下降 12 个百分点。采三区二班用自己的工作业绩向全矿证明了自己的实力，3 月份安全产煤 3700 多吨，并且连续两个月该班产量都走在全区前列。

3. 班组成本核算中心的成效

（1）提高班组劳动效率。在全矿争做“效益型班组”的风气下，每个班组的基本出勤人数都有了明显的改善，采煤班组保持在 8 人，掘进班组保持在 7 人，这些人员的出勤是成本核算制度中最基本的人数，他们能够保证班组比较顺利地完成一个任务，在班组工作效益方面不打折扣，实现班组质的飞跃。

（2）提高单产单进。不断地将新工艺引进采掘班组，注重机械化作业水平的提高；积极地改善矿井生产环境，下掘一区一班因为在机巷施工中，半个月取得进尺 30 多米的好成绩，被省局评为“工人先锋号”班组。采一区一班在半年超产 19.4%，并多次被省集团公司、局评为“工人先锋号”班组。

第三节　班组生产现场节能活动和方法

一、开展节能降耗活动

在全公司范围内开展以节约资源为主题的宣传活动，开展“节能降耗，从我做起”活动。班组以“从我做起，节约一滴水，节约一度电”为主题，从每个人做起，从生产或生活身边的小事做起，从点滴做起，从举手之劳做起。经常开展有关节能降耗的先进典型事件和经验交流会、节能的竞赛与评比活动，引导班组员工开动脑筋，积极为节约出主意、想办法、提建议、定措施，使之成为一种风气长久保持下去，使节能降耗达到新的水平。

二、节约活动推行内容及方法

1. 增强员工节约意识，营造良好的节约氛围

宣传节能方针、政策、法律法规、标准规范；开展以节约资源为主题的宣传活动；分享节能节约的先进典型事件和经验。

2. 从工作点滴着手，开展节约实践

通过优化管理、查找问题、限期整改等途径实现岗位节能增效，形成节约型工作模式。如遵循“有旧不领新”“能修不更换”“能做不去买”的原则，层层把关，管理上不出漏洞，使用上不出现浪费。

3. 开展节约活动，实现工厂节能降耗

开展以节能降耗为主题的劳动竞赛，努力改进工厂生产管理上的不足，降低各种生产能耗，引导全厂员工立足岗位，用实际行动节约用水、用电等。如将车间厂房的照明改为分段、分片控制，降低月耗电费。

4. 集思广益，创新思路

引导员工开动脑筋，积极为节约出主意、想办法、提建议、定措施，确保节约工作取得实效。如每两月发一把笤帚、使用自制拖布、检修抹布回收清洗循环使用、办公用纸两面使用等。

三、节约活动实施流程

工厂节约活动的实施流程如下。

1. 制定节约活动方案。一是确定开展活动的部门及人员；二是确定活动时间、地点、方式、经费预算；三是确定活动评价标准、奖惩措施。

2. 下达节约活动通知。一是通知各部门做好活动准备；二是加强活动宣传，增强节约意识。

3. 开展节约活动。一是执行活动方案；二是监控与记录整个过程；三是形成全员参与的节约氛围。

4. 评估总结节约活动。一是分析节约过程的文件、记录、结果；二是评估节约活动，明确不足之处，制定改进措施；三是活动结果发布与经验分享。

5. 巩固效果形成习惯。一是活动结果落实到规章制度；二是成果执行跟踪和分享；三是活动执行考核、奖惩。

【实例】生产现场成本节约方法

以某电子公司为例，在生产现场成本控制方面的成功做法是针对生产现场成本的主要构成，即材料费、劳务费，分别提取产生这些费用的问题，进而采取节约措施。

1. 材料费的节约方法

生产现场成本的材料费节约方法如图 7–3 所示。

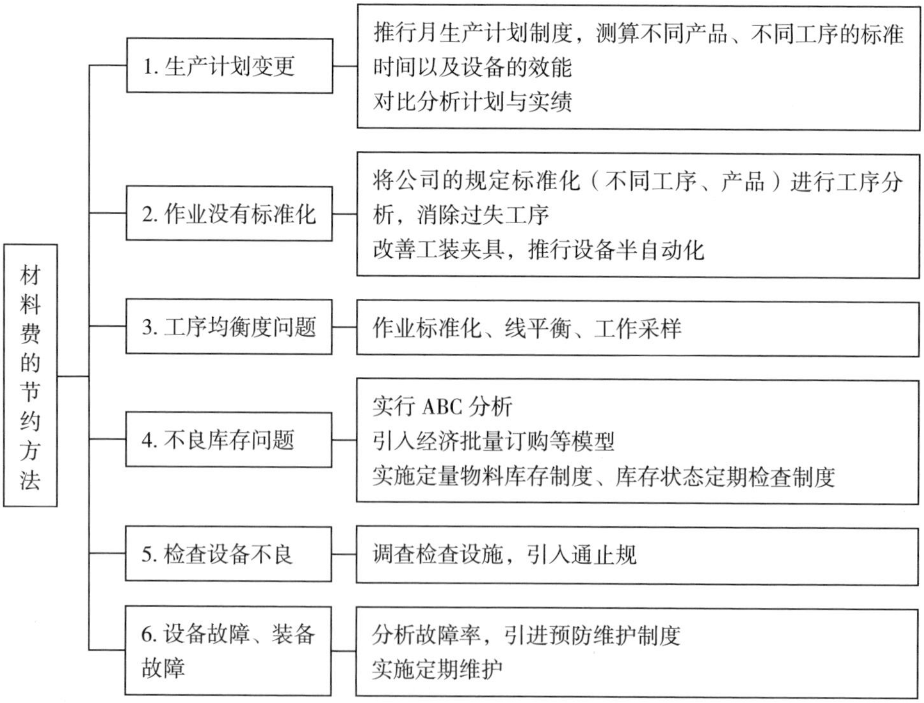

图 7–3　生产现场成本的材料费节约方法

2. 劳务费的节约方法

生产现场成本的劳务费的节约方法如图 7–4 所示。

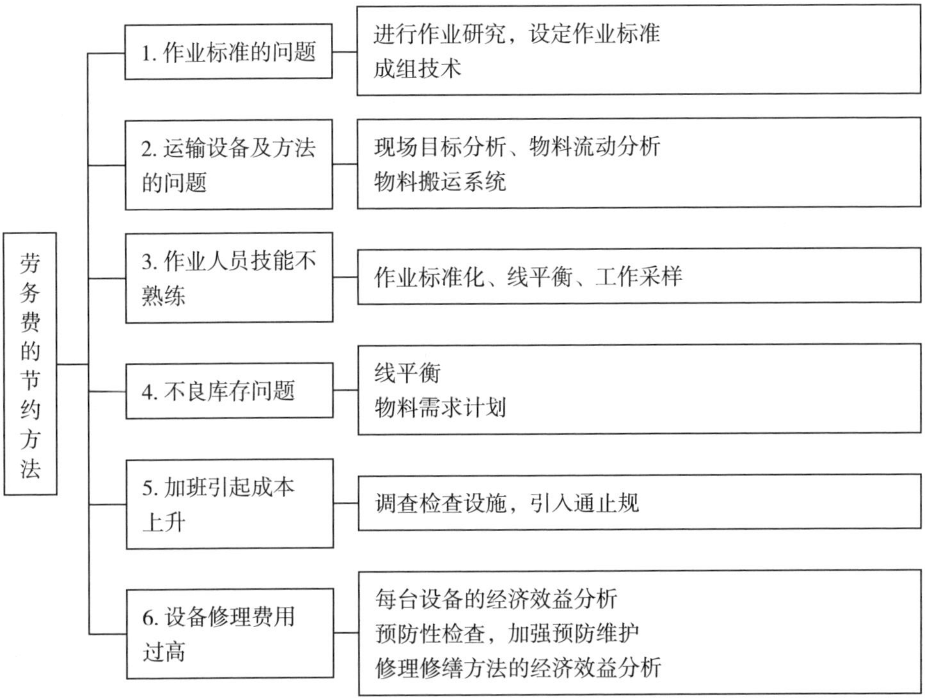

图 7–4　生产现场成本的劳务费的节约方法

第四节　班组减少现场八大浪费和降低成本的方法

一、班组现场成本八大浪费原因分析与解决措施

针对生产现场产生的八种浪费，班组长应对产生的原因进行一一分析，并采取合理的解决对策。所述八大浪费产生的原因与其解决措施如表 7–3 所示。

表 7-3　生产现场的八大浪费产生的原因和其解决措施

八大浪费	产生浪费的原因	解决措施
过量生产的浪费	◇过程能力不足 ◇客户快速响应系统失灵 ◇销售环节与生产环节缺乏沟通 ◇销售部与生产部缺乏协调计划	根据生产目标和任务合理安排生产 应将生产总体计划按车间、班组分解成本作业计划和任务 将生产任务落实到各责任岗位
不良品的浪费	◇供应商质量保证能力不足 ◇生产制程质量保证能力不足 ◇操作工缺乏培训、误操作 ◇使用了不合适的工装设备 ◇管理层的决策出现失误	改变生产现场的管理方式 提高作业人员的操作技能 改善生产线的制程能力 严格按规定的操作程序合理、规范地使用各种机器设备 制定现场作业岗位的操作指导书、操作规程与规范，实现机器操作、制程生产、制程检验、质量检验等作业的标准化管理
搬运的浪费	◇不适当的工厂布局 ◇工作场地缺乏组织 ◇大批量储备加工 ◇计划不协调、不一致	启用流水生产线 对机器设备与工位进行合理的布局，使生产有序、顺畅地进行 运用台车、输送带等自动化工具进行搬运 对物料、工具的摆放进行规范化管理，告知作业人员将必要的工具、物料放置于最合适的地方
多余加工的浪费	◇新的先进技术利用不当 ◇未理解客户的质量标准 ◇没有客户质量要求的输入 ◇没有控制的过程更改	诊断作业生产线，减少不必要的作业工序 与客户保持沟通，密切关注其需要的质量水平与标准 提高各工序的作业技能与设备的利用率
等待的浪费	◇上下工序的工作方法不一致 ◇长时间的机器停工、换装 ◇人机配合的效果差 ◇物资、设备供应不及时	实现作业自动化 提高物料及时供应的能力 协调好上下工序，提高协作衔接能力

续表

八大浪费	产生浪费的原因	解决措施
库存的浪费	◇生产线及时生产能力差 ◇供应商的管理存在瓶颈 ◇不准确的库存预警与预测系统 ◇换线、换模的时间过长	实现“快速换模”“小批量生产” 建立库存管理信息系统，提高库存预测与管理的水平 减少物料、零部件、在制品及产成品的堆积，提高存货周转率
动作的浪费	◇设备、作业现场及工作的布局不合理 ◇作业场所缺乏组织 ◇机器、人力产生的效率低	充分考虑动作经济原则，彻底地改正工作方法 尽可能简化、合并各种动作 改善作业者的工作条件，如调整工作台与椅的高度，使作业者坐姿舒适、坐立适宜 动作力求简单、舒适
缺乏员工参与的浪费	◇员工缺乏节俭意识 ◇员工潜能尚未被彻底激发 ◇员工参与各项活动的积极性不高	通过制度培养员工的节俭意识与理念 通过激励手段激发员工的积极性 提高现场监督者的员工管理能力

二、班组降低成本的方法

增产增收和降本增利是企业追求最大化的途径。如果我们既注重增产增收，又重视降本增利，才能为整个公司创造更多的利润。班组降低成本的方法如下。

1. 加强群体的成本观念

班组成员每个人，都要树立成本意识，将降低成本的观念落实到每个消耗和开支的细节上，积少成多，如：水电气能否再少用些、材料物资有无可能回收再利用、工具设备维护再好些是否可以减少修理，延长使用寿命、能否减少因作业失误带来材料损耗、能否设法提高一次性正品率减少能源消耗和材料消耗、作业效率是否可再提高些、质量问题带来的返修返工能否杜绝或减少。共同帮助公司降低成本费用。

2. 制订切实可行的标准和计划以控制成本与费用

（1）直接劳动标准即劳动定额管理、作业进度管理和生产效率管理——必须用作业进度表与完成日产情况进行对比，核算在标准时间条件下合格品的产出。发现延误必须及时查明原因，采取补救措施，立即纠正。

（2）材料耗用标准——对直接材料的耗用制订单位产品的单耗标准，并严格执行这些标准和计划，同时对于每项间接材料的开销也应给予同样的关注和控制。

（3）能源消耗标准——制订单位产量和单位产品的能源消耗指标和执行标准，制订和落实经济责任制和激励制度，班组长应在能源消耗方面多提建设性意见，会同有关部门分析研究对策，组织实施，千方百计降低能源消耗、降低生产成本。

（4）工具设备标准——班组长及班组成员根据公司低值易耗类工具，要严格预算申报制度和审批制度及回收换新制度，严格执行设备操作规程，做好工具设备维护保养工作，延长使用寿命，同时做好修理、回收和按章报废处理工作。要最大限度地控制各类工具和设备的开销，防止盲目采购、乱用和野蛮操作及闲置浪费。

（5）技术质量标准——班组长必须始终追求和贯彻执行生产作业的标准化、规范化、省时化及省力化。合理控制生产作业成本（进度）和质量成本（返修返工），以减少和消除由于质量问题带来的无效作业（重复劳动）、无效加班加点（消耗能源和员工体能）、加急运输费、通信费及客户索赔等。

（6）考核分配标准——班组长和班组成员要制订任务目标和考核指标，将产量、质量、成本费用及其他工作要求与员工个人的实绩进行对比，按照考核办法（标准）评价个人贡献的大小和班组的成绩，贯彻按劳分配原则，充分调动员工积极性，促进产质量的提高和成本的下降。

3. 采取措施控制生产成本

（1）控制物料成本——了解一切跟生产相关的材料，如原材料、辅助用品、燃料、零部件、半成品、生产过程中产生的边角料、废料等；制定物料消耗定额，如主要原材料消耗定额、辅料消耗定额、零件材料等；班组长在物料管理方面要监督物料使用，经常对物料进行盘点管理；快速处理呆废料，以减少不必要的库存。

（2）控制生产过程成本——去除生产过程中不产生效益的活动，去除过量生产。

（3）杜绝人员成本的浪费——减少冗员，减少重复工作，可以大大提高工作效率。

（4）质量成本——控制和消除由于作业质量差可能导致的潜在浪费，如废料、重加工、再检验、降级损失，退货、修理等；以避免由质量成本造成的企业信誉损失。班组如果发现本班组的耗费有所增加（或减少）时，应细分责任，分析情况，寻找原因，采取措施。

第八章

班组安全精益管理

第一节　班组安全规范管理

班组是生产的第一现场，企业安全管理的好坏关键在于班组安全的好坏。

1. 班组长安全生产责任制

班组长是班组安全生产的第一责任人，同时又是完成班组生产任务的核心人物，这就决定了班组长在抓好生产的同时，必须做好安全管理，通过建立健全班组长安全生产责任制，明确规定班组成员在安全生产工作中的具体任务、责任和权利，把与安全生产有关的各项工作同班组成员联结、协调起来，形成一个严密高效的安全管理责任系统。

班组长的具体安全职责如下。

（1）认真执行企业和车间安全规章制度、安全工作指令和决定等，对本组员工在生产中的安全和健康负责。

（2）根据生产任务、劳动环境和员工的身体、情绪、思想状况，具体布置安全工作，做到班前布置、班后检查。

（3）经常教育和检查班组员工是否正确使用机器设备、电器设备、工夹具、原材料、安全装置等，制止违章指挥和违章作业，严格行使安全否决权。

（4）检查班组员工对安全技术操作规程的遵守情况，不能随意违反和破坏，以确保机器设备处于良好状态，消除一切不安全因素和事故隐患。

（5）指导班组员工进行安全操作方法，经常检查班组员工穿戴劳保用品，保持成品、半成品、材料及废物合理放置，通道畅通，场地整洁。

（6）发生事故时，应立即报告车间领导，并积极组织抢救。除防止事故扩大采取必要的措施外，应保护好现场。同时对事故进行分析，抓好整改，并在规定的时间内上报。

（7）每周必须固定一天为安全活动日，做好对新员工、调岗员工、复工人员的安全生产知识教育。对本班组员工进行安全操作方法的指导，并检查其对安全技术操作规程的遵守情况。

（8）发挥好班组安全员的监督职能。做好事故预想，总结不安全现象，研究对策和措施，督促班组安全员做到的各种安全生产资料归档管理，使其制度化、规范化、科学化。

2. 班组生产安全管理的内容

班组长除了在生产安全方面应该具备一些知识外，还需掌握班组生产安全管理具体内容和在生产安全管理中要做的具体事情。

（1）在班组内部建立基层安全组织。班组长是班组安全工作的第一责任人。班组设一名兼职安全员，协助班组长全面开展班组的安全管理工作。要求安全管理工作细化到班组的每一个成员，使班组所有成员都参与到实际的安全管理工作中，他们的安全知识、安全技能才能得到切实有效的提高，安全意识自然也就树立起来了。有经验的班组长还会按一定的时间进行安全分担的轮换，在作业现场的醒目位置张贴安全管理分担一览表如表 8-1 所示。

（2）切实开展安全日活动。安全日活动是班组进行安全管理的一个重要组成部分，班组每周（或每个轮值），也可以在生产间歇期（等待材料、设备故障、转换型号等）、班前会等时间进行一次。活动内容包括学习上级和本单位安全文件、事故通报、快报、安全规章制度等。特别是同专业或同类型机组出现的事故，要重点学习，鼓励大家参加分析和讨论，找出本班组安全工作中的不足和隐患，以提高员工安全意识和防范事故的能力。

（3）提高员工工作技能。班组在对班组成员进行安全教育时，不能仅仅局限于安全条规和安全守则，还要将提高班组成员的工作技能作为安全教育的必要组成部分。例如，在对车床操作工进行安全教育时，应该涉及夹具的设计原理、如何确保螺钉处于紧固状态、导致螺钉松动的原因、车床运转原理、安全防护装置的工作原理等专业知识，以加深员工对设备的理解。

（4）监督班组成员严格贯彻执行操作规程。安全操作规程是前人在生产实践中总结出来的最安全、最稳妥的操作方法，有些也是用鲜血换来的经验教训。因此，对于岗位的安全操作规程必须认真执行，不能随意违反和破坏，否则就很容易发生安全事故，产生不良的后果。

（5）监督员工穿戴劳保用品。班组长对成员经常不穿戴劳保用品的情况不能忽视，例如，进无尘车间不换鞋或套鞋套、长发女工不戴帽子等。要持续不断地提醒和教育，严格要求，使班组成员养成穿戴劳保用品的习惯，一旦习惯养成，班组成员就会自觉穿戴劳保用品，从而保护员工在工作过程中免受伤害或者防止形成职业病。

（6）抓好班前、班后安全会。班前安全会是班组每天十分重要的安全工作内容之一。通过班前安全会，对每一个员工作业活动中应该注意的安全事项、应采取的安全措施做详细的讲解。班前安全会的具体操作如下：①签到整队；②确认班组成员的生理、心理状态；③安全防护用品检查；④分配生产任务，根据不同的生产任务提出相应的安全注意事项，并进行危险预测；⑤结束时，班组成员共同呼喊安全口号，以振奋精神；班组长将会议内容及时进行记录。班后安全会要总结评比当天工作和安全情况，表扬好人好事，批评忽视安全、违章作业等不良现象，并做好记录。

（7）做好交接工作。班组长每天应及时做好交接工作。上一班的班组长要将本班作业过程中的生产情况、设备状况、安全隐患等信息，正确、客观、完整地传达给下一班的班组长，以便使下一班的班组长掌握情况，及时纠正上一班作业时存在的安全隐患，避免出现因未整改上一班的隐患而发生事故。

（8）开展班组安全检查。班组长要组织班组员工进行班前、班中和交班检查。如：班中要对设备动态、危险源点、人员状况等进行检查，重点是安全装置完好情况及设备是否有不正常现象。班组长或安全员要认真检查各岗位执行安全规章制度，检查各岗位查出的问题的整改及上报、记录情况，以及不能及时整改是否采取有效的临时安全防护措施。

（9）班组开展安全活动。班组每周必须固定一天为安全活动日，开展安全活动。安全活动由班组长主持，总结和分析一周工作中的安全状况，并对照安全规则对班组各岗位进行安全讲评，逐条检查在安全工作中的漏洞和不足，并研究布置下周安全工作；学习作业标准和规章制度、开展危险预知活动和安全培训；检查隐患、分析学习事故案例。

（10）班组安全教育培训。加强安全教育，强化安全意识、新员工、换岗员工上岗前必须经过由班组长或班组安全员组织的班组级安全培训，经考试合格后方可上岗。规定班组安全培训有效时间，培训后须进行考试，不及格者要重新考试，经考试合格后方可上岗操作。培训内容，考试分数要记录在班组安全活动台账上。对受安全培训后考试合格的人员，班组长或安全员必须检查培训效果，一周以后要复查。

（11）班组安全生产考核。对班组安全活动的时间、内容、参加人员及其效果，按照制定的安全活动标准进行考核；对班组存在的违章情况、安全事故进行考核；对班组的安全生产自检互检情况及班前班后情况进行考核等。

【实例】班组安全管理分担一览表（见表 8–1）

表 8–1 班组安全管理分担一览表

事项	工作内容	责任人
设备安全装置点检	所有安全装置注油、防锈，保证有效	
空调、抽风机点检	确保空调、抽风机正常运转	
插座、电源开关点检	电器无破损、无漏电，接触良好	
化学物品保管	化学物品保管在铁柜内，并确保化学物品无泄漏	
灭火器材点检	检查灭火器在有效使用期限内，确保器材无破损、无灰尘、锈迹	
劳保用品管理	保证用品数量，监督穿戴规范	
火灾发生管理	报告上级、发出报警信号、切断电源、组织灭火、重要物资、文件转移、人员疏散、清点	（班长）

第二节 三级安全教育法

1. 三级安全教育的主要教育内容

安全生产教育的主要形式有“三级教育”“特殊工程教育”和经常性的“安全宣传教育”等形式。在工业企业所有伤亡事故中，由于新工人缺乏安全知识而产生的事故发生率一般为 50% 左右，所以对新工人、干部、学徒工、临时工、合同工、季节工、代培人员、来厂实习人员和调动工作的工人，特别要注重实行公司、车间、班组三级教育。三级安全教育的主要教育内容如表 8-2 所示。

表 8-2　三级安全教育的主要教育内容

三级教育	组织部门	主要教育内容
厂级安全教育	由厂安全技术部门会同教育部门组织进行	有党和国家安全生产方针、政策及主要法规、标准，各项安全生产规章制度及劳动纪律，企业危险作业场所安全要求及有关防灾、救护知识，典型事故案例的介绍，伤亡事故报告处理及要求，个体防护用品的作用和使用要求，其他有关应知应会的内容
车间安全教育	由车间主任会同车间安全技术人员进行	本车间生产性质、特点及基本安全要求，生产工艺流程、危险部位及有关防灾、救护知识，车间安全管理制度和劳动纪律，同类车间伤害事故的介绍
班组安全教育	由班组长会同安全员及带班师傅进行	有班组工作任务、性质及基本安全要求，有关设备和设施的性能、安全特点及防护装置的作用与完好要求，岗位安全生产责任制度和安全操作规程，事故苗头或发生事故时的紧急处置措施，同类岗位伤亡事故及职业危害的介绍，有关个体防护用品的使用要求及保管知识，工作场所清洁卫生要求，其他应知应会的安全内容

2. 日常安全教育方法

经常性的宣传教育可以结合本企业本班组具体情况，采取各种形式，如安全活动日、班前班后会、安全交底会、事故现场会、班组园地或墙报等方式进行宣传。

安全宣传画。正面宣传画，说明小心谨慎、注意安全的好处；反面宣传画，指出粗心大意、盲目行事的恶果。

声像。用电影、录像等现代手段，使安全教育寓教于乐。主要有安全方面的广播、电影、电视及录像等，对解释新的安全装置或新的工作方法是特别有用的。特别是用慢动作再现快速的事件序列，使员工清楚地看到动作的每一个细节，增强学习的效果。

广告。包括安全广告、标语、宣传画、标志、展览及黑板报等形式，以精练的语言、醒目的方式，使员工了解危害和怎样排除危害的措施。将广告与有一定目的的其他活动结合起来时，可以收到最佳效果。

演讲。包括教学、讲座、经验介绍、现身说法及演讲比赛形式等，可以是系统教学，也可以是专题讨论。通过对安全规则、事故状况、保护措施等问题举办专题讲座，使员工与讲解人有直接接触的机会，彼此交换意见，可以增强宣传教育的效果。

安全资料。定期出版的安全杂志、简报；印有小册子和宣传单、工资袋封皮上的图示和标语等安全宣传资料，还有描述新的安全装置、操作规则以及预防事故的新方法等有图示说明的文章。

安全活动。坚持班前布置安全、班中检查安全、班后总结安全的制度和员工违章离岗安全教育、工伤事故责任者安全教育等；开展安全日、安全周、安全月或安全竞赛活动，提高员工安全生产的积极性，对优胜者给予奖励。

【实例】上海某烟草公司“班前一分钟安全教育”

为了发挥班组安全管理的主观能动性，使班组逐步走向安全工作的自我管理。上海某烟草公司经过多年摸索发现只有抓住岗位、工种班前教育，才能及时把各类事故苗头消灭在萌芽状态，由此而产生了“班前一分钟安全教育”活动。如图 8-1 所示，“班前一分钟安全教育”活动内容、形式、经济考核和实施效果。

第三节　危险预知训练法

危险预知训练简称 KYT（Kiken Yochi Trainning）：K——危险（Kiken），Y——预知（Yochi），T——训练（Training），它起源于日本住友金属工业公司的工厂，1973 年经日本中央劳动灾害防止协会推广，形成技术方法，在 NISSAN 等众多日本企业中普遍采用的一种预防性安全教育方式，是预防性安全管理的重要方法，是针对生产特点和作业全过程，以危险因素为对象，以作业班组为团队开展的一项安全教育和训练活动，它是一种群众性的“自主管理”活动。目的是通过预知作业场所可能发生的危险，对员工进行安全意识教育，以提高全员预防事故的能力，以便控制作业过程中的危险预测和预防可能发生的事故。

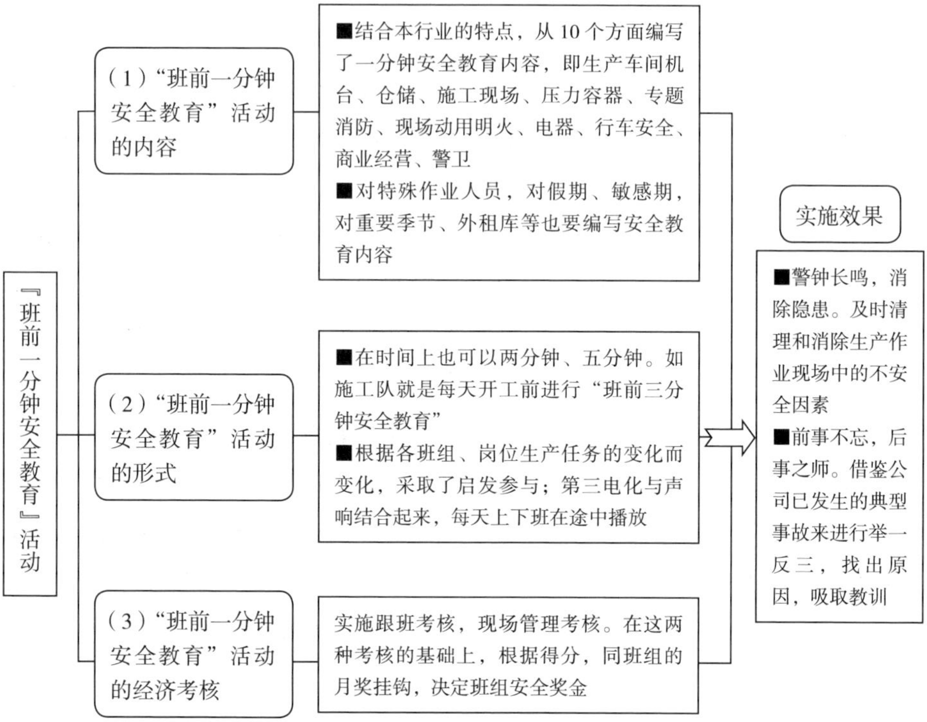

图 8–1 “班前一分钟安全教育”活动

1. 现场安全管理分析

在进行现场安全管理分析时，必须根据生产产品的工艺、生产线及工序或岗位的作业内容和特点，找出所有可能的安全隐患及事故引发点、安全管理的薄弱环节，明确具体的防范措施，特别是对过去发生的事故和环节进行统计分析，以便重点控制多发事故，进而全面把握岗位安全要点。

2. 实施危险预知训练

采用图片、表格、电子演示文稿（PPT）等生动直观的形式表现多发事故、常发事故，薄弱环节，并汇编成危险预知训练教育教材，组织相关员工进行系统学习，必要时结合现场操作和演示进行，使员工全面掌握本岗位安全要点。

3. 紧急情况及其预案和演练

在产生伤害事件或发生紧急情况时，能够积极采取应对措施，能够把风险降低至可容许的最小限度，需做好如下几方面的工作。

（1）应制订好应急计划。应急计划内容一般包括：①潜在事故性质、规模及预测事故造成的后果；②与政府及各紧急机构的联系（消防、医院等）；③危险报警和通信联络步骤和方法；④应急指挥者、参与者的责任、义务；⑤应急指挥中心的地点、组织机构；⑥危险现场人员撤离步骤；⑦设施关闭程序等。

应急设备一般包括：①报警系统；②应急照明和动力；③逃生工具；④安全避难所；⑤危急隔离阀；⑥开关和断流器；⑦消防设备；⑧急救设备；⑨通信设备等。

（2）对应急计划和程序进行评估与修订，以适应现场设施和危险物的变化，使其更能发挥作用。

（3）对应急计划和预案进行测试和演练，以确保其在危险发生时能够产生作用。

4. 危险预知训练 4R 推进法

危险预知训练 4R 推进法主要有四步：第一步：掌握现状（1R）。以现场、现物为中心，让大家轮流分析、找出潜存的危险因素，并想象（预测或预见）可能出现的后果。第二步：追求根本（2R）。在所发现的危险因素中找出几个主要危险因素。第三步：制定对策（3R）。对危险因素制定相应的对策来防止危险的发生，在既定的时间里，对每个最危险的项目提出 3 项左右的对策较好地解决重点危险，确立具体的对策。第四步：制定目标（4R）。统一思想，在所有对策中选出最优化的重点安全实施项目设定为小组行动目标。同时把标记为“√”的重点实施项目设为小组的行动目标。

【实用工具与方法】危险预知训练报告（见表 8–3）

表 8-3　危险预知训练报告

<table>
<tr><td>表单编号</td><td></td><td>时间</td><td></td><td>地点</td><td></td></tr>
<tr><td colspan="6"></td></tr>
<tr><td>作业主题</td><td colspan="3"></td><td colspan="2">班组</td></tr>
<tr><td>工厂、车间</td><td colspan="3"></td><td colspan="2">组织者</td></tr>
<tr><td colspan="4">作业场景示意图</td><td colspan="2">参加者</td></tr>
<tr><td colspan="6">第 1R：有什么样的隐患？</td></tr>
<tr><td colspan="6">第 2R：归纳危险重点</td></tr>
<tr><td>重要</td><td>序号</td><td colspan="4">危险要素的描述</td></tr>
<tr><td></td><td>1</td><td colspan="4"></td></tr>
<tr><td>●</td><td>2</td><td colspan="4"></td></tr>
<tr><td></td><td>3</td><td colspan="4"></td></tr>
<tr><td></td><td>4</td><td colspan="4"></td></tr>
<tr><td></td><td>5</td><td colspan="4"></td></tr>
<tr><td>●</td><td>6</td><td colspan="4"></td></tr>
<tr><td></td><td></td><td colspan="4"></td></tr>
<tr><td colspan="6">第 3R：制定解决措施</td></tr>
<tr><td colspan="6">第 4R：决定行动计划</td></tr>
<tr><td>要素序号</td><td>主要方法</td><td colspan="2">序号</td><td colspan="2">具体方法和措施的描述</td></tr>
<tr><td rowspan="2">1</td><td>1</td><td colspan="2"></td><td colspan="2"></td></tr>
<tr><td>2</td><td colspan="2"></td><td colspan="2"></td></tr>
<tr><td rowspan="3">2</td><td>1</td><td colspan="2"></td><td colspan="2"></td></tr>
<tr><td>2</td><td colspan="2"></td><td colspan="2"></td></tr>
<tr><td>3</td><td colspan="2"></td><td colspan="2"></td></tr>
<tr><td colspan="2">团队行动目标</td><td colspan="2"></td><td colspan="2"></td></tr>
<tr><td colspan="2">确认</td><td colspan="2"></td><td colspan="2"></td></tr>
<tr><td colspan="6">主管领导评价审核意见</td></tr>
</table>

5. 推进危险预知训练的流程

如图 8–2 所示推进危险预知训练的流程，推进危险预知训练的主题及其内容如下。

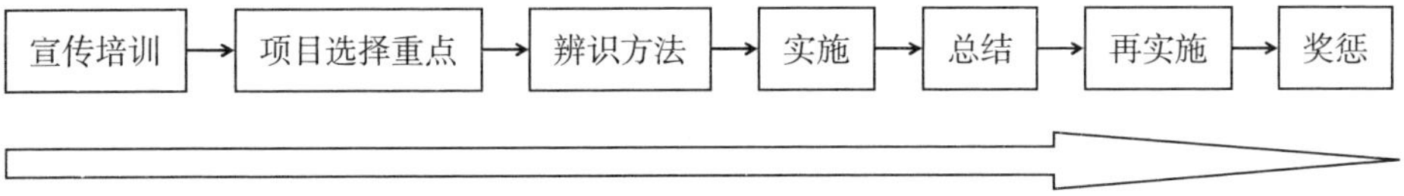

图 8–2　推进危险预知训练的流程

宣传培训。首先，提高各级管理人员的认识，指导大家掌握方法；其次，厂统一规定班组作业前危险预知活动的格式，统一印刷后下发作业区，大多数作业区每月给班组制定一项作业活动，由班组长组织开展。

项目选择重点。对危险性较大的作业项目、作业频次较高的作业项目、生产影响比较大的作业项目进行辨识和训练。

辨识方法。拟定项目后班组长利用班前会和周安全活动组织集体讨论，首先把作业步骤一步步列出来，寻找作业步骤中存在的不足。其次对作业步骤根据作业环境逐条进行分析，组员发言共同找出其中潜在的危险因素和可能导致的后果，并提出具体防范措施。

实施。实施的过程就是训练。主要方法有班前、班中，周会的短期训练；辨识训练，解决问题训练，及时补充完善 KYT 卡。

总结。日常工作中将辨识结果运用到操作中，树立起日常每一次操作都是训练的意识，班组长有意识拿危险预知表观察职工实际操作过程中存在的不足并进行修订汇总，形成比较完善的危险预知训练表。

再实施。将重新修正 KYT 卡再次发到班组实施，完成后一个 KYT 成为工作周期。

奖惩。厂里把危险预知活动纳入安全管理重点工作，作业区每月对班组危险预知活动进行评价，对开展好的班组进行奖励，差的班组进行考核。结果与班组长和全体组员岗薪挂钩。

【实例】岗位危险预知训练表

某班组为防止高空作业出现危险，发动本组员工，预想可能发生的各种情况，提前采取措施，有效地防止了事故的发生。把高空作业的危险及预防措施作出岗位危险预知训练表，如表 8–4 所示，以便平时训练和教育。

表 8–4　岗位危险预知训练表

<table>
<tr><th colspan="5">岗位危险预知训练表</th></tr>
<tr><td colspan="2" rowspan="2">编制时间：2009 年 9 月 19 日
发行时间：2009 年 9 月 28 日
版本号：2009V1.0
龚 × ×</td><td>批准</td><td>审核</td><td>编制</td></tr>
<tr><td>郑 × ×</td><td>陈 × ×</td><td></td></tr>
<tr><td>编号</td><td>GWZ–T–12</td><td>设备名称</td><td colspan="2">高空安全带等</td></tr>
<tr><td>工序名</td><td>高空作业</td><td>作业人数</td><td colspan="2">2 人及以上</td></tr>
<tr><td colspan="2">安全隐患点</td><td colspan="3">劳动保护用品及措施</td></tr>
<tr><td colspan="2">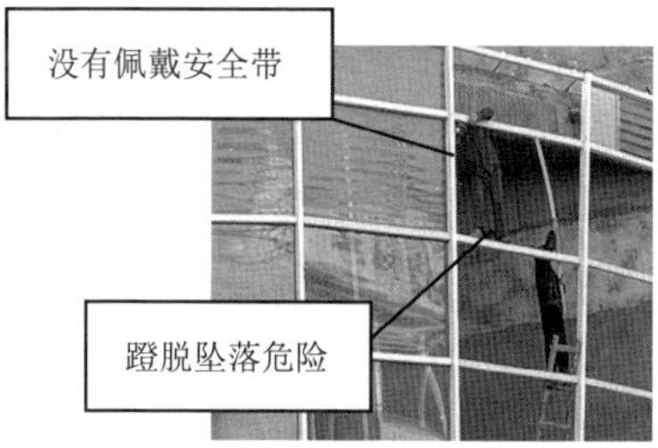
</td><td colspan="3">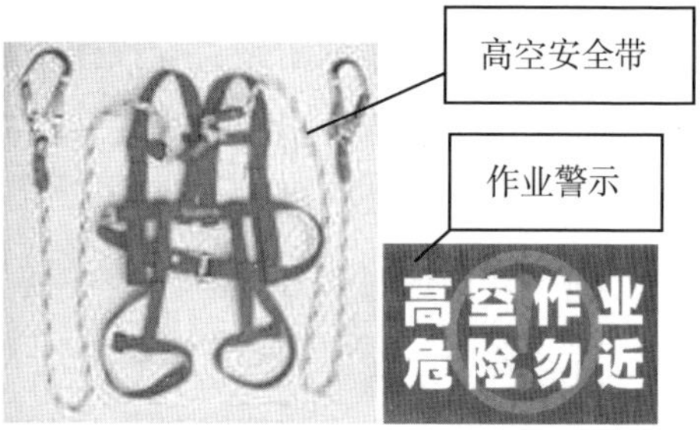
</td></tr>
<tr><td>隐患点</td><td colspan="4">1. 如果蹬脱，有坠落危险
2. 如果工具脱手，有落下伤人的危险；如果工具放到滑线上，有被碰掉伤人的危险
3. 如果另外一台吊车溜过来，有伤人危险</td></tr>
<tr><td>预防措施</td><td colspan="4">1. 受挂位置太低，发生坠落时有受伤的危险，将安全带挂到上部护栏上，并控制好长度
2. 使用工具系绳子，绳子一端挂在腰带上。用后放入工具袋，下部危险区域设明显警示标志，派人监护
3. 5 米处设止轮器，插红旗，通知吊车司机</td></tr>
</table>

第九章

班组人才培育精益管理

第一节　精益班组人才培育

人才培育就是指企业为保持其长期的整体竞争优势，根据企业不同阶段的发展需求，采用有计划的培训手段，使员工得到培养并发展成长的工作。为了充分发挥员工能力，促使培养多能工要求，必须建立员工的人才培育体系，达到人员调整实现少人化的要求，以支持公司应对所有需求变化，最终实现企业效益最大化。

一、班组人才培育的重要性

1. 体现对人性的尊重

为了体现对人性的尊重，班组应自始至终贯彻以人为本的思想，通过实行人才培育活动，把开发人力资源、激发每个员工的工作热情放在首位。通过在班组中建立起彼此信任、相互尊重、团结协作的精神，充分发挥员工们的智慧和创造才能，去创造竞争优势。

2. 适应弹性生产的要求

在市场需求日趋多变的生产条件下，通过开展人才培育活动，对员工的教育和训练，当市场出现需求变化时，可以灵活地调整作业人员，适应弹性生产的要求。通过培养，使员工具有基本技能、多技能、改善和指导改善等技能，当需求变化时，可以快速调整人员，实现少人化。

3. 促进企业实现效益最大化

人是企业拥有的最重要的资源，人在企业的资源配置过程中始终是一个自变量。人是创造财富的财富，通过培育体系，可充分发挥员工的积极性，促进企业实现效益最大化。

4. 有助于形成良好的班组文化

通过班组人才培育活动，最大限度地提高员工创造力和增强班组的合作，有助于形成良好的班组文化。

总之，随着科学技术的发展，工作中所需的技能和知识更新速度加快，因此，员工教育与培训已成为企业、班组提高员工工作效率、增强竞争力的必然途径。

【实用工具与方法】丰田公司人才培养的理念

1.“企业盛衰，决定于人才”；

2.“人才资本，决胜经营”；

3. 把“人才”写成“人财”；

4.“丰田既要造车，也要造就人”；

5.“谋事在人，任何事业要想获得较大的发展，最重要的是必须造就既积极为企业动脑筋，又拼命为企业卖力气的‘丰田人’”。

二、班组人才培育的特征

公司高速发展的秘密就在于稳定的组织，优秀的人才。为了达成很好的生产绩效，必须通过教育，培养有敬业精神、有能力、有干劲、有主动性、有创造性的人，来消除生产经营过程中的各种难以预料的不利因素的影响，从而达成生产经营目标。

班组长是生产创收一线的直接指挥者和组织者，对班组长成长培养管理显得尤为重要。通过组织民主选拔班组长，采取内外培、自学等方式不断提升班组长管理水平和履职能力，促使班组日常工作依据目标责任书落实好班组目标管理，开展班组长年度考评工作和职业生涯培育，实现班组优异的成效。

在班组长及其班组人力培养上，其主要特征：（1）重视现场、现物、现实；（2）重视企业内部教育培训；（3）连续稳定内部提拔制度等；（4）团队精神和团队组织思想；（5）重视内部亲密和谐的人际关系网络等。

三、人才培育的步骤

为了更为有效地推进人才培育，公司必须通过人事制度和集中培训来补充在岗培训。即人事制度包括商谈制度、奖惩制度和员工评价等内容；培训包括理论讲述、案例教学和做游戏等形式。如班组可以采用停产检修时间进行现场教学、班前会重点教学，利用工余时间开展外出观摩、课堂教学、多媒体教学、游戏教学、野外拓展、传帮带、微信课堂、讲故事等活动。

有针对性地对员工进行培训，对每个员工制定相应的培训档案，规定了学习计划和标明了各种培训要求，以全面提升班组员工素质和技能。

人才培育是一个循序渐进、不断推行的过程，需要班组长在推行中坚持持续性和长久性。如图 9–1 所示，人才培育的步骤及要点。

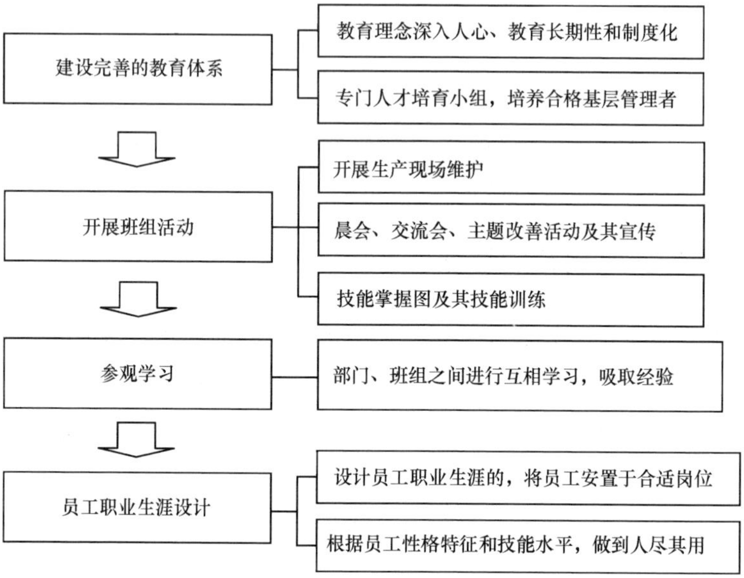

图 9–1　人才培育的步骤及要点

【实用工具与方法】丰田人才培育的模式

人才培育的基本模式就是要通过划分不同的技能能级，确定能级标准，来制定员工的职业生涯规划图。如图 9–2 所示的丰田公司人才培育的基本模式。图中将操作员工划分为 5 个能级，即 D、C、B、A 和 S 5 个等级，都有相应的评价标准和条件。

（1）D 级：新员工入厂后，接受公司组织的入厂教育、品质、安全、TPS 等各种培训并进行工位实践，就能定位 D 级。

（2）C 级：工作 2 年以后，经过规定时间的基础教育、技能培训和 OJT 后，技能标准达到规定的 5 个点数，可认定为 C 级；新员工入厂工作 20 年、技能

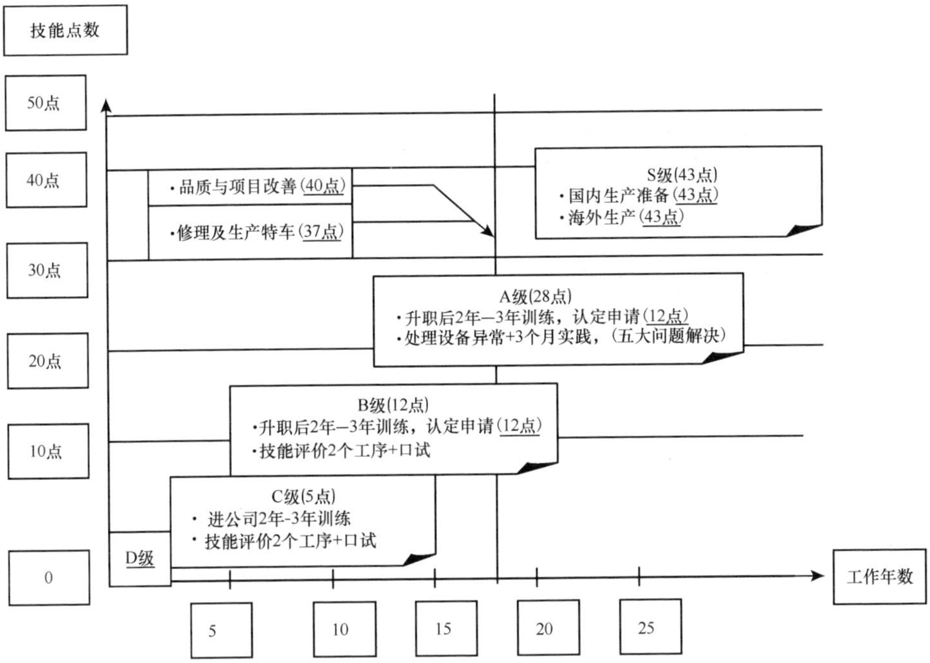

图 9-2　丰田人才培育的基本模式——员工职业生涯图

10 点以上，才可以从事检查员工作。

（3）B 级：取得 C 级 2 年后，有资格申请 C 级培训；经过规定时间的集中受训后，并技能点数达到规定 12 点数，可认定为 B 级（组长级）。

（4）A 级：取得 B 级 2 年，并达到 B 级的规定点数 28 点后，才可以参加 A 级培训和 3 个月实践，能处理设备异常及其解决复杂问题，可认定为 A 级（班长级）。

（5）S 级：A 级员工工作满 20 年，且经过生产准备、质量改善、技术支援等培训并得到 43 点数，才有资格升入 S 级（厂长级）。

第二节　精益班组人才培养与培训法

一、TWI 与 OJT 训练方法

1.TWI 训练方法

TWI 概念可以追溯至远比第二次世界大战更早的时期，它源于查尔斯·阿伦（Charles Allen）提出的理念，他在第一次世界大战期间为造船业创造了一套快速有效的培养企业基层工作人员的方法，这套方法就是 TWI（Training Within Industry）。他提出的工作培训体系基于以下四步流程：准备、展示、操作、测验。

TWI 的训练内容一般包括三个部分，即 JI（Job Instruction Training）——工作教导训练，JM（Job Method Training）——工作改善训练，JR（Job Relation Training）——工作关系训练。在日本，又开发出 JS（Job Safety Training）——工作安全训练。如表 9-1 所示 TWI 的训练四种方法。

表 9-1　TWI 的训练四种方法

TWI 方法	训练的目的	训练的方法
JI 方法	指导新员工或无经验者，使其能够按作业标准准确完成工作，以确保产品和工作的质量	第一阶段：学习准备（1）使员工平心静气；（2）告诉他将做何种工作；（3）了解他对这份工作认识的程度；（4）营造使他乐于学习的气氛；（5）帮助他进入正确的位置 第二阶段：传授工作（1）将主要的步骤一步一步地讲给他听，写给他看，做给他看；（2）强调要点；（3）清楚、完整、耐心地教导；（4）不要超过他的理解能力
JM 方法	主要是帮助基层主管学习改善方法的技巧，通过对工作进行	第一阶段：就每一细目如材料、机器、设备、工具、设计、配置、动作、安全、环境等事项亦应一并自问检讨

续表

TWI 方法	训练的目的	训练的方法
JM 方法	改善，以提高工作现场的工作和产品质量，提高工作效率，降低成本，保证产品的按期交货，保证安全以及提高员工的士气	第二阶段：整理（1）删除不必要的细目；（2）尽量将细目加以合并 第三阶段：完善新方法（1）重组来改善细目的顺序；（2）简化必要的细目；（3）参考他人的意见 第四阶段：实施新方法：（1）使上司、下属了解新方法；（2）将新方法付诸实施，一直到下一次改善
JR 方法	帮助基层主管解决员工在工作时与人相处的问题	第一阶段：（1）掌握事实，调查问题发生前的事实；（2）了解涉及哪些规则和惯例；（3）与有关人员交谈；（4）了解其说法与心情；（5）掌握全部事实经过 第二阶段：（1）整理事实；（2）考虑事实之间的关系；（3）考虑可能采取的措施；（4）明确有关规定与方针；（5）考虑对其本人、对其他下属、对生产将有何种影响；（6）切忌过早作以偏概全的判断 第三阶段：实施对策，立即付诸实行
JS 方法	在事前思考处理对策，将工业伤害程度减少到最低的一种方法	（1）是否可以自己做检讨；（2）是否确实实行检讨结果；（3）能导致事故发生的要因是否已除去；（4）有没有新的要因产生；（5）事故发生必有原因；（6）切断一切灾害要因

2. 在职训练（OJT）

在职训练（On the Job Training），OJT 常被称为教育培训，在职培训、指导和训练。主要是指在实际履行职务之中，上司或前辈对于下属或后进者，以有计划或具体的形式进行相关业务指导训练。亦即通过亲眼观察和实际操作，在工作场所中进行各项知识熟练学习，以促进生产现场的交流，强化生产现场的合作，提高作业者的工作热情，有效地实施生产现场的工作，就能完成生产目标。

OJT 的推行方法有很多种，包括营造亲身体验的活动如自主停线，创造积极的工作氛围（如老兵带新兵或工作轮调）、进行工作目标指引（如多能工训练）等。OJT 适合于技巧、技术与操作型任务。其培训步骤与操作要点如图 9-3 所示。

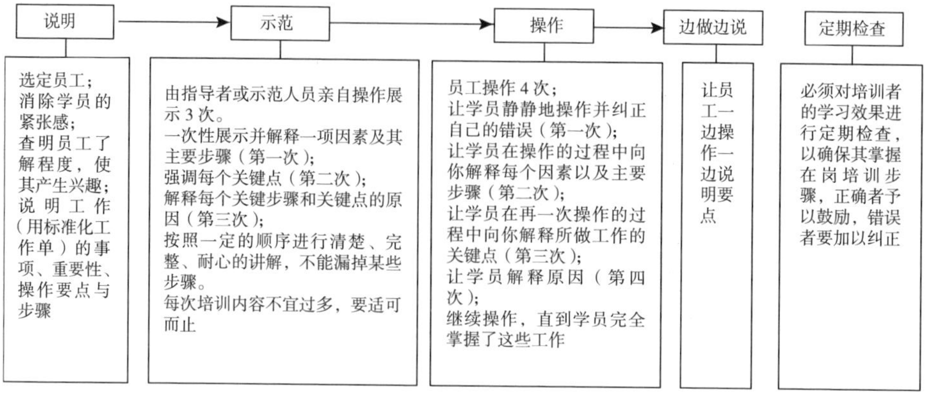

图 9–3　OJT 培训步骤与操作要点

二、培养多能工方法

在生产现场，经常出现员工缺勤、因故请假、辞职或临时性的工作调整，同时市场激烈竞争、品种多、数量少或按接单来安排生产的情况下，要频繁地变动流水线，班组紧急任务等，这要求作业者具备多能化的技艺以适应生产计划的变更、变换机种、补缺员工的需要，为员工职业生涯发展和潜能发挥创造条件，同时也为企业储备大量技能人才，培养后备干部。

多能工就是具有操作多种机器设备能力的作业人员。在U型生产线上，多种机器紧凑地组合在一起，这就要求作业人员能够进行多种设备的操作，负责多道工序的作业，并根据生产节拍，按照生产加工的顺序一个一个地进行生产。

1. 多能工培训的方式

多能工主要是通过让老员工接受新的技能培训来实现，新的技能主要通过岗位培训来掌握，其方法与新员工岗位培训类似。

（1）技能或岗位选择

所有的岗位都必须有两人以上能独立操作，所有的技能都必须有多人完全掌握，要加强重点岗位、关键技能的多能工培养。

（2）人员的选择

在人选安排上，多能工培养要优先选择工作态度好、原有技能稳定、工作质量高的员工；对于重要岗位、关键技能要选择文化基础好、领悟能力高的人员。

（3）培训形式

具体培训时，可以采取岗位轮换、在岗培训和脱岗培训三种形式，前两种形式为主要形式，各种培训方式的具体适用如下。岗位轮换：按照计划培训的时间、进度等，对员工轮换担任若干种不同工作的培训方法；在岗培训：即非全职岗位培训，主要适用于现有骨干的多技能培训，一般采用一周两天，为期两个月的培训形式；脱岗培训：将员工安排到企业培训中心或外派到外部培训机构接受培训，这种方式成本高、技能适应性不足，只有在非常必要的时候才对重要骨干采用。

2. 多能工的培养

（1）工作岗位轮换制培养多能工

工作岗位轮换就是让每个作业人员轮流承担作业现场的全部作业，经过一段时间的训练，每个作业人员掌握多种工序的作业，即为多能工。

通过工作岗位轮换培养多能工的三个阶段。第一阶段：现场管理人员轮换。一是基层管理人员必须亲自作为多能工以身示范。为此，现场管理人员要在其所属的各工作单位巡回换岗。例如，组长在各组之间依次轮换。二是定期调动计划应由车间制定，主要考虑被调动人员到目前为止的经历、尚未担任过的工作、本人的希望和意愿、对现场工作的影响等方面的因素。第二阶段：作业人员组内轮换。一是让每个作业人员在组内各种作业岗位之间轮换，所属关系、人事关系基本不变；二是各班组长制定作业训练计划，把组内所有的作业工序分割为若干个作业单位，排出多能工培育计划表，使全体作业人员轮换进行各工序的作业，使每个作业人员训练得在任何作业岗位上都能操作自如。第三阶段：每天数次的工作岗位轮换。通过实施作业人员多能工化，组内流动的可能性增大后，就可以每天数次有计划地让每个作业人员变换所承担的作业，甚至可以每隔 2～4 个小时就能有计划地在组内的全部作业工序中轮换。

（2）制定多能工训练计划表的步骤

制定多能工训练计划表的步骤。①调查在生产现场员工所必要的技能，并记录到多能化计划表的横轴上；②把生产现场和作业者姓名记到纵轴上；③评价每个作业者所具有的技术力或技能，并使用所规定的记号来记录；④制定各作业者的未训练项目，确定培训计划和完成时间；⑤随着训练的进展而增加评价记号。

【实例】多能工计划表

多能工计划表如表 9–2 所示。以供班组长实际参考。

表 9–2　多能工计划表

训练项目 / 天数 / 姓名	剪断	整形	弯曲	冲压成形	铆接	熔接	组装	小计	目标	计划完成日期
天数	2天	3天	5天	5天	7天	8天	10天			
A	×	◎	×	☆	◎	×	○	1	2	
B	☆	○	×	○	○	☆	◎	2	3	
C	○	☆	○	×	☆	◎	○	2	2	
D	◎	○	☆	×	○	◎	☆	2	2	
E	☆	×	◎	○	○	×	◎	1	2	
小计	2	1	1	1	1	1	1	注：☆ 100% 掌握；◎ 75% 掌握；○ 50% 掌握；× 不需学会。		
目标	2	2	2	2	2	2	3			
计划完成日期										

（3）多能工训练的操作方法

多能工训练的操作方法，其步骤如下。

①初期教育指导。根据多能工计划表，按计划先后逐一进行作业基准及作业指导书内容的教育、指导。

②班长操作示范。完成初期教育指导后，进入该工程参观该作业员操作，注意加深其对作业基准及作业顺序教育内容的理解。随后利用中休或加班时

间，由班长指导其进行实际作业操作。

③观察作业者操作，初期教育指导。在有班长、组长（或其他多能工）顶位时，可安排学员进入该工程与作业人员一起进行实际操作，以提高作业准确性及顺序标准化，同时掌握正确的作业方法。

④作业者跟点单独作业。当作业者掌握了正确的作业方法，并能达到其作业基准，以及具备正常作业流水线的速度（跟点作业）时，可安排其进行单独作业，使其逐步熟练达到一定程度的作业稳定性并能持续一段时间（3—6 日最好）。这时多能工作业者学员在正常跟点单独作业时，需班组长确认。

⑤考核作业者的训练效果。检查作业方法是否与作业指导书的顺序方法一致，有没有不正确的作业动作，如果有，要及时纠正；进行成品确认检查，成品是否满足品质、规格要求，有无作业不良造成的不合格品，根据多能工计划表，按计划先后逐一进行作业基准及作业指导书内容的教育、指导。

3. 多能工评定管理

（1）建立完善员工技能等级管理机制，设定工序技能分布，按照各工序操作技术难度划分技能等级。

（2）通过员工技能需求调查、技术比武、技能等级考评、问卷调查等形式对班组员工技能进行量化测评，制定多能工提升标准、个性化的培养计划、考核方式等。

（3）开展多能工培养，由技师担任培训师资，使用系列标准教程，使员工每年平均提高一个技术等级，学会多项技能。

（4）根据工艺改进和提高工效等方面情况，考虑设置技能数量，每三个月开展考核评定，采用理论考核和实操考核相结合的方式，评定多能工级别。

（5）评级通过上报上级批准，兑现相应级别的工资与福利待遇。

【实例】某电子有限公司多能工培养效果

某电子有限公司电子元器件生产班班长李班长今天一上班就有点烦。自己所管的生产线总共也就二十几个人，昨天因附近新电子公司招聘，有两名员工今天辞职去了那家公司，今天老员工周女士又因为女儿运动时摔伤了腿要在家里照顾。周女士的技术能力在整家公司里都是数一数二的，每次都分给她难的工作，而且有时她还能够比其他员工快上一两分钟完成任务，这次她一请假，李班长一时有点傻眼了，他们班的工作是三班倒的流水线作业，又不能停，这该怎么办？但转眼一想，前一段时间不是刚完成多能工培训，可以将夜班操作能手先借来顶一下解决一时人手不够的燃眉之急，这样就保证了生产正常进行。

第十章

班组团队文化精益管理

第一节 班组团队建设精益工作法

一、精益班组团队建设概述

精益化生产要求“全员参与”，要求必须加强班组团队建设。班组团队建设带有很强的群众性、民主性、参与性。相对于单纯的生产现场管理，它具有很强的文化性、思想性。以班组团队方式开展工作，既可以对班组成员进行有计划、有目的、有步骤的训练、总结、提高，又可以促进班组成员之间的合作，提高工作效率。班组团队建设状况按人际关系大致可以分为三种：

1. 传统型。以生产任务为中心，以经济指标、经济效益为纽带，各项规章制度的制定、各种活动的开展都是紧紧围绕生产来开展的班组管理。在传统的生产制造业里比较多，适用于人际关系比较单一、单纯的经济关系，班组长与员工的关系完全是管理与被管理的关系。因此文化建设比较弱。

2. 现代型。这种类型出现在年轻人多、文化层次比较高的高新技术企业里，在现代生产中，人际关系更加紧密，气氛更加宽松活跃，活动也比较丰富，但是竞争也更加激烈。

3. 团队管理型。这种类型非常强调班组文化的建设。班组团队工作是为达到目标，贯彻以人为中心的管理思想，以班组小组为中心的组织体系而采取的劳动和工作组织方法。它在统一的单件生产方式或大批量生产方式中形成一种崭新的人与人关系——团队工作机制，造就了生产中良好的劳资关系，协调了企业与工会之间友好的协作关系，是精益生产方式的重要的特征，也是精益生产的精髓所在。

班组需要许多技能成员才能完成所负责的任务，班组成员可包括有关的技术操作人员和兼职管理人员，形成混合功能型团队。班组长或成员的角色与责任如表 10–1 所示。

表 10-1 班组长或成员的角色与责任

团队领导或成员	角色与责任
班组长（团队领导）	实现生产目标 工序的启动与控制 确保零部件与材料供应到工序 通过例行检查确认品质状况 确保作业人员遵循标准作业 制定快速维修的工作顺序 对团队发出的 ANDON 信号作出反应 帮助缺席者的工作 发展训练与交叉训练团队成员 促进小团队的活动，参与持续改进计划
班组团队成员	在工作区域维持 6S 根据标准作业文件进行作业 执行例行的小规模维修工作 支持解决问题的工作团队 寻求持续改进的机会

二、精益班组团队建设的主要内容

班组团队建设的九大主要内容如下：

1. 培养班组团队精神。班组团队精神是班组成员对班组团队的态度，它体现班组成员对班组团队的满意感，并有愿为达成班组团队目标的心理和行为表现。班组长要经常对其班组成员进行行之有效的教育，宣传班组团队目标，培养班组团队的奉献精神，使班组成员感到满足来自班组团队的成就，运用班组团队的智慧，充分发挥团队协作的优势，从而为实现团队目标而努力工作。

2. 为班组团队树立共享目标。班组团队目标是一个有意识地选择并能表达出来的方向，它运用班组团队成员的才能和能力，促进班组团队的发展，使班组成员有一种成就感。因此，班组团队必须建立明确的目标。班组团队目标能为班组团队运行过程中的决策提供参照物，同时能成为判断班组团队进步的可行标准。班组长带领班组成员围绕着团队目标开展日常工作，把个人工作和团队目标联系在一起，排除一切困难，最大限度地实现班组团队目标。

3. 班组团队成员的默契与配合。作为班组团队的领导人，班组长要让每位成员都能拥有自我发挥的空间，但更重要的是，班组长要用心培养班组成员，破除个人主义，建立整体配合、协调一致的团队，同时，努力使班组团队成员了解每个人所担当的角色，才能取长补短，凝聚出高于个人力量的团队能力，创造出不可思议的表现和成绩。班组长通过培养员工合作技巧，并训练团队合作的形式来共同完成任务，制订员工团队协作奖惩机制，培养班组成员之间彼此信任，高效合作，来提高班组的团队协作精神和工作效率。

4. 重在班组制度建设。班组长要编制覆盖本班组《班组制度及其标准化管理手册》，帮助员工很快地了解操作规范等制度信息，指导员工更好地工作。同时，班组长必须严格执行制度，养成靠制度管人的习惯，克服随意性。

5. 明确班组分工负责、民主管理。细化并确定班组成员的岗位职责、权限和任务，明确每项工作的责任人、协作与支撑；对本班每项记录均有专人填写并负责管理，定期检查；班组管理分工明确，各项民主管理、班务管理项目分工到人，人人熟知，落实有效。公开班组考评、考核、奖惩、先进评选等规定，严格执行班组绩效考评，将班组考评结果作为员工月度绩效依据，以提升班组成员的集体责任感和荣誉感。

6. 坚持不懈地推行 5S 管理。5S 管理是整个现场管理的基础，是文明素养的外在表现，是班组建设的基础。班组长应指导班组员工掌握 5S 含义和要求，推行 5S 的具体措施，切实执行整理、整顿、清扫、清洁等重要环节，管理分工到人，保证到处都干净整洁、有序、合理，员工心情舒畅，将 5S 内容标准化、习惯化，以提高工作效率。

7. 辨别安全风险，做好安全应急预案。人人参与安全风险辨识，对照本班组全部的作业项目或工作项目对应的法规文件、管理标准、标准化作业指导书，查找实际工作中有无不符合之处，查找影响目标实现的每一项活动或因素，对未受控的活动或因素，列入本班组危险点清单。对班组成员职责范围内有能力落实的措施，纳入班组周、月工作计划并实施；对无能力解决的提出控制措施或建议，报公司安全委员会，记录齐全；对可能预见到的、损失严重、影响恶劣的突发事件，制定本班组范围内的应急预案，将预案清单纳入班组标准化文件管理，本班组就应急预案进行培训演练，掌握应急预案内容，清楚本班组已辨识到的每一个危险点及控制情况，清楚公司 OSH 风险控制管理体系的运转过程，达到生产现场安全可控。

8. 培训、练兵、提高岗位技能。班组长要使班组人员清楚本班组各项生产、安全、经营、服务指标和完成值，清楚与班组每一个作业项目和工作项目相关的法规、标准、制度、规范、文件等，熟悉本班组全部作业项目及管理标准和标准化作业指导书的内容及对应的记录情况。班组长有计划实施培训，培训资料和记录齐全，现场随机调考已完成的计划内容，验证培训有效。

9. 创建精益班组文化。根据部门的特点、行业的特点、工种的特点和本单位企业文化建设的特点来建设本班组文化，比如安全文化、职业道德建设、服务文化等。凝练每个人的愿景，形成班组集体愿景，并达成共识。树立“小楷模”、开展“小竞赛”、做好“小核算”、开好“小座谈”、征集“小点子”，人人参与 QC 小组活动，年初有课题注册、年底有成果发布。开展群众性、经常性的合理化建议和技术革新活动，把活动开展得生动活泼、有声有色，既现实有效，又有时代特色。

三、精益班组团队建设必备 12 套激励法

精益班组团队工作的好坏直接影响着企业的生存发展，为此带好一支班组团队在企业管理中成为相当重要的工作。因此，班组长如何带领自己的班组，重点在于班组长进行员工管理时要注意因人因事而异，采取多种激励方式，充分发挥激励机制的作用。精益班组团队建设必备 12 套激励法如表 10–2 所示。

表 10–2　精益班组团队建设必备 12 套激励法

12 套激励法	主要内容	方法与技巧
榜样的激励	要让员工充满激情地去工作，班组长就先要为员工树立一个行为标杆，要严于律己，以身作则，成为下属的镜子	班组长成为员工们的模仿对象 激励员工之前，先要激励自己 要让下属高效，自己不能低效 做到一马当先、身先士卒 用自己的热情引燃员工的热情 员工干不了的，班组长自己来

续 表

12 套激励法	主要内容	方法与技巧
目标的激励	班组长通过设置适当的目标，可以有效诱发、导向、激励员工的行为，激发员工不断前进的欲望	让员工对企业前途充满信心 从个人目标上升到共同目标并引领全体员工 把握“跳一跳，够得着”的原则 让下属参与目标的制定工作 制定具体而清晰的目标并规划实施步骤 平衡长期目标和短期任务
授权的激励	通过授权，班组长可以提升自己及员工的工作能力，更好地激发起员工的积极性和主人翁精神	要更能激发起员工的工作热情 在授权的对象上要精挑细选 看准授权时机，选择授权方法 确保权、责和利相一致的方法 正确应用有效授权与合理控制相结合的方式
尊重的激励	班组长以尊重、重视员工的方式来激励他们，其效果远比物质上的激励要来得更持久、更有效	不妨用请求的语气下命令 对有真本事的员工更要尊崇 责难下属时要懂得留点面子 不要斥责，也不要质问 尊重个性即是保护创造性 尊重下属的个人爱好和兴趣
沟通的激励	班组长通过有效的沟通，与班组员工保持良好的关系，以调动员工的热情，激励员工为企业积极工作	建立完善的班组内部沟通机制 消除沟通障碍，确保信息共享 与员工顺畅沟通的步骤 与下属谈话要注意先“暖身” 沟通的重点不是说，而是听 正确对待并妥善处理抱怨 引导班组员工之间充分沟通
信任的激励	班组长与员工之间应该要肝胆相照，充分信任员工，以激励诱导员工意志行为	对班组骨干要充分信赖 切断自己怀疑下属的后路 注意向下属表达信任的方法 用人不疑也可以做点表面文章 既要信任，也要激起其自信 信任年轻人，开辟新天地

续 表

12 套激励法	主要内容	方法与技巧
宽容的激励	班组长的宽容品质不仅能使员工感到亲切、温暖和友好，获得安全感，更能化为启动员工积极性的钥匙，激励员工自省、自律、自强，让员工在感动之中心甘情愿地为企业效力	原谅员工，为自己铺路 给犯错误的下属一个改正的机会 得理而饶人更易征服下属 对下属的冒犯不妨装糊涂 善待与自己不同的员工，以“收拢”人心 要能容人之短、容人之长、用人所长
赞美的激励	班组长要用赞美和肯定的方式激励员工，将给员工一种积极向上的力量，也是最让人心动，并能得到的将会远远地大于付出	用欣赏的眼光寻找下属身上的闪光点 懂得感恩才会在小事上发现美 摆脱个人偏见，以求公平公正 赞美到点上以收到良好的效果 当众赞美下属时要注意方式 要有区别地赞美新老员工
情感的激励	班组长对员工关切的举动、动情的话语等，能让员工在感动中心甘情愿地为你奋力打拼	替下属撑腰，使员工更加忠心 抓住每次雪中送炭的机会 乐于主动提携“看好”的下属 付出一点感情，注意一些小事 将关爱之情带到下属的家中
竞争的激励	班组长要摆一个擂台，让下属分别上台较量，能充分调动员工的积极性、主动性、创造性和争先创优意识，全面地提高班组活力	不妨偶尔在工作中打个赌 让员工永远处于竞争状态 建立竞争机制的关键点 用“危机”激活团队的潜力 引导良性竞争，避免恶性竞争
文化的激励	班组文化可以改善员工的精神状态，熏陶出更多的具有自豪感和荣誉感的优秀员工，能有效地提高班组生产效率	用企业价值观同化全体员工 强有力的班组长培育强有力的班组文化 用良好的环境体现企业文化
惩戒的激励	班组长通过这个惩戒的反面激励方式，不仅在于教育其本人，更重要的是让其他员工引以为戒，通过适度的外在压力也使员工产生趋避意识	适时责惩以表明原则立场 执行惩罚不避亲友的原则 实施惩罚时不要打击面过大 惩罚要把握时机、注意方式 少一点惩罚，多一些鼓励

【实用工具与方法】精益班组团队的实现方法

班组长作为一个班组团队的带头人，为了创建快乐、敬业的精益班组团队，提升班组团队生产力，打造强大的班组文化，班组长有责任对每一个任务确定完成时间、努力方向和指导实施，从而使整个班组团队更好地投入工作，高效地取得最好的成绩。为此，班组长需要掌握有关创建精益班组团队的九种方法。

方法一：设计班组团队愿景，持续激励团队成员。班组长应为班组团队设计"一个好的团队愿景"，为员工描绘出企业的前景，给予每一位成员共同的期望，与他们一起商讨任务并形成共识，让员工充满信心，情绪饱满，产生相互尊重和信任感。

方法二：设置清晰的目标，认同共同目标。班组长要经常对其成员进行行之有效的教育，宣传企业或班组团队的目标，使班组团队成员认同共同目标，并感到满足得自于企业和班组团队的成就，从而为实现企业和班组团队目标而努力工作。

方法三：制定严格的、可执行的规则和条例，创建和谐班组。为了建设一支好的班组队伍，班组长必须做到依法办事、严格执行制度，得到班组成员的认可；以人为本，加强员工思想道德建设，构建和谐班组。

方法四：善于激励，及时给员工更多的认可、表扬，不断改进工作。当员工做出一定成绩时，班组长及时给予肯定和适当的表扬。通过每天班前会公开讨论，提出改进的建议，建立班组团队良好风气，提高生产力。

方法五：班组长要以身作则，提高工作满意度。班组长必须以身作则，带头遵守企业规则，成为团队的榜样，与成员协商讨论工作，鼓励员工敬业且充满工作激情，促使员工提高工作满意度。

方法六：改善和增强班组成员和谐关系，真诚有效沟通、互相认同。班组长应引导成员相互尊重、相互支持和依赖，增强每个成员对团队的归属感、责任感、自豪感，认真倾听成员地表达意见，询问员工的建议，班组长与成员间对彼此有信心和信任感。

方法七：安排合乎成员兴趣的工作，使班组成员对工作有满足感。班组长在安排工作时尽量照顾班组成员的兴趣、能力与专长，充分发挥他们的潜力，激发他们的劳动热情，提高员工的工作质量。

方法八：关注班组员工的情感和态度，培养良好的精神面貌和工作环境。为班组员工营造良好的工作环境、生活环境，丰富员工的文化活动，努力增进员工的身心健康，培养员工奋发向上、积极乐观、团结互助的精神面貌和班组气质，形成具有良好凝聚力的精益班组团队。

方法九：重视教育培训，关心员工的成长。班组长可以利用班后的时间或假日进行培训和组织班组劳动竞赛、技术比赛；组织集体活动，促进员工间技术交流，共同提高技术水平；听取员工工作反馈情况，帮助员工提升个人的业务能力，形成具有良好凝聚力的优秀学习型班组。

【实例】通用电气的团队管理

通用电气曾经有段时间一直执行禁锢式管理，他们对员工的期望是："勤于工作，守口如瓶。"但是后来在杰克·韦尔奇的倡导下，改变了这一做法，采取了如下方法。

1. 经常鼓励员工在组织中分享他们的见解。如通过会议方式将班组的成员聚集，每人提出至少一条建议或者见解。

2. 赋予班组员工更大的职责与更多的权利。更大的职责和权利往往能使他们拥有更多的自由空间思考和放手一搏。

3. 打破阻碍思想和成果进行自由交流的束缚。给予他们（员工）足够的自由，使每个人都成为参与者。给予员工更多的权利和发言机会，以激发员工自我管理的兴趣。

第二节　精益班组文化的提炼

一、精益班组文化的实质和作用

企业文化是指企业长期形成的共同思想、作风、价值观和行为准则，是最持久、最坚定、最具激励作用的企业核心能力。精益班组文化是企业文化在基层落地的重要支撑，是企业文化在班组层面上的体现。优秀、独特的精益班组文化是企业制度、企业战略发展的重要构成内容，对于增强员工的凝聚力和团队精神，培养员工的价值观，具有重要的意义。

精益班组文化建设是培育班组竞争力的有效方法。通过全员参与，听取每一位员工的心理诉求，并结合组织目标，求同存异，循序渐进，创建良好的、有特色的精益班组文化。有利于提升全员对文化价值的认同度，增强员工的向心力和归属感；有利于形成班组共同价值观，共同的价值观能够对班组成员的行为产生影响和改变，并形成自身的行为规范；有利于实现员工相互尊重、志同道合的班组团队目标，形成积极向上的气氛，互相帮助、互相理解，创造和谐班组；有利于提高班组整体素质和自主管理水平，充分发挥班组管理在企业管理中应有的作用，提升企业的竞争力。

二、推进精益班组文化建设

作为班组长应该清楚认识到建成精益班组文化的重要性，要根据班组工作特点，整合提炼班组理念，形成班组精神，使班组充满生机活力，把班组建成员工的“第二家园”。如图 10–1 所示，推进精益班组文化建设时需做好精益班组理念文化、精益班组制度文化和精益班组行为文化三方面工作，并通过精益班组文化建设的途径和方式实施，对班组成员产生一定影响力和感召力。

【实例】日本技研新阳 TCC 班组文化建设

日本技研新阳是日本爱电集团在华设立的电子加工工厂，在短短 10 多年的时间，技研新阳从当初的 300 多人迅速发展到一万多人，年总收入达五六十亿元，各种类型班组 100 多个。从 2007 年起，开始进行班组文化建设。

技研新阳 TCC 班组文化建设创造性地将班组建设与 QCC 品管圈结合起来，提出 TCC 班组文化圈建设。TCC 即文化圈，全称为班组文化活动小组。TCC 建设具有技研新阳特色，主要表现在以下几方面：

1. TCC 目标

全员参与、自主管理。

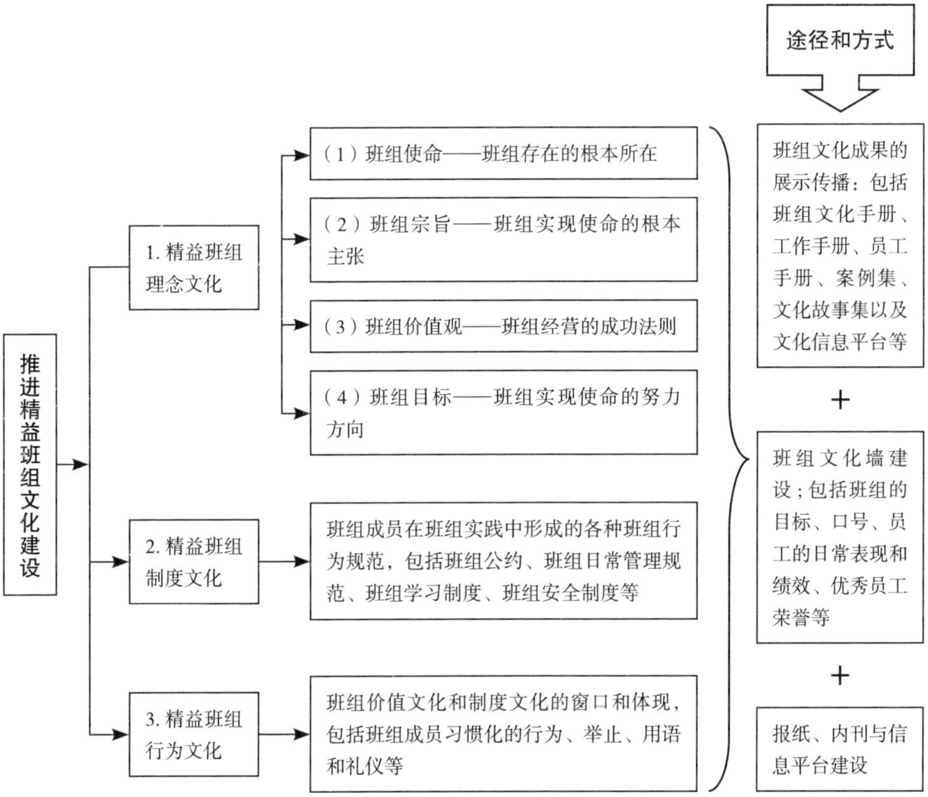

图 10-1　推进精益班组文化建设的方法

2. TCC 管理内涵

依靠职工的活力：人的智慧是无穷的，决定班组业绩关键是员工。

开发职工的潜能：最大限度地挖掘职工的才智和能力。

尊重职工的人格：关爱的具体体现。

塑造职工的素质：一带一、OJT、各种培训班。

凝聚职工的合力：塑造良好的团队氛围。

3. TCC 的管理精髓

点燃员工的激情：想办法让所有成员说真话、做实事、追求真理。

实现员工的价值：尊重员工、适合的人做合适的岗位、帮助成员实现自身价值。

共创和谐与共赢：团队氛围的营建。

4. TCC 活动流程

遵循 PDCA 循环原理，以激情打造为主，最终实现全员参与，自主管理，促进了“激情工作、快乐生活”的技研新阳 TCC 文化全面落地。

三、建立精益班组文化培育系统，开展精益班组文化活动

精益班组文化培育系统，借助一系列日常管理活动的开展和透明化工具的运用，提出班组口号，鼓舞、激励员工工作士气；设计班组文化标志，即借助一种图形、符号、动物、植物或人物来象征班组的追求，寄托班组的精神；通过开展丰富多彩的班组文化活动，造就奋发向上的环境和氛围，将班组文化理念真正转化为具体的行动，使班组文化建设能取得理想的效果。

【实用工具与方法】典型的班组文化活动（见表 10–3）

表 10–3　典型的班组文化活动

项目	举例
班组集体活动	如开展一些运动项目比赛、户外拓展活动、烧烤、郊游、聚餐、辩论赛、“岗位练兵、技术比武”“名师带高徒”等活动
班组文化博客	如上传全组成员的集体照、个人照，并附个人简介，每半年更新一次博客；班组成员每月应至少在博客上发表博文 3 篇
班组活动激励	如培训、精品讲座、外出交流学习等；休闲活动类，有演唱会门票、电影票、假期等；消费类，有购物优惠券、实物等
班组标杆学习法	如 20 世纪 90 年代初，韩国的三星以日本的索尼为标杆，持续学习，改进创新，终于成为全球企业的佼佼者。班组也需要寻找镜子，对准标杆班组，学习赶超
采用班前会学习和班后会总结、现场互动	如班前会上，采取有奖问答、相互提问等方法，组织员工学习安全、业务和技术知识；班后会上，就当班出现的问题，有针对性地进行分析，让员工明白出现问题的原因和处理问题的方法，杜绝同类问题重复出现
每月一星评选活动	如以月度为单位，设置月度绩效之星、微笑天使和满意之星，评选出优秀标杆，授予荣誉。文化园地上，对月度之星的事迹进行分享，班员之间进行点评和嘉许

续 表

项目	举例
每日的案例分享活动	如在班组内开展每日的案例分享活动，即把工作中的问题、难题，工作中积累的经验、成功点等都制作成案例，在班组内部学习和分享，组织分析和讨论，找到解决问题的具体办法，并落实到人
文化征文比赛	如对参加了公司征文比赛或在公司文化建设活动中发表文章，并获得奖项的组员进行积分奖励和适当的物质奖励，以增强全班组的学习文化氛围

【实例】丰田精益生产文化活动

丰田精益生产文化活动的养成经过五十多年时间，通过几代人的传承，全员的认知，同时结合丰田企业、汽车行业和多品种、小批量时代的特征，不断进行更新，形成经得起时代推敲的精益文化。通常的丰田精益生产文化活动，如定期发行亮点海报，进行精益生产文化活动推动成果报告会，评选优秀推动工作者，推动有感征文、宣传标语、每日或每周改善新闻等，有条件的还可以发行研究或实战期刊、开设专门网站、印刷宣传画册等。

参考文献

［1］袁猛．班组长精益现场管理手册［M］．北京：中国工人出版社，2016．

［2］［美］杰弗瑞 莱克（Jeffrey Liker）丰田模式：精益制造的14项管理原则（珍藏版）［M］．北京：机械工业出版社，2016．

［3］杨剑，张艳旗．优秀班组长基础管理培训［M］．北京：中国纺织出版社，2017．

［4］冯志新，蒋勇．班组长如何抓管理［M］．北京：电子工业出版社，2018．

［5］越前行夫．5S推进法——图解生产实务［M］．北京：东方出版社，2011．

［6］张平亮．班组长现场管理使用手册——方法、实例和工具［M］．北京：机械工业出版社，2016．

［7］文义明．班组长现场管理工作手册［M］．北京：经济管理出版社，2015．

［8］杨建宏等．精益生产实战应用［M］．北京：经济管理出版社，2010．

［9］刘树华等．精益生产［M］．北京：机械工业出版社，2009．

［10］张平亮．精益生产推行手册［M］．北京：机械工业出版社，2013．

［11］陈国华，贝金兰．质量管理［M］．北京：北京大学出版社，2018．

［12］高军等．质量管理教程［M］．北京：北京航空航天大学出版社，2011．

［13］文义明．班组长质量管理工作手册［M］．北京：经济管理出版社，2019．

［14］李晓宇，袁猛，刘元元．班组设备管理精益工具手册［M］．北京：

中国工人出版社，2018.

［15］徐宝强，等. TnPM 推进实务和案例分析［M］. 北京：机械工业出版社，2008.

［16］崔生祥. 班组长安全管理手册［M］. 北京：人民日报出版社，2018.

［17］王淑敏. 班组现场成本管理：实战图解版［M］. 北京：人民邮电出版社，2015.

［18］张平亮. 卓越班组长工作手册实用工具与方法［M］. 北京：企业管理出版社，2018.